Gerhard Weis

Doppelspitze
Männer auf Tour

»Doppelspitze - Männer auf Tour« ist ein Roman. Er basiert auf einem Mix aus tatsächlich Geschehenem und reiner Fiktion. Wie es sich damit genau verhält, bleibt der Phantasie des Lesers überlassen. Die Namen der handelnden Personen sind frei erfunden.

Über den Autor:

Gerhards' Uraufführung als Lausbub war feucht: Gleich nach seiner Geburt im Januar 1959 pinkelte er die Hebamme in hohem Bogen an. So jedenfalls erzählen es seine Eltern alle Jahre wieder. Als der stinkfaule Schüler die Untertertia eines altsprachlichen Knabengymnasiums völlig zu recht repetieren musste, war dessen ahnungsloser Deutschlehrer mit seinem Latein am Ende. Nach den Mühen der Schulzeit scheute der junge Mann den Barras und landete bei der Polizei. Als er seinen Kollegen nach dreizehn Jahren Lebewohl sagte, war er verheiratet, Vater einer Tochter und Hausbesitzer. Die Entscheidung, den Lebenszeitbeamten zum Lebenskünstler zu befördern, hat er nie bereut. Eine frankophile Lebensart ist ihm eigen. Wenigstens einmal im Jahr reist er zum Wandern, Fotografieren und Lesen mit Frau und Hund in die Bretagne. Sein Lieblingsbuch ist die Bibel. In ihr liest er täglich. Sie gibt ihm Kraft, Trost und Zuversicht. Homepage: www.gerhard-weis.de

Gerhard Weis

Doppelspitze

Männer auf Tour

Roman

Bibliografische Information der Deutschen Nationalbibliothek:
Die Deutsche Nationalbibliothek verzeichnet diese Publikation
in der Deutschen Nationalbibliografie; detaillierte bibliografische
Daten sind im Internet über http://dnb.dnb.de abrufbar.

© 2014 Gerhard Weis
Herstellung und Verlag:
BoD – Books on Demand, Norderstedt

ISBN: 978-3-7347-3827-2

INHALT

Januar 2013	7
Im letzten Jahrtausend	8
Zweieinhalb Jahre später	9
Ellmau I.	24
Das Maß aller DINGSE	29
Der Bierbudentester	32
Donnerklitchen I.	37
Ronald Regen (Ronny)	44
Donnerklitchen II.	45
Ellmau II.	50
Donnerklitchen III.	59
Klose und Poldi	63
Konstanz	79
Ingo Kleinschmitt (Hoss)	93
Addirn oder Summirn?	94
Das Erstemahl	31
Der Mumme-Köder	148
Kofi Addo	163
Das Duell	176
Bodo Panzer	198
Die Wünschelroute	199
Den Spatz im Silbersee	210
Finale grande	248
Danksagung	263

Januar 2013

Oje, ojemine – nicht schon wieder! Mit Entsetzen erkannte ich, dass alles Lamentieren für die Katz sein würde. Das Geld war futsch, unwiderruflich weg, mit kanadischen Aktien verzockt. Ach du lieber Gott! Wie soll ich das bloß Madame beibringen?

Darum tötet, was irdisch an euch ist: die Unzucht, die Schamlosigkeit, die Leidenschaft, die bösen Begierden und die Habsucht, die ein Götzendienst ist. All das zieht den Zorn Gottes nach sich. Kolosser 3.5-6

Ich ging mit mir in Klausur, entsann mich meiner wenigen Stärken und fasste den Entschluss, ein lange gehegtes Vorhaben endlich in die Tat umzusetzen. Wer weiß, für was die neuerliche Lektion an der Börse gut war.

In eines Mannes Herzen sind viele Pläne; aber zustande kommt der Ratschluss des Herrn! Sprüche 19,21

Im letzten Jahrtausend

Saarlandhalle Saarbrücken,
Donnerstag, 9. Dezember 1999, kurz nach zwanzig Uhr.
Innenraum, Reihe 17, Plätze 10 und 11: Hein und Finger.

BAP – TONFILM

... Dat soll dann alles jewääse sinn,
dat bessje Fußball un Führersching,
dat woor dann dat donnernde Lääve ... Jewääse

Zweieinhalb Jahre später

»WAS FÜR EINE GOTTVERDAMMTE SCHEISSE!« Ich schrie meinen Frust jählings gegen die picobello gestrichene Zimmerdecke. Erst wenige Tage zuvor hatte ich der guten Stube auf wochenlanges Drängen von Madame einen neuen Anstrich verpasst. Mein Fluch kam dermaßen wütend und schrill, dass unsere Schäferhündin Daisy, die neben mir auf dem kuscheligen Nepalteppich friedlich schlummerte, erschrocken aus der Waagerechten ins Sitz schoss. Es war ein Frühlingsnachmittag, wie er schöner kaum sein konnte. Draußen herrschte Bilderbuchwetter und drinnen war der belebende Duft frischer Farbe noch immer gegenwärtig. Durch die nahezu transparenten Vorhänge drang die Sonne in unser Wohnzimmer. Daisy wurde von dem goldfarbenen Licht zauberhaft in Szene gesetzt. Eigentlich war ich ja ein romantisch veranlagter Zeitgenosse, der solcherart optischen Reizen gewöhnlich nur zu gern die Seelentür öffnete. Aber heute stand mir dafür nicht der Sinn. Stattdessen lag ich schon eine geschlagene Stunde wie das Leiden Christi rücklings auf der Couch und stierte zur Decke. Die Schmerzen hatten noch immer nicht nachgelassen, jedenfalls nicht in nennenswertem Maße. Ich fühlte mich beschissen. Dermaßen hundeelend, als wäre ich in Sing Sing Opfer einer »prison rape« geworden. So oder so ähnlich wird man empfinden, wenn man von einer kernigen Niggergang vergewaltigt wird, sinnierte ich, um mich auch gleich wieder für meine Gedanken zu schämen.

Niggergang? Derartige Kraftausdrücke gehörten nicht zu meinem Standardvokabular. Zumindest wenn ich – bis auf die wenigen ungestümen, meist aus einer Laune des Augenblicks resultierenden Ausnahmen – nüchtern war. Auf keinen Fall hätte ich Farbige im Beisein anderer abwertend tituliert. Ich machte keine Unterschiede wenn ich mit Menschen zu tun hatte. Bei mir im Sportstudio hätte Frau Merkel die gleiche Behandlung wie Heidi Dumm erfahren:
»Nix da mit Promi-Bonus, Angela! Wir sind hier bei Fingers. Bei uns wird sich nicht vorgedrängelt! Runter auf den Boden, zehn Liegestütze – aber dalli, dalli! Das nächste Mal stellst du dich wie alle andern

hinten an! Klaro?«

Ein ausgeprägter Gerechtigkeitssinn zeichnete mich aus. Dazu gehörte die strikte Wahrung des Gleichbehandlungsprinzips, und zwar ohne Wenn und Aber. Mir ging nicht die Muffe, wenn ich es mit den oberen Zehntausend oder, früher in meinem Leben, einem diktatorischen Vorgesetzten zu tun hatte. Während meiner Karriere als Schutzmann, mit dieser ersparte ich mir nach einer bewegten Schulzeit den Barras, hatte ich mit einigen Exemplaren zu tun, die man allem Anschein nach bei der Entnazifizierung der Republik vergessen hatte. Der Gerechtigkeit halber sollte ich erwähnen, dass man bei der Bewertung solcher Dinge die Umstände nicht aus den Augen verlieren darf. Adenauer zog den Vergleich mit schmutzigem Wasser, welches man auch nicht wegschüttet, solange noch kein frisches vorhanden ist. Man vermutete die Ursache für mein Revoluzzertum in meiner Erziehung und behauptete, insbesondere mein Vater hätte mir als Vorbild gedient.

Ja, mein Papa. Wäre er doch nur ein paar Jahre früher auf diese gottlose Welt gekommen! Alfons Finger hätte »das uns teuerste aller Leben, das wir auf Erden kennen«, wie Joseph Goebbels, des Abgotts fanatischster Mundlanger, nach der missglückten Operation Walküre voller Pathos formulierte, bestimmt auf die ein oder andere Weise abgemurkst. Getrieben von einer tiefen Verachtung des Nazihäuptlings und dessen Vasallen hätte Papa entweder den Zeitzünder im Münchener Bürgerbräukeller eine Viertelstunde vorgestellt oder, mit Braunhemd und Hakenkreuzschürze maskiert, dem stimmgewaltigen Vegetarier am Rednerpult eine leckere Portion Nazi-Goreng zum Malzbier serviert. Und hätte das Amatoxin der nach Schafchampignons ausschauenden Knollenblätterpilze die Braunauer Leber nicht ausreichend attackiert, hätte er Stauffenberg fünf Jahre später halt zwei Finger seiner linken Hand ausgeliehen.

Vielleicht wäre er auch – frech wie Rust! – höchstpersönlich auf dem »Braunen Platz« gelandet, um sich ungeniert eine der Lagerbaracken der Wolfsschanze vorzunehmen. Ein Furz nur, und die Bude wäre zur Gaskammer erblüht. Bruno Gesche, Kommandant des Führerbegleitkommandos und bekennender Alkoholiker, hätte den jungen Mann mit der über die Nase reichenden Vollvisierbrille passieren lassen, Papas Knicks bei dessen gekonnter Telemark-Landung als eine neue, durchaus interessante Form der Respektbezeugung vor seinem Arbeitgeber interpretiert. Der schielende Herr Sturmbannführer wäre gewiss der Auffassung gewesen, der Uraufführung des Deutschen Knickses, einer längst überfälligen Erweiterung des Grußes aller Grüße, beizuwohnen. Dass bei Papas Version des mit flacher Hand auf Augenhöhe schräg nach oben gestreckten rechten Arms nur der mittlere seiner fünf Finger salutiert hätte, wäre Bruno vermutlich entgangen. Den gewaltigen Knick in des Leibwächters Optik hätte auch ein ausgiebiger Frühschoppen nicht korrigieren können.

Folgerichtig wäre von einem unverdorbenen Jungspund Geschichte gepupst worden. Der einer aufrechten Bäuerin entsprungene Gegenentwurf zum Hitlerjungen hätte im Führerhauptquartier den brutalst möglichen Stinke-Finger fahren lassen – ohne Rücksicht auf Verluste! Geräuschlos und alles Organische ringsum in Sekundenschnelle vernichtend. Der blutjunge Exekutant hätte gewiss kein Aktentäschchen unter den Tisch gestellt, sondern ... mitten in den Raum gekoffert! Papas Faulgasbombe, ein Produkt heimischer Hausmannskost (Dünnbier, Korn und ein Potpourri aus Zwiebelkuchen, Sauerkraut und »Löffelches Bohnesupp«), wäre zwar nicht krachend detoniert, aber dennoch das krasse Gegenteil eines Blindgängers geworden. Eine einzige seiner selbstproduzierten Bio-Waffen hätte genügt, und dem Wahnsinn wäre der Garaus durch die Nase gekrochen.

»Um 12:42 Uhr wird zurückgefurzt! Und von jetzt ab wird Bombe mit Bombe vergolten! Wer mit Gift kämpft, wird mit Giftgas bekämpft!«, wären die drei letzten Sätze gewesen, die zwei Dutzend Arier zu hören bekommen hätten. Freilich auf saarländische Mundart. Statt: »Es ist etwas Furchtbares passiert, der Führer lebt!«, hätte der Nachrichtenoffizier Erich Fellgiebel General Thiele im Bendlerblock »Operation Walküre, der Führer ist tot!«, mitteilen können. Über die Goebbels-Schnauze, wie der für läppische sechsundsiebzig Reichsmark erhältliche Volksempfänger in dessen Munde genannt wurde, hätte sich das vermutlich so angehört: »Das Herz unseres tapferen

Führers hat aufgehört zu schlagen. Adolf Hitler und dreiundzwanzig seiner engsten militärischen Mitarbeiter sind heute Mittag durch ein feiges Giftgas-Attentat eines abgrundtief bösen und verworfenen Untermenschen grausam ums Leben gekommen. Paul Joseph Goebbels, Leiter des Reichsministeriums für Volksaufklärung und Propaganda, wollte den Führer in seiner schwersten Stunde nicht alleine lassen und folgte ihm mit einer großdeutschen Portion Zyankali in den Heldentod. Gott schütze das deutsche Volk!« Für einen Kretin wie Goebbels war es bekanntermaßen ein Leichtes, persönlich von einer Welt ohne Führer Abschied zu nehmen.

Keinesfalls aber hätte Papa, wäre er schon flügge gewesen, amerikanische Panzer in die Luft jagen wollen. Kluge Köpfe konnten den erzürnten Knaben gerade noch eben von seinem waghalsigen Vorhaben abhalten. Der naive Pimpf glaubte, sich unbedingt gegen die GI's zur Wehr setzen zu müssen. Papas Köpfchen wuchs in der Folge recht schnell selbst zu einem klugen heran und konnte Gut von Böse präzise unterscheiden. Als Erwachsener sprach er dann jeden mit Du an und machte unmissverständlich klar, wenn ihm etwas gegen den Strich ging. Nicht selten zum Missfallen seiner Leute.

»Du bist ein sturer Bock, Alfons!«, war ein häufig gesprochener Satz, der nicht nur meiner Mutter regelmäßig über die Lippen kam. Von ihr hatte ich meine kompromisslose Einstellung jedenfalls nicht geerbt. Maria Finger wäre in vielen Situationen diplomatischer vorgegangen. Sie hätte den Gleichheitsgrundsatz, wenn es sich nach landläufiger Ansicht geschickt hätte, schon einmal zurechtgebogen und vor der Queen einen Knicks gemacht. Mama hatte viel zu oft Angst um mich, befürchtete schon beizeiten, ihr Erstgeborener könne durch seinen ausgeprägten Eigenwillen Nachteile erleiden. Ihre Furcht war fast immer unbegründet. Selbst als ich die georgischstämmige Frau Dr. Dr. Anastasja Ichmachwasichwilli als Mittdreißiger mehr hart als zart am Arm packte, ihr zeigte, wo der Zimmermann das passende Loch für sie ließ, und zum Abschied höflich aber bestimmt: »Auf Nimmerwiedersehen, Anastasja!«, wünschte, konnte man anschließend nur Vorteilhaftes als Konsequenz dieser dringend gebotenen Maßnahme feststellen. Die Dame mit den beiden Doktortiteln war um eine wichtige

Erfahrung reicher und die überschaubare Gruppe bösartiger Biester an meinem Arbeitsplatz um ein Exemplar ärmer geworden. Irgendwann würde ich diese Sorte draußen haben und die allseits respektierte Begegnungsstätte für leibeserzieherische Maßnahmen am bedürftigen Weibe hexenfrei sein. Davon war ich überzeugt. Der von meiner Mutter befürchtete Aderlass unter den Intelligenzbolzen unserer Kundschaft war wieder einmal ausgeblieben.

Ich besuchte auch keine Konferenzen, um mich der Gesinnung anderer zu vergewissern. Berlin und der Wannsee konnten mich mal. Sonderbehandlungen für die Hautvolee hätte schon mein bisweilen überbordender Stolz nicht zugelassen. Und natürlich mein Glaube. Als Christ empfand ich es als schmählich, ja sogar als Sünde, vor den »schVIPs« einen Diener zu machen. Statt eines:

»Schönen guten Tag, Frau Professor. Hach, sind das aber schicke Leggings, die Sie heut tragen. Das pinklilane Blümchenmuster steht Ihnen ja so was von gut! Escada?«,

oder:

»Gertrud, sei doch bitte so lieb und trage unserer verehrten Frau Bürgermeister die Sporttasche hoch in die Umkleide!«,

haben die Damen die Wahrheit:

»Menschenskind, Frau Prof. Dr. Dralle-Schenkel, wie sehen Sie denn aus? Furchtbar, wie in die Wurst gepellt! Wer hat Ihnen denn den Fummel aufgeschwatzt? Eine ziemlich beste Freundin vielleicht? Die Person gehört in den Knast! Mal ehrlich, hat es lange gedauert, bis Ihre strammen Beinchen in diesen Schlauch gepresst waren? Hier, ziehen Sie das drüber! Sie wollen sich doch nicht vor den andern lächerlich machen, oder?«,

und nichts als die Wahrheit gehört:

»Hallöchen, Frau Bürgermeister, wenn man vom Teufel spricht … Seien sie doch so nett und nehmen die Rolle Klopapier mit hoch auf Toilette. Sie wissen ja: Nie leer gehen!«

Meinen in Sachen Disziplinarmaßnahmen weniger erfahrenen Freunden erteilte ich von Zeit zu Zeit bei einer Runde Stubbis kostenlosen Nachhilfeunterricht.

»Wer, wie diese dralle Privat-Dozentin für Plastische Chirurgie, selbst gerne austeilt, muss auch mal was einstecken und die Wahrheit vertragen können. Diese dumme Gans hat sogar die Unverschämtheit besessen, die Selbstbeherrschung eines Standesbeamten aufs Äußerste zu strapazieren. Dralle-Schenkel, wer heißt schon freiwillig Dralle-Schenkel? Nicht einmal ein Schimpanse, nur eine feiste Emanze – Paarreim, Saardéros! Ich als Standesbeamter hätte mich auf den Boden geschmissen und gekringelt vor Lachen. Und noch etwas: Wenn eine Dame der feinen Gesellschaft meint, nur weil ihr Herr Gemahl im Rathaus Regie führt und seine tranfunseligen Amtswalter auf ihren faulen Ärschen sitzen und fett werden lässt, müsse der Gemahlin des Herrn Gemahl beim Turnunterricht das Gleiche widerfahren, ist bei Giselher Finger an der falschen Adresse. ICH komme meiner Fürsorgepflicht nach! ICH kläre die Damen über ihren unseligen Irrtum auf! Hin und wieder ein Tritt in den Arsch hat noch keinem geschadet. Wie ihr wisst, kann auch der meine ein Lied davon singen. Habt ihr verstanden, Saardéros? Ich bin der Giselher, nicht irgendwer!«

Ich konnte fuchsteufelswild werden, wenn einer meiner besten Freunde meine Grundüberzeugungen in Frage stellte. Spontan entworfene Wortkonstrukte wie »schVIPs« konnten mir schon einmal aus dem Mund flutschen und die nicht selten beleidigten Adressaten derselben den Buckel runterrutschen. Insbesondere dann, wenn ich selbst ein bisschen beschwipst war. Das konnte bei einem Sportsmann wie mir recht schnell der Fall sein. Mein Schwellenwert lag, ganz im Gegensatz zu dem meines Kumpels Hoss, deutlich unterhalb einer Kiste Stubbis. Im Falle der »schVIPs« legte ich Wert auf die Feststellung, dass die feinen Leute das »sch« meist nur zuhause, dann aber gerne inflationär in den Mund nehmen.

»SCHEISSE, SCHEISSE, SCHEISSE!« Dieses Mal war ich es, der daheim den Worthahn aufdrehte.

Der Grund für meinen Wutausbruch waren die höllischen Schmerzen ein Stück weit unterhalb meines *Os coccygis*. Sie schienen nicht wie sonst einfach wieder verschwinden zu wollen. Als die Quälerei nach mehreren Dutzend Vater unser und fast ebenso vielen Gegrüßet seist du Maria schließlich doch noch ein – vorläufiges – Ende gefunden hatte, bat ich den Herrgott für all die üblen Gedanken, die mir während meiner gut zweieinhalbstündigen Pein durch den Kopf geschossen waren, um Vergebung. So schlimm wie dieses Mal waren die bösartigen Attacken auf mein Wohlergehen aber auch nie zuvor gewesen. Ich hatte mich auf nichts mehr konzentrieren, nicht einmal mit wachen Sinnen lesen oder fernsehen können. Bei all dem Missgeschick befiel mich wegen meiner unfreiwilligen Faulenzia obendrein ein schlechtes Gewissen. Eigentlich wollte ich an diesem Nachmittag mit Daisy durch den Wald joggen und anschließend einigen Damen in ihrem begrüßenswerten Bemühen, Bauch, Beine und Po wieder in Form zu bekommen, behilflich sein. Daisy und ich drehten fast jeden Tag unsere Runden. Was andere als Sauwetter bezeichneten, konnte uns nicht hindern. Regen, Schnee und Kälte hatten zudem den Vorteil, dass die Heerscharen verweichlichter Frauenleiber, die neuerdings an zwei Krücken lahmarschig durch die Gegend geschoben wurden, der Natur fernblieben.

»Ja gehts noch, du Hirni? Lebst du hinterm Mond? Wir ›worken nordisch‹, das verbraucht viel mehr Kalorien als dein blödes ›Tschoggen‹ und trainiert außerdem den Rücken!« So ungefähr lautete die entrüstet vorgetragene Replik zweier pummeliger Gestalten, als ich im Erbacher Forst beim Überholen kurz anhielt und höflich fragte: »Ja sagt mal, ihr zwei Hübschen, warum geht ihr im Hochsommer mit Skistöcken – aber ohne Helm – spazieren?«

Nordic-Walking! Die größte Erfindung der Leibeserziehung seit Callanetics ward zum Volkssport ausgerufen. Leistungsfähige junge Frauen, sogar das ein oder andere verweichlichte Mannsbild, waren zu jämmerlichen Memmen mutiert. Dass die sich nicht schämten! Ich hätte diesen Schlappschwänzen nur zu gern einen Termin bei Felix Magath gemacht.

»Mensch, Hoss, stell dir mal vor, die Gold-Rosi hätte schon in den Siebzigern ›nordisch geworkt‹, heimlich womöglich. Dann wär sie in

Innsbruck auch im Skilanglauf unschlagbar gewesen. Ich lach mich gleich tot. Neureuther-Mittermaier, die nordische Kombination gekünstelten Perma-Lächelns. Eher hat der Rote Baron in der Besenkammer nach Nutella gekramt, als dass die beiden tatsächlich glauben, was sie der Nation über Nordic-Walking verklickern.«

»Die Rosi ›workt nordisch‹, weil es ihr Freud macht, Finger.«

»Von wegen Freud macht, Hoss. Alles nur Show! Bei der läuft außer dem Ski nix. Die ist längst durchschaut. Weißt du was ein Düsseldorfer Werbefuzzi unmittelbar nach Innsbruck über das weibsgewordene Frohlocken von der Winklmoosalm gesagt hat?«

»Nein, schieß los, Finger!«

»Die Gold-Rosi sei werbepsychologisch eine absolut heiße Type, könne Millionen verdienen, habe Muhammad-Ali-Format. Sie lache andauernd und die ganze Welt möge sie. Die Rosi würde sich für alles eignen. Von der Tiefkühlkost bis zur Zahnpasta und Fremdenverkehrswerbung, von Kuwait bis zum Sunset Boulevard. Nur mit dem Sex-Appeal hapere es ein bisserl. Stand alles im Spiegel. Recht hat er gehabt, der Herr Wilp. Dieser Nordic-Walking-Quatsch dient doch nur dem Fremdenverkehr und dem Portemonnaie einiger Leute!«

Ich vermutete, dass die meisten dieser neuen Sportskanonen über schlechtes Wetter nicht besonders traurig waren und stattdessen die Gelegenheit nutzten, sich leckere Buttercremetörtchen in ihre austrainierten Plappermäulchen zu schieben. Ohne Punkt und Komma quasseln, die armen Tiere im Wald mit einem Dauerfeuer verbaler Dumm-Dumm-Geschosse verschrecken. Das, aber keine Spur sportlicher Würde, zeichnete die »Nordisch-Worker« aus. Von wenigen löblichen Ausnahmen abgesehen: Menschen, die eine Alternative zum Rollator suchten. Nicht einmal ein schlechtes Gewissen mussten sie haben. Schließlich wurde diesen Schlaffis von allen Seiten eingetrichtert, ein von Skistöcken flankiertes Schneckentempo benötige mehr Kalorien als Joggen. Die Brigitte, die Tina, die Petra, die Lisa, selbst die Freundin der Bunten wusste Bescheid. Sollte das Bild der cosmopoliten Frau im Spiegel vital, en vogue, maximal glamour sein, dann gab es FürSie nur eins: Nordic Walking!

Gespült wurden die für die nächste Trainingseinheit benötigten

Energiespender aus der Konditorei mit Latte. Wahrscheinlich der einzigen, deren Konsistenz in der Gegenwart solcher Amazonen überhaupt möglich war. Latte war schwer angesagt, nicht nur bei den Watschelentchen. Eine stinknormale Tasse Kaffee tranken nur noch die wenigsten: Kerle wie die Saardéros. Die Gala- und Bella-Leserinnen wollten unbedingt eine Latte, den Milchschaum derselben von ihren aufgespritzten Lippen züngeln. Auch diejenigen unter ihnen, welche selbst in der Rentnerklause von Latten nur so umzingelt gewesen wären. Obwohl es dort nur Stubbis und Malzbier im Ausschank gab.

Als verantwortungsbewusstes Herrchen hatte ich in der letzten Zeit unser Laufpensum merklich reduziert. Daisy zuliebe. Und, wenn ich ehrlich sein soll, auch ein kleines bisschen mir. Die vielen Kilometer schienen mir nicht mehr gut zu bekommen, warum auch immer. Der Arzt hatte dafür keine Erklärung. Er war der Ansicht, Joggen könne in meinem Fall keineswegs schaden. Die arme Daisy dagegen hatte nicht nur zeitlebens Probleme mit ihrem Verdauungstrakt, sondern auch mit den Hüften. Das war typisch für Deutsche Schäferhunde. Durch ein idiotisches Zuchtverhalten vermeintlicher Tierfreunde wurden sie zum Zwecke eines schwachsinnigen Schönheitsideals hintenrum tiefergelegt und somit im Laufe ihres – oft viel zu kurzen – Lebens unnütz gequält. Madame und ich hatten Daisy nach einem Sonntagsspaziergang behalten. Ihr sichtlich erleichterter Vorbesitzer wurde ausbezahlt. Die neun Monate alte Hündin bereicherte fortan unser Leben. Auch wenn ihre Anatomie den beknackten Ansprüchen mancher Hundesportler nicht genügte.

Statt mit Daisy leichtfüßig durch den Wald zu flitzen, lag ich schwer gebeutelt auf dem Sofa. Der bumsfidele Lebenskünstler Giselher Finger war zu einem Häufchen Elend mutiert und hatte die Faxen dick. Wars das wirklich schon jewääse, das donnernde Lääve? Waren die schönen Zeiten etwa ein für allemal vorbei? Jetzt schon? Ich war doch erst Anfang vierzig, gut trainiert und, wie ich annahm, auch in der Birne bestens in Schuss.

Dieser Nachmittag war noch qualvoller verlaufen, als ich es wegen meiner Beschwerden je für möglich gehalten hätte. Gott sei Dank hatte ich nichts Schlimmeres, Darmkrebs oder so. Das hatte der Arzt nach einer Darmspiegelung ausgeschlossen. Aber meine Lebensqualität hatte ganz schön Federn gelassen. Wenigstens wusste ich jetzt, wie sich ein Einlauf anfühlt. Ich war tagelang am Überlegen gewesen, ob es der meinem Dings abgewandten Seite dieses Jahr vielleicht besser täte, wenn ich zu Hause bliebe. Die Wandertour mit meinen Freunden stand gewaltig auf der Kippe. Seit geraumer Zeit hatte ich mit den Folgen eines völlig überflüssigen Gebarens zu kämpfen. Etwas, worüber man nicht gerne spricht, was einem hochnotpeinlich ist. Wer über Jahrzehnte – wohlgemerkt ohne Not! – auf einen permanent leeren Verdauungstrakt besteht, bekommt irgendwann die Quittung. Manchen Ballast sollte man keinesfalls überhastet loswerden wollen. Probleme mit den arteriovenösen Gefäßpolstern könnten die unangenehme Folge dieses Bedürfnisses sein. Intelligente Menschen vermeiden Druck. Zu denen zählte ich nicht! Ich war ein Klugscheißer, der sein Leben lang gepresst und jetzt die Konsequenzen am Arsch hatte. Selber Schuld!

Die nötig gewordenen Behandlungen beim Proktologen konnten mir gar nicht gefallen. Bei der ersten fiel ich sogar in Ohnmacht. Das muss man sich mal vorstellen. Ich, Giselher Finger, Steelball und Senior Member der Saardéros, angeblich härter als jeder US-Navy-Seal, kippte einfach so um. Nur weil etwas Fremdartiges in meinem Hintern Einzug gehalten hatte. Das war mir ausgesprochen peinlich. Dabei meinte es der Onkel Doktor bestimmt nur gut, als er seinem Neuzugang rektal eine Überraschung bereitete.
»So, Herr Finger, dann ziehen Sie bitte mal Hose und Eierbecher aus, krabbeln auf die Liege und gehen in den Vierfüßlerstand!«
Gesagt, entblößt, gekrabbelt. Während sich der grobe Kerl die Bescherung betrachtete, hielt mir eine Arzthelferin die Arschbacken auseinander.
»Mensch, Herr Finger, es wird höchste Zeit, dass wir Ihnen helfen. Das sieht wirklich nicht schön aus, fast schon nach Lepra. Fürwahr, Sie haben immer feste gedrückt. Ich mach Ihnen jetzt ein Gummiband um das Wehwehchen. Keine Angst, es wird nicht wehtun.«

Von wegen! Was hatte sich dieser Sadist dabei nur gedacht? Sollte so ein eiskaltes, grässliches Instrument wirklich diagnostischen oder gar therapeutischen Zwecken dienen? Das konnte ich beim besten Willen nicht nachvollziehen. Aber wer weiß, vielleicht hatte ja des Proktologen Gemahlin eine dieser neuerdings so populären Partys veranstaltet und ihr Gatte im Eifer des späteren Gefechts versehentlich die Waffen vertauscht, waren meine Gedanken. Die Zeiten hatten sich nun einmal geändert. Als ich noch ein Kind war, besuchte die Avon-Beraterin gebührlich keusche Frauen – beispielsweise meine Mutter. Später begeisterten die Super-Tuppers wohlerzogene deutsche Hausfrauen in der Küche. Wenn ich mich nicht irre, widmete ABBA denen sogar einen Schlager. Aber mittlerweile ging es im Wohnzimmer mit Zielrichtung Schlafzimmer ganz anders zur Sache. Spätestens nach dem zweiten Glas Rotkäppchensekt. Voll im Trend waren konspirative Treffs, bei denen ultrabraven Heimchen ultrascharfe Wäschestücke schmackhaft gemacht wurden. Gegen derart Spitzfindiges gab es im Grunde nichts einzuwenden. Im Gegenteil! Mit Straps und Spitzenhöschen getunt, durfte sich manche graue Maus auf etwas gefasst machen. Vorausgesetzt, Frau Birkenstock war zu einer appetitlichen Präsentation frivoler Stofffetzen in der Lage und trug vernünftiges Schuhwerk – auf keinen Fall aber Lockenwickler. Und wenn der Postmann am Wochenende gleich mehrmals klingeln sollte, durfte das provozierende Klack-Klack der schwarz lackierten Stilettos natürlich nicht zur Unzeit, zur Sportschau oder so, zu hören sein.

Richtig pathologisch wurde es aber erst dann, wenn den Säuischsten der feuchtfröhlichen Damenrunde entartete Plastikprodukte eindeutiger Bauart aufgeschwatzt wurden. Bei einer unserer Sitzungen im Dorfbrunnen hatten wir uns über dieses höchst primitive Phänomen unterhalten:

»Das sind ganz raffinierte Weibsbilder. Die machen mit dem feuchten Trieb der vielen Doofchen im Land ihr Geschäft. Eigentlich gehört denen das Handwerk gelegt. Meinst du nicht auch, Finger?«

»Genau, Heiner. Wer sonst, als eine von Sinnen geratene Frau, kommt schon auf die Idee, solch ein klobiges Ding zu erwerben? Wo es doch so schöne, filigrane Originale gibt, die meist sogar kostenlos ihren Dienst verrichten, nicht wahr? Man muss deren Besitzer bloß höflich fragen. Stimmts oder hab ich recht, Saardéros?«

»Stimmt, Finger, du hast wieder mal recht! Stattdessen wählt die coole Jule neuerdings ein Dings aus Glas oder, noch schlimmer, aus Edelstahl. Die spinnen, die Weiber!«

»Mensch, Bodo, gab es nicht erst jüngst Gerüchte, dass diese schamlosen Dildofeen jetzt auch bei uns ihre feurigen Mitbringsel feilbieten?« ...

So etwas ähnliches wie ein Dings aus Edelstahl einverleibt zu bekommen, war dann aber des Gutgemeinten zu viel. Ich reagierte reflexartig auf diesen für mich völlig ungewohnten Stimulus und fiel tief in Ohnmacht. Gleichsam einem Kind, das instinktiv die Augen schließt, wenn der Bi-Ba-Butzemann nachts neben seinem Bettchen steht. Glücklicherweise krachte ich nicht auf den Fußboden, sondern lediglich ... auf dem Therapietisch zusammen. Die Zeit meiner kognitiven Abkehr war herrlich. Es müssen Minuten gewesen sein. Da ich nur recht widerwillig wach werden wollte, wurde ich mit Leitungswasser (mein Hemd war patschnass!) geweckt. Hatte ich doch eben noch so angenehm geträumt:

Im Zauberwald von Brocéliande saßen König Artus, der Druide Merlin und der furchtlose Jäger Giselher Finger auf einer geheimnisvollen, moosbewachsenen Lichtung früh abends zu Tisch. Derselbe war Jahrzehnte zuvor von Torquil McFadden, einem blinden keltischen Bildhauer, aus einem Block schwarzen Granits – in der Form eines der Länge nach durchschnittenen Apfels – meisterlich gemeißelt worden. Zu jener Zeit galt der Apfel als ein Symbol sinnlicher Lust und Begierde. Seine Form wurde mit den weiblichen Brüsten, das Kerngehäuse mit der Vulva verglichen. Die Oberfläche der Tafel war fein poliert und glänzte wie Speck. Ein würdiger Platz für dieses erlesene Trio, das mit großem Appetit ein am offenen Feuer gebratenes Wildschwein verspeiste. Finger hatte den Keiler mit dem königlichen Schwert vor Tau und Tag tollkühn erlegt. Artus selbst hatte ihm Excalibur zu eben jenem Zweck überlassen. Als Beilage gab es ein Püree aus Artischocken und ofenfrisches Baguette.

Musikalisch begleitet wurde die Tafelrunde von Hugo Lindenzwerg und Elfi Pirelli. Während der kurzwüchsige Barde mit zarter Stimme Minne sang, ver-

trieb die vollbusige Elfi mit ihrem Schmettergesang Wotan. Zwischendurch servierte sie Eierlikör. Hugos verschlissene Stimmbänder gehörten regelmäßig geölt. Im Verlaufe dieser Serenade im Freien sprachen Artus und Merlin mit Hingabe einem Château Pétrus zu, wohingegen der mit der Flasche großgezogene Jäger lieber zu einem Stubbi griff.

Die Sonnenstrahlen, welche den Zauberwald an diesem lauschigen Flecken breit gefächert durchdrangen, verursachten auf der Tischoberfläche – insbesondere aber auf dem im Zentrum der Lichtung majestätisch thronenden Menhir – prismatische Reflexe unbeschreiblicher Art. Der phallusförmige Hinkelstein kam mir wie ein mittelalterlicher Kernreaktor vor. Er spendete der Gesellschaft eine wohltuende Wärme und dem Gelände ein schwarz-rot-goldenes Antlitz. Um ihn herum schien der Boden zu brennen, wenn seine knisternde Spitze wieder einmal rhythmisch pulsierte. Dieser visuelle Reiz, gepaart mit dem Duft erlesener Gaumenfreuden und der Kakophonie bizarrer Nachtmusik, erzeugte eine erlauchte Atmosphäre unter den Anwesenden.

Inspiriert durch die auf Liebreiz getrimmten Texte des Panikbarden tauchte, wie aus dem Nichts, die ohnegleichen weißhäutige Fee Viviane unter der Tafel auf. Nur mit einem Feigenblatt höchst despektierlich bekleidet, verführte sie Merlin – der sich dies nur zu gern gefallen ließ! – nach allen Regeln der französischen Kunst. Derweil flocht der mit der Schnute scharfgemachte Druide das feuerrote Haar Vivianes mit flinken Fingern zu einem entzückenden Rapunzelzopf und schickte sich seinerseits an, seiner mit bretonischem Dialekt dozierenden Französischlehrerin Griechisch-Unterricht erteilen zu wollen. Finger, schamhaft und keusch erzogen, konnte einen solchen Affront vor den Augen des Königs unmöglich dulden. Er beendete den Sprachunterricht mit einem Kübel eiskalten Wassers aus der nebenan befindlichen Quelle von Barenton.

Lancelot, des Königs treuer Ritter, beobachtete die Schweinerei mit dem Periskop seines auf dem Grunde des Sees von Comper befindlichen Schlosses. Pflichtbewusst berichtete er der Fee Morgane, die gerade im Tal ohne Wiederkehr einen ihrer untreuen Liebhaber mit der Gerte maßregelte, von dem Fauxpas Vivianes und dem hoffähigen Verhalten des sittsamen Jägers. Morgane veranlasste daraufhin ein Sippentreffen im königlichen Lustgarten. Dort bekam die Jungfee Donnerklitchen die Order, Giselher Finger eines Tages für sein besonders schickliches Tun mit der Erfüllung eines Herzenswunsches zu belohnen. Ihre Kollegin Viviane erhielt im Gegenzug einen Tag Bubenarrest.

Just in dem Moment, als der Minnezwerg einen Eierlikör und der Rest der Gesellschaft zur Verdauung einen Kümmerling kippten, schüttete mir die Arzthelferin ein letztes Glas Wasser ins Gesicht.

Wer mich kannte, konnte auch nachvollziehen, dass ein gewalttätiges Fuhrwerken in der engen Höhle zwischen meinen Gesäßbacken nicht ohne Folgen bleiben würde. Zumal ich diese Folter mehrfach über mich ergehen lassen musste. Wenn Madame damals in unserem Sportstudio gefragt wurde, warum ihr Gatte Giselher plötzlich so sanft mit den Leuten umging (manche Athletinnen vertraten tatsächlich die Ansicht, ich sei ein hundsgemeiner Schinder), bekam die Fragende zu hören:

»Du, das hat nichts mit Altersmilde zu tun. Auch euer Trainer hat eine Problemzone und bei der Beseitigung dieser durch das Werk seines Arschäologen einen Knacks erlitten. Macht euch keine Sorgen, das geht bestimmt bald vorüber. Seine Sitzungen auf'm Klo werden kürzer und kürzer.«

Man verschrieb mir eine Menge Medikamente, um die seelischen Folgen der Gewalteinwirkung zu beseitigen. Glücklicherweise halfen die. Schnell hatte ich mein Trauma überwunden. Aber leider auch eine bleibende Nebenwirkung am Arsch: In meinem Bewusstsein begannen sich Realität und Hirngespinste immer häufiger und zunehmend intensiv zu vermischen. Das eigentlich Erstaunliche aber war, dass dies nicht nur für mein gegenwärtiges Erleben, sondern auch für meinen Blick in die Vergangenheit galt. Der Leser sollte sich diesen Umstand immer vor Augen halten!

Donnerlittchen, dachte ich mir, das war aber jetzt mal ein geiler Traum – und so realistisch! Ich nahm mir vor, bei Gelegenheit am anderen Ufer nachzufragen, ob solche Trips dort üblich sind. Nicht, dass mir jetzt jemand auf falsche Gedanken kommt! Ich wollte mich keinesfalls über Schwule lustig machen. Aber alleine schon die Vorstellung, Part – womöglich noch der weibliche! – einer solchen Amour fou zu sein, löste bei mir in jener Zeit ein nachdrückliches Unbehagen aus. Man sollte nicht meinen, wie fürsorglich man nach meinem Kollaps mit mir umging. Unmittelbar nach jeder Behandlung durfte ich mich, ohne dass man mir diese Prozedur berechnet hätte, sogar ein Weilchen bequem hinlegen. Manchmal hielt mir dabei eine Arzthelferin die linke Hand – was damals noch gänzlich unkompliziert möglich war.

Ellmau I.

Am Morgen des 30. Mai 2002 ging es mir bestens. Also gab es keinen Grund für mich, meine Freunde an Fronleichnam nicht nach Ellmau zu begleiten. Tags zuvor hatte ich angesichts meines scheußlichen Befindens nicht mehr mit dieser freudigen Wendung gerechnet und Ronny meine Unpässlichkeit am Telefon offenbart.

»Ich fahr morgen nicht mit ... bin malade!«

»Wie ... fahr nicht mit ... bin malade? Was soll das heißen? Was hast du denn?«

»Mir schwillt der Arsch nicht ab ... hab mordsmäßig Probleme mit den Hämorrhoiden ... muss ständig aufs Klo.«

»Seit wann denn das? Giselher Finger und Hämorrhoiden, das ist ja mal was ganz Neues.«

»Das geht schon geraume Zeit so, Ronny. Wird immer schlimmer statt besser. Glaub mir, ich leide wie ein rumänischer Straßenköter. Der Doktor hat gemeint: ›Wenn wir Pech haben, muss ich Sie operieren, Herr Finger!‹ Aber das kann er sich abschminken, kommt nicht in Frage. Niemand schneidet mir am Hintern rum. Schon gar nicht dieser Rohling. Lieber sterbe ich. Ich bin der Giselher, nicht irgendwer!«

»Das kannst du uns nicht antun, Finger! Das ist jetzt nicht dein Ernst, oder?«

»Doch, ist es, nur nicht das mit dem Sterben ... aber ansonsten schon. Ich will euch nicht die Tour vermasseln. Nicht mit meinem Arsch, Ronny!«

»Dann schmier halt was drauf!«

»Was meinst du, was ich seit Wochen tue? Tut mir leid, das ist echt kein Spaß. Wie's ausschaut, wird das morgen nix mit mir.«

Gott sei Dank hatte ich mich getäuscht. Vielleicht hatten sie ja nach der schockierenden Neuigkeit auf ihre Art für mich gebetet: Sich auf ein Stubbi getroffen und *Wenn et Bedde sich lohne däät* krakeelt. Dabei brauchte sich keiner genieren. Oder sie hatten, verwegen statt verlegen, in der Blieskasteler Klosterkapelle eine Kerze für ihren schwer kranken Freund angezündet. Zuzutrauen wäre es ihnen gewesen. Ich selbst bedurfte keiner Rituale, um zu wissen, dass ein Gebet sich immer lohnt. Auch dann, wenn das Leben nicht gerade im Arsch zu sein scheint. Dazu brauchte ich weder BAP noch Kerzenlicht.

Wir brachen zeitig auf. Die fünfhundert Autobahnkilometer Richtung Kufstein konnten sich ziehen. Es war klar, dass an diesem verlängerten Wochenende noch jede Menge weiterer Luftverpester die Alpen ansteuerten. Da Hoss partout nicht in Ronnys roten Z1 passen wollte, war unser Jüngster gezwungen, mit dem hausbackenen VW Passat seines alles andere als hausbackenen Eheweibs Ulla für einen einigermaßen bequemen Transfer nach Tirol zu sorgen. Das protzige BMW-Cabriolet blieb in der Garage. Wenn die mit Petticoat, Stöckelschuhen, Kopftuch und Sonnenbrille aufgebrezelte Ulla Regen ihre Beinchen beim Ein- oder Aussteigen kokett über die türschluckenden Seitenschweller schwang, genoss sie die Blicke auf ihre wohlgeformten Fesseln. Bei dem ein oder anderen dieser selbstbewussten Manöver war angeblich sogar die Farbe ihres Schlüpfers auszumachen gewesen. Diesbezüglich traute ich den Behauptungen meiner Kumpels allerdings nicht über den Weg!

Normalerweise wäre eine Wandertour an Tagen wie diesen, dem vierwöchigen Hochamt des Fußballs, undenkbar gewesen. Aber heuer würden wir ja nichts Wesentliches verpassen. Das Eröffnungsspiel tags darauf und ein, zwei unbedeutende Partien der Vorrunde, mehr nicht. Wie konnte man so bescheuert sein und eine Fußballweltmeisterschaft in Japan und Südkorea stattfinden lassen? »Der Blatter Sepp ist voll der Depp – Paarreim, Männer!« Heiner formulierte es vornehmer: »Ein solches Turnier gehört nach Europa oder Südamerika. In ein Land, wo der Fußball Teil seiner Kultur ist und sich die Massen auch wirklich für ihn begeistern.« Die Erinnerung an die fehlende Atmosphäre in den USA acht Jahre zuvor war noch frisch. Schlimmer gehts nimmer, dachten wir. Selbst meine Phantasie war nicht blumig genug, dass ich mir ernsthaft vorstellen konnte, die FIFA vergäbe eine WM nach Katar. Mannomann, was sollte man dazu noch sagen?

Nach einer erstaunlich geruhsamen Fahrt aßen wir auf der Terrasse der Klosterbräustuben in Oberelchingen zu Mittag. Auf unseren inneren Autopiloten war Verlass. Vor fast zweihundert Jahren war ein berühmter Landsmann von uns – »le brave des braves« (der Tapferste der Tapferen), wie Napoleon Marschall Ney einst bezeichnete – in diesen Gefilden gegen die Streitkräfte des österreichischen Feldmarschallleutnants Graf Riesch in die Schlacht gezogen. Michel Ney, ein Saarländer wie wir und Ricky, mein Schalke 04-verrückter Schwager. Nur dass wir keine Soldaten, Herzöge von Elchingen, Fürsten von der Moskwa oder Söhne armer Böttcher waren und auch nicht in der Bierstraße in Saarlouis zur Welt gekommen sind. Aber immerhin, das ein oder andere Bierchen pitschten auch wir. Ricky wurde sogar ganz in der Nähe von Saarlouis geboren und hatte, wie der zum »duc d'Elchingen« ernannte Gefolgsmann Bonapartes, seine Ausbildung in der Dillinger Hütte absolviert. Mehr noch: Ricky war, wollte man den Recherchen eines heimischen Ahnenforschers Glauben schenken, über ein paar Ecken mit Michel verwandt.

Das naturtrübe Kellerbier im Angebot der Schänke diente uns zum Ausbringen des ersten Trinkspruchs unserer diesjährigen Tour.

»Prost, Saardéros!«

»Prost, auf Rick und den duc! Paarreim, Männer!«

»Und auf Giselher, nicht irgendwer! Paarreim, Finger! Möge dir dein Arsch wohlgesonnen sein!«

»Danke, Hoss!«

»Liberté, égalité, fraternité!«

»Jawohl, Heiner, Freiheit, Gleichheit, Brüderlichkeit! Und wenn man bedenkt, das wir sogar den doofsten Kratzbürsten tolerant und geflissentlich humanitär begegnen, gingen wir glatt als Freimaurer durch. Ich meine: Auch wenn der Vatikan die Zugehörigkeit zu dieser edlen Handwerkskunst als unvereinbar mit der katholischen Lehre betrachtet, ist solcherlei menschliches Gebaren ethisch ohne Fehl und Tadel. Meint ihr nicht auch, Saardéros?«

Mein großes Maul funktionierte noch. Für meine Sprüche erntete ich Beifall. Obwohl vermutlich keiner meiner begeistert applaudierenden Freunde verstand, was ich da wieder mal laberte. Egal, Hauptsache mein verlängerter Rücken wurde an dieser historischen Stätte zum Nebenkriegsschauplatz erklärt – trotz meiner unterwegs immer wieder geäußerten Bedenken. Nachdem ich meinen erstaunten Freunden (»Wo haste denn das alles wieder her, Finger?«) abschließend erklärt hatte, dass man den duc in der dreizehnten Spalte des Arc de Triomphe, direkt neben dem schottischstämmigen Étienne Jacques Joseph Alexandre MacDonald, 1. Herzog von Tarent, verewigt hatte, fuhren wir weiter auf der BAB 8 Richtung München. Fürs Erste war der Geschichtsunterricht beendet.

Unterwegs entschieden wir uns, dem ehemaligen Konzentrationslager Dachau einen Besuch abzustatten. Statt, wie für das deutsche Durchschnittsweib typisch, konzeptlos in den auf unserer Route gemeldeten Stau zu brausen, nutzten wir die Zeit sinnvoll und nahmen zum zweiten Mal an diesem Tag historisch erhellende Nachhilfestunden. Dass wir auf Männertour waren, bedeutete entgegen landläufiger Annahme keineswegs, dass wir uns ausschließlich dem Frohsinn hingaben und die bedeutsamen Dinge des Lebens links liegen ließen. Für Typen wie uns traf das Gegenteil zu. Wir waren auf unseren Streifzügen für derartige Abstecher immer zu begeistern.
»Geboren in Braunau – eingebürgert in Braunschweig – Braunhemd – braunes Haus – Eva Braun – braun, braun, braun ... überall nur braun. Scheiße ist auch braun, meistens jedenfalls, manchmal aber auch braunrot!«
Ich brauchte kein Gewehr um loszuballern. Wenn der Anlass passte, entwichen, einmal die Automatik entsichert, meiner großen Klappe mitunter großkalibrige Wortsalven. Die konnten einen schwer verletzen. »Braucht der Typ da eigentlich 'nen Waffenschein für seine Gosche?« Diese Frage hatte mal einer gestellt, der Ohrenzeuge meines verbalen Geballeres wurde. Ich muss zugeben, dass es oft nicht einfach war, hinter derartigen Schimpfkanonaden die eigentliche Botschaft zu erkennen.
Dass es ein größenwahnsinniger und brutaler Mensch wie der »Führer«, mag er noch so charismatisch gewesen sein, nach seiner Ernennung zum Reichskanzler fertigbringen durfte, aus einem demokratischen Rechtsstaat in Rekordzeit ein verbrecherisches Unrechtsregime zu formen, um anschließend die ganze Welt ins Unglück zu stürzen,

konnte ich meinen Vorfahren nie verzeihen. Schon knapp zwei Monate nach der Machtübernahme hatte die braune Brut damit begonnen, das KZ Dachau zu errichten. Es hielt als Muster für alle späteren Massenvernichtungslager her und stand unter der Herrschaft der SS, Dresscode Hugo Boss. Bis zur Befreiung durch die Amerikaner, zehn Tage vor der bedingungslosen Kapitulation Nazideutschlands, wurde jeder Fünfte dieser mehr als zweihunderttausend unglückseligen Menschen aus ganz Europa ermordet.

»Saardéros, anfangs sollten hier nur die politisch Unbequemen inhaftiert und mundtot gemacht werden. Aber spätestens nach der Verabschiedung der Nürnberger Gesetze wurden in Dachau eine Menge weiterer Häftlingsgruppen ihrer Menschenwürde beraubt: Homosexuelle, Juden, Sinti und Roma ... und, und, und. Selbst Menschen, die lediglich als arbeitsscheu galten, haben diese Dreckskerle nicht verschont. Stellt euch mal vor, was die mit eurem Giselher gemacht hätten! Eine Schuld an den Gräueltaten in der Hitlerzeit kann man uns nicht zuweisen. Wir haben Glück, durch die Gnade der späten Geburt Exkulpierte zu sein. Aber auch die verdammte Pflicht, ein Vergessen nicht zuzulassen! Wie seht ihr das?«

»Genauso, Finger!«

In dieser Frage waren wir uns einig.

Ohne nennenswerte Verkehrsbehinderungen am frühen Abend in Ellmau angelangt, wurden wir bei einem Begrüßungsbierchen Zeuge einer blau-gelben Punktlandung. Ob es tatsächlich Jürgen Möllemann war, der mit einem FDP-farbenen Fallschirm auf einer saftig grünen Wiese gekonnt aufsetzte, ist eher unwahrscheinlich. Die Bemerkungen, die uns dabei im herrlichen Abendrot über die Lippen kamen, waren nicht alle vom Feinsten. Wir hatten ja nicht ahnen können, dass der Kopf von »Projekt 18« ein Jahr später eine finale Bruchlandung hinlegen würde. Den restlichen Abend ließen wir in einer der Gaststätten des Ortes locker ausklingen. Am nächsten Morgen wollten wir fit sein.

Das Maß aller DINGSE

Menschen neigen zu Vergleichen. Das liegt in ihrer Natur. Genuin ist auch die Tatsache, dass ein Mann einer Frau imponieren will. Dieser Impetus lässt sich unmöglich verhindern, selbst wenn sich das Mannsbild noch so sehr darum bemüht. Die Programmierung einzelner Abschnitte auf seiner schraubenförmigen Doppelhelix sabotiert eine solche Absicht schon im Ansatz. Ist man als Mann bei einem bedeutsamen Vergleich der Loser, hat man ein ernsthaftes Problem. Die Psychofraktion ist der Ansicht, dass letztlich alles unter den Aspekten der Fortpflanzung zu betrachten sei. Der Sexualtrieb sei die Basis unseres Seelenlebens. Und die sei beim Manne nun einmal besonders breit. Was sich der liebe Gott wohl dabei gedacht haben mag?

In den Augen einer Frau ein Großer zu sein, ist für uns Männer das Größte. Selbst wenn Mann klein ist. Und um herauszufinden, auf welcher Sprosse der Erfolgsleiter wir uns befinden, gibt es Vergleiche. Wie jedermann unschwer nachvollziehen können sollte, kann im konkreten Fall leider nicht jeder Mann der Größte sein, sondern immer nur einer. Das ist logisch. Logisch ist auch, dass all die anderen armen Schweine mit einem mehr oder weniger großen Problem leben müssen. Im Falle der »Dingsvergleiche« ist weniger sogar mehr. Was ein Beispiel dafür ist, wie irreführend der Gebrauch mancher Worte sein kann.

Mann schaut gepiesackt drein, wenn der Nachbar seinen nagelneuen Sechs-Zylinder demonstrativ hinter der eigenen Schrottkarre parkt. Mann übersieht nicht, dass die mondäne Gründerzeitvilla des Herrn Neureich in der Schlossallee deutlich mehr Raum beansprucht als das eigene Reihenhäuschen mit Bonsaigarten in der Badstraße. Mann registriert genau, wie schiefmäulig Madame einer guten Freundin am Telefon erzählt, dass sie für ihren schmierigen Chef schon wieder den maßgeschneiderten Marineanzug in die Wäscherei bringen musste. An Deck der Queen Mary 2 will auch ein hoffnungsloser Fall von Unbenimm ordentlich daherkommen. Und Mann weiß um die neidischen Blicke seiner Herzallerliebsten, wenn die aufgedonnerte Direktorengattin ihren Chihuahua im beigefarbenen Gucci-Täschchen Gassi führt.

Umgekehrt hat Mann, je nach Fasson des Vergleichs, in manchen Fällen die Nase wieder vorn. Dann ist der Verglichene der Loser. Und dem wiederum geht es nicht anders. Der moderne, aufgeklärte Mann vergleicht ständig. Ob er will oder nicht. Alles nur wegen dieses blöden Sexualtriebs. Da gibt es kein Entrinnen. Wohin man auch schaut, die Welt ist voller Loser-Boys. Besonders hart trifft manchen Adamskostüm tragenden Mann der Blick in den Spiegel. Um seine Anatomie ins rechte Licht zu rücken, werden heutzutage auch von Männern wahrlich seltsame Methoden in Erwägung gezogen. Gegen Sport ist nichts einzuwenden. Wie auch? Ein knackiger Körper, durch jahrelanges Training redlich erworben, hebt die Laune und ist nett anzuschauen. Darauf darf man stolz sein: gerechter Lohn für eine ehrliche Leistung! Aber leider werden immer häufiger auch unsportliche Mittel eingesetzt. Um an den gewünschten Stellen richtig was herzumachen, wird gefoult auf Teufel komm raus. Botox-Spritzen, Silikonimplantate, Fettabsaugen ... Mann kennt da keine Tabus mehr. Wie die Weiber, such a shame!

Manche Mannsbilder verfügen über beträchtliche finanzielle Ressourcen. Sie bemühen nicht Professor Mang, um sich am Bodensee die Ohren anlegen oder ein paar Haare auf die kahlen Stellen ihres hohlen Köpfchens transplantieren zu lassen. Auch nicht die Doktoren Fuentes oder Ferrari, um bei der nächsten Radtour nicht schon wieder am ersten Hügel absitzen zu müssen. Nein, der Ferrari steht bei denen als Drittwagen im Hof, das Motorboot und ein Pferdegespann daneben. Wohl wissend, dass sie mit einem solchen Fuhrpark in der vom Beelzebub vernebelten Wahrnehmung ihrer einfältigen Beute auf der Stelle vom schwabbeligen Schmerbauchträger zum unwiderstehlichen Sexpack mutieren.

Der folgenschwerste aller Vergleiche aber ist die »Dingsvergleiche«. Wehe, die geht in die Hose! Dann hilft auch kein dicker Geldbeutel mehr. Da muss einem dann schon jemand wie der Schneekönig zur Hand gehen. Oder wie sonst sollte die Mutter aller Probleme gelöst werden können? Mit Salben, irgendwelchen Streckgeräten oder Vakuumpumpen? Wers glaubt wird selig und kann sich ja gleich von der blöden Dildofee bedienen lassen. Von den besonders Wagemutigen werden sogar riskante Operationen in Erwägung gezogen. Und das an der virilsten Stelle des befruchtenden Geschlechts. Das muss man sich mal vorstellen! Keine Sturmspitze hat es verdient, dermaßen unsanft behandelt zu werden! Wo früher – um ein bisschen Eindruck zu schinden – vielleicht einmal eine Banane strategisch günstig in der Hose platziert wurde, scheuen leidgebeugte Zeitgenossen heuer nicht einmal die obskursten medizinischen Kundendienste. Fortschritt nennt sich so etwas. Die horrenden Kosten für diesen hanebüchenen Unsinn spielen im Zeitalter der Null-Prozent-Finanzierung offensichtlich auch keine Rolle mehr. Allein der Gedanke an die Schmerzen, ganz zu schweigen die Vorstellung vom Megagau einer etwaigen Funktionsstörung, müsste doch die Querdenker unter den Zukurzgekommenen über Alternativen nachdenken lassen. Mann hat doch nur den einen, jeder für sich ein liebenswertes Unikat. Ersatz dafür ist selbst im Baumarkt nicht zu bekommen. Er freut sich über jede Streicheleinheit. Nur so kann er sich in seiner ganzen Pracht entfalten. Auch das ist ein Naturgesetz. Perfekt wäre es, Mann hätte ein Reservedings zur Verfügung. Dann könnte man die zwei miteinander bekannt machen. Keiner bräuchte sich einsam zu fühlen. In Zeiten, wo die falsche Neun und die Doppel-Sechs in aller Fußballer Munde sind, würde eine Doppel-Neun für gewaltigen Wirbel sorgen. Was Klose nicht schafft erledigt Poldi und umgekehrt. Ja, man könnte den Dingsen sogar einen Namen geben. Sie dürften sich nur nicht im Wege stehen.

Poldi müsste nach links rücken!

Der Bierbudentester

Jahr für Jahr, immer genau vierzig Tage nach Ostern, feierten wir die Himmelfahrt des Herrn Jesus wie es sich für anständige Väter gehört: auf die volkstümliche Art. Am Vormittag marschierten wir beizeiten los. Es war nur natürlich, dass wir möglichst viel vom Tag haben wollten. Der lästigen Obhut unserer Frauen entflohen, ließ es sich trefflich entspannen. Eine weibliche Begleitung war allerdings ausdrücklich erwünscht. Die ersten Jahre hieß sie Daisy. Nach Daisys Gang über die Regenbogenbrücke schloss sich Gigi, die Hündin meines Lebens, unserer Truppe an. Die Stopps auf unseren Vatertagstouren waren fast immer die gleichen. An der Ski- und Wanderhütte Kirrberg rissen wir die ersten kühlen Blonden nieder. Meist an einer der wuchtigen Holzgarnituren im Freien, mit Panoramablick ins Tal. »Runter mit euch, ihr Schlampen habt es nicht anders verdient! Prost, Saardéros!« Hier oben spendierte Ronny unserer unterwegs fleißig Stöckchen apportierenden Beschützerin regelmäßig eine Bratwurst mit Weck. Diese Belohnung stand ihr genauso zu, wie die geschmackliche Verfeinerung der viel zu klaren Brühe im Hundenapf. An Christi Himmelfahrt gehörte ein Schuss Bier ins Wasser. »Mmmhhh, fein, das hat sich unser Mädchen verdient.«

Statt einer Belohnung wäre eines schönen Vatertages eine Tracht Prügel nur recht und billig gewesen. Nicht für Gigi, wohl aber für deren angesäuseltes Geleit. Wie konnten wir nur so leichtsinnig sein und einen fast mannshohen Strohballen auf dem Weg zu unserem nächsten Etappenziel vor uns her wälzen? Einige Jahre bevor die Rixdorfer Künstlerkolonie in Berlin-Neukölln eine alte Tradition wieder aufleben ließ:
»Was genau meinen die böhmischen Kolonisten, wenn sie *Popráci* sagen?« Der deutsche Dorfschulze wollte im Sommer 1737 vom Pfarrer wissen, warum die deutschstämmigen Rixdorfer bei ihren Versuchen, mit den böhmischen Kolonisten besser in Kontakt zu kommen, immer nur *Popráci* als Antwort zu hören bekamen. »»Feierabend«, Fetzke. *Popráci* bedeutet soviel wie ›Feierabend‹ oder ›nach der Arbeit‹.«

»So kann es nicht weitergehen, Bohumil!« Der Dorfschulze und sein böhmischer Kollege waren sich einig. Sie mussten unbedingt etwas unternehmen. Bei einem Teil der deutsch-böhmischen Dorfjugend reichte oft schon ein falscher Blick, ein missverstandenes Wort oder eine läppische Geste, um sich gegenseitig die Knochen zu brechen. Als Friedrich Fetzke und Bohumil Pachl in der Spandauer Vorstadt heimlich bei Kaffee und Kuchen das Problem besprachen, kam Fetzke beim Stochern in seiner Biskuit-Rolle die Erleuchtung.

»Mensch, Bohumil, ich habs! Wir werden die Jungs Strohballen durchs Dorf rollen lassen. Die Gewinner erhalten zwei Golddukaten.«

»Gute Idee, Fritz! Lass es uns ›Popráci, das erste Rixdorfer Strohballenrollen‹ nennen!«

Der Wettkampf mit Musik, Tanz und Bewirtung avancierte zum Klassiker. »In Rixdorf is Musike« hieß es genau einhundertvierundsiebzig Mal. Bis Kaiser Wilhelm II. im Januar 1912 auf die glorreiche Idee kam, Rixdorf in Neukölln umzubenennen und *Popráci* zu verbieten.

Ob ein Rixdorfer Zeuge wurde, als wir die Kontrolle über unser Spielzeug verloren? Auf jeden Fall war der Bums, welcher das einen steilen Abhang hinunterdonnernde Geschoss aus Stroh ex abrupto verursachte, dumpf und gewaltig. Gott sei Dank suchte kein Liebespärchen vor dem zitternden Apfelbaum nach Erkenntnis, als dieser auf einen Schlag seine Blüten verlor. Das hätte böse ins Auge gehen können. Adam und Eva wären aufs Innigste vereint vor ihren Schöpfer getreten.

An der Ski- und Wanderhütte Einöd wurde es dann auch für uns höchste Zeit, etwas zu futtern. Wir wollten schließlich nicht vorzeitig absaufen. »Fünf Portionen Leberknödel mit Sauerkraut und zehn Scheiben Brot dazu ... mindestens!« Heiners Hinweis bei der Bestellung war durchaus geboten. Am Brot wurde an den Hütten gerne geknausert. Was besonders für ihn und mich ein Ärgernis war. Wir beide waren in einer Bäckerei groß geworden und aßen ohne Brot nur Pizza. Die Wirte hätten schon aus eigenem Interesse dafür sorgen müssen, dass ihnen am Vatertag das Brot nicht ausging. Für die Beibehaltung einer hohen Schlagzahl eine naturgesetzliche Notwendigkeit. Die einverleibten Flüssigbrote bedurften eines Katalysators. Zumal man seinen Durst an den Hütten bedenkenlos löschen konnte.

Die gehörten nämlich zum Dienstbezirk von Bernd Pavian. Es hatte sich schnell herumgesprochen, dass der aus Brandenburg zugezogene Bierbudentester ungewöhnlich fleißig war. Er hatte sich auf eine Annonce des »Guide Schluckspecht« erfolgreich beworben. Mario la Greco und René Bridgibilli, die beiden pfiffigen Gründer und Inhaber dieses regionalen Kneipenführers, befanden sich in einer ausgesprochenen Bierlaune, als sie auf die skurrile Idee kamen, in dem satirischen Männermagazin »Flaschen & Bier« eine ganzseitige Anzeige zu schalten und hoch zu wetten:

Wir suchen zum 1. April dieses Jahres einen dynamischen Außendienstmitarbeiter mit langjähriger Berufserfahrung, gepflegtem Äußeren, sicherem Auftreten und Stehvermögen.
Sie besitzen ein Diplom als Braumeister der TU München-Weihenstephan und zugleich einen Master of Business Administration der Elite-Universität-Ochsford?
Sie sind teamfähig, überdurchschnittlich durstig, in Besitz einer gültigen Fahrerlaubnis der Klasse drei oder B und beherrschen die englische, französische und inguschische Sprache fließend in Wort und Schrift?
Dann könnten Sie unser Mann sein. Ihre Bewerbung zum Bierbudentester schicken Sie bitte mit einem aussagefähigen Lichtbild und Gehaltsvorstellung an ...

Mario setzte auf die Null, während sein italienischer Landsmann mit dem französischen Vornamen fest daran glaubte, dass wenigstens einer der Leser den Mumm haben würde, auf ihre verschrobene Stellenausschreibung zu reagieren. Dank Herrn Pavians Dreistigkeit war es la Greco, der in »Hämmerle's Restaurant« die Zeche für zwei köstliche Fünf-Gänge-Menüs zu zahlen hatte. Was dieser gerne in Kauf nahm. Das schräge Bewerbungsschreiben überzeugte die mit allen Wassern gewaschenen Geschäftsführer gerade wegen der amateurhaft gefälschten Urkunden aus Weihenstephan und »Ochsford«. Solcherlei Unverfrorenheit war die beste Grundlage für ein Tätigsein an der Front der

Gescheiterten. Somit mündete die mehrsprachig verfasste Kandidatur in ein von Mario und René ursprünglich überhaupt nicht beabsichtigtes Arbeitsverhältnis. Den inguschischen Teil des Stellengesuchs vermochte den beiden auch ihr aus Grosny geflohener Zechbruder Stanislaw Ahmadov nicht zu übersetzen. Der Tschetschene war mit Herrn Pavians Handschrift überfordert. Was aber nicht weiter schlimm war. Angesichts des beigefügten Fotos geriet der Rest zur Staffage, selbst die unverschämten Gehaltsvorstellungen des Fürbittenden. Wer sich traute, eine solche Ablichtung seiner Selbst in fremde Hände zu geben, hatte nichts zu verlieren. Das Votum der Beschäftigten – beim Guide Schluckspecht wurde Demokratie gelebt! – war einstimmig: Dieser Arsch passt zu uns!

»Hat es Ihnen geschmeckt?«, wollte der ausgesprochen sympathische, nach französischen Sternen strebende, immer gut gelaunte junge Koch hinterher wissen. »Hammer, Hämmerle! Das Essen war ein einziger Schmaus. Besser gehts nicht. Auch der Service, alle Achtung! Die paar Scheinchen habt ihr euch redlich verdient!«, bekam er zu hören.

»Porro, Saardéros!«
»Quo vadimus, Finger?«
»Wohin wohl? Zu Kaiser Augustus!«

Liebgewonnene Traditionen gehörten gepflegt. Das Café des Römermuseums Schwarzenacker lag nur einen Katzensprung von der Ski- und Wanderhütte Einöd entfernt. Im gepflasterten Innenhof der an das Edelhaus angrenzenden guten Stube wurden wir bestimmt schon erwartet. Mit etwas Glück würden wir alle noch ein Stück Eierlikör- oder Rhabarberkuchen ergattern können. Auch meine Eltern wussten die Qualität des selbstgebackenen Kuchens zu schätzen. Papa sah sich nicht einmal genötigt, die Pächter wegen mangelnder Leistung mit einem seiner gefürchteten Koffer zu tadeln. Von dieser pittoresken Verweilstatt gallorömischen Flairs, dem Tor zum UNESCO-Biosphärenreservat Bliesgau, gelangte unser Tross über Feldwege und Streuobstwiesen entlang der Auenlandschaft der Blies zum Revier der Weißstörche am Beeder Fischweiher. Eine Attraktion! An regen Betrieb gewöhnt, leisteten die Störche den Besuchern der Fischerhütte Gesellschaft. Dabei gingen sie auf Tuchfühlung zu Mensch und Tier. Gigi hielt ich hier sicherheitshalber an der Leine. Wir taten uns jetzt von Runde zu Runde schwerer, mit den Blondchen kurzen Prozess zu machen. Auf dem letzten Teilstück unserer Vatertagstour passierten wir – vorbei an Heckrindern, Wasserbüffeln und einem bunten Sortiment Wasservögel – das Naturschutzgebiet Höllengraben, bevor wir im prächtigen Biergarten der »Scheune« den Tag ausklingen ließen.

Unsere beneidenswerten Frauen trafen dort kurz nach uns zum gemeinsamen Abendessen ein. Am Vatertag ein solches Privileg für sich in Anspruch nehmen zu dürfen, zeugte von dem einzigartigen Edelmut ihrer Männer. Nachdem der traditionelle Ochs am Spieß irgendwann der Bequemlichkeit zum Opfer gefallen war – nur Hornochsen waren zu solch einer Maßnahme fähig! – wurde ein Blick auf die Speisekarte nötig. Was gar nicht so einfach war, wenn der väterliche Autofokus nur noch mangelhaft funktionieren wollte. Dass der Brand zu diesem Zeitpunkt längst gelöscht war, wollten die Firefuckers nicht akzeptieren. Über kurz oder lang machten dann deren Chauffeusen deutlich, was sie von dem törichten Gelalle ihrer Fahrgäste hielten: »Fünf Kümmerlinge und die Rechnung, bitte!« Auch eine Tradition!

Donnerklitchen I.

Auf einer unserer jährlichen Wandertouren sollte dann etwas Unglaubliches geschehen, Heiner einen noch nie dagewesenen Geistesblitz zünden. Wir waren diesmal nur zu viert unterwegs und gerade beim Kneippen, als sich der denkwürdige Vorfall ereignete. Ronny fehlte, leider! Für alle völlig unerwartet, musste er drei Tage vor unserer Abreise operiert werden. Es war ihm schon länger anzumerken gewesen, dass mit seiner Gesundheit etwas im Argen lag. Aber damit hatte keiner gerechnet: defekte Herzklappen! Wer denkt denn gleich an so etwas? Gott sei Dank hatte Ulla die Lage gecheckt und ihren Mann gegen seinen Willen ins Krankenhaus verfrachtet. Es war höchste Eisenbahn. Ronny hatte Glück, dass der komplizierte Eingriff schon tags darauf in der Uniklinik Homburg von einer Koryphäe ihres Fachs durchgeführt werden konnte. Da wir unser Sorgenkind medizinisch bestens versorgt wussten, zogen wir donnerstags auch ohne es los ...

Das Frühstück in unserer Pension war dieses Mal erstaunlich reichhaltig gewesen. Da gab es nichts zu meckern. Hoss' Blicke am Morgen zuvor hatten gewirkt. Sogar ein köstlich schmeckender Apfelkuchen stand auf dem Tisch. Von der Wirtin selbst gebacken, was sie wie nebenbei erwähnte. Der ihren Worten mitschwingende Stolz entging uns nicht. Die Gute bekam ein dickes Lob spendiert, bevor wir mit prall gefüllten Energiespeichern gut gelaunt losliefen.

»AB IN DIE WAND, SAARDÉROS!«

Bereits im Ort durften die Anwohner Stimmproben dessen erleben, was uns im Laufe des Tages noch häufiger als Motivationsinstrument dienen sollte. Noch war unsere Tonlage keineswegs martialisch. Aber temperamentvoll genug, um Dutzende interessierter Blicke auf uns zu lenken. Speziell die fescher Mädels. Solche Naturburschen bekam man auch im Allgäu nicht jeden Tag vor die Optik. Wir absolvierten das Aufwärmprogramm zu unserer diesjährigen Königsetappe: von

Wertach nach Jungholz und zurück. Vierundzwanzig Stunden später würden wir nach ein paar schweißtreibenden, aber herrlich entspannenden Tagen wieder nach Hause fahren. Hoss wusste, was ihm gleich bevorstand: eine nicht enden wollende Schinderei.

»AB IN DIE WAND, SAARDÉROS!«

Unser Schlachtruf war jetzt weithin vernehmbar. Wer nicht mit diesem Ritual vertraut war, konnte es mit der Angst zu tun bekommen. Beispielsweise die Tiere im Wald. Einen Haka tanzten wir zwar nicht, aber das Fortissimo unseres Gebrülls war auch so furchteinflößend genug. Zu wilder Plackerei entschlossen, gebärdeten wir uns wie die »All-Blacks« aus Neuseeland vor Beginn eines Rugbymatchs gegen die südafrikanischen »Springbokke«. Mit unserer Parole schrien wir uns vor jeder neuen Steigung Mut zu. Insbesondere Hoss konnte den gut gebrauchen. Das Streckenprofil war anspruchsvoll. Zudem stellte die Sonne ihre immense Kraft nachhaltig unter Beweis. Am strahlend blauen Himmel war nur hie und da mal ein Wölkchen auszumachen. Nachmittags führte uns das Schicksal zu einer traumhaft gelegenen Kneippe. Zu diesem Zeitpunkt hatten wir schon reichlich Höhenmeter in den Beinen. Da kam uns die Möglichkeit, unseren geschundenen Füßen etwas Erholung zu verschaffen, gerade recht.

Kneippen vorm Kneipen, das liebten wir. Aus langjähriger Praxis wussten wir, dass sich ein von den Fußsohlen bis zu den Waden beinahe schockgefrorener Unterschenkel beim Wiederauftauen enorm erhitzte. Das machte den durch das spätere Kneipen praktizierten Kühlungsprozess umso sinnvoller. Wir Saardéros waren ständig bemüht, unserem Tun ein Höchstmaß an Sinn beizumessen. Auch wenn dabei hin und wieder die Grenze zum Wahnsinn touchiert wurde. Stumpfsinn war uns ein Gräuel. Als Heiner, von uns auch Hein oder liebevoll Heinerle genannt, noch in einer Mischung aus Stechschritt und Storchenparade durch das eiskalte Wasser stolzierte, saßen Bodo, Hoss und ich bereits mit hochgezogenen Beinen auf einer der Buchenholzbänke und massierten uns die Frostbeulen von den Füßen. In Jungholz hatte der Kämmerer offensichtlich einen tollen Job gemacht. Die Kneippanlage war vom Allerfeinsten und nigelnagelneu. So etwas Edlem waren wir auf unseren Ausflügen noch nie begegnet. Nicht einmal in Ellmau, ein Jahr zuvor. Üblicherweise wateten wir barfuß durch verschlammte Natur, aber nicht durch ein Fünf-Sterne-Becken wie hier. »He, schaut mal, das sieht ja so aus, als wären die Fundamente aus Gummi!« Bodo hatte einen Blick für solche Dinge. Ein kurzes Klopfen mit den Fingerknöcheln bestätigte ihn in seiner Annahme.

»Tatsächlich, die Össis haben die Bänke auf Gummifundamente gestellt. Die sind doch bekloppt. Die Chose hier war mit Sicherheit schweineteuer.«

»Die haben Geld zu viel, Bodo. Trotzdem, Schockabsorber für Ruhebänke? Komisch ... warum so ein Aufwand?«

»Ganz einfach, Hoss, die Gegend hier ist erdbebengefährdet!« Schon Augenblicke später sollte sich herausstellen, dass meine flachsige Bemerkung gar nicht so abwegig war.

Belustigt betrachteten wir Heins ultimatives Kneippen-Schauspiel. Stolz wie ein Dressurpferd schritt er mit seinen dürren, krampfadergeschmückten Wadenbeinen Runde auf Runde in variierender Technik durch das ebenso elegante Edelstahlbecken. Als er in den Kranichstil wechselte, schlug aus buchstäblich heiterem Himmel, vielleicht dreißig Meter von uns entfernt, der Blitz in eine Alpenvogelbeere. Aber es folgte kein Donner. Wie auch, bei fehlendem Gewölk? Ein Blitz, aber kein Donner! Komisch, dachte ich, ist der Vogelbeerbaum nicht Thor geweiht? Verblüfft verfolgten wir, wie die entladene Energie in blaugrün pulsierenden Wellen über den Boden raste, um an eben dieser kostspieligen Wandervogeloase eine Vollbremsung hinzulegen. Ganz so, als stünde da ein Stoppschild. Dann begann das Spektakel.

»Donnerlittchen!«, schrie Bodo. Hoss und ich taten es ihm einen Atemzug später gleich. Mit aufgerissenen Mündern, jeder weiteren verbalen Äußerung vorübergehend unfähig, verfolgten wir ein schier unglaubliches Geschehen:

Heiner stand, den rechten Fuß über Wasser, starr, wie in Stein gemeißelt, in einer dunkelgrün fluoreszierenden, blubbernden Brühe, während sich hellgrüner Dampf in Schwaden über die Kneippanlage legte. Seine mit einem Mal schneeweiß gewordene Haut schaute aus wie feinstes Pergament und war überzogen mit Notenschlüsseln. Mein Cousin als fleischgewordene Partitur der Groteske – welch weihevoller Anblick! Die einzelnen Organe, die Blutgefäße, selbst der Füllstand seines Darms, waren deutlich erkennbar. Das konnte man von seinem Dings allerdings nicht behaupten. Dass von dem kaum etwas zu sehen war, wunderte mich. Bis mir klar wurde, dass dessen Erscheinungsbild der zuvor herrschenden Wassertemperatur konsequent Ausdruck verlieh. Zu unser aller Bedauern war mir in der Aufregung meine altvertraute Geistesgegenwärtigkeit abhanden gekommen. Ich Depp vergaß, ein paar Fotos zu schießen. Verflixt und zugenäht! Später hätte ich sonst was dafür gegeben, ein bildhaftes Dokument dieses Schauspiels zu besitzen. Niemand aus unserem Bekanntenkreis wollte uns die Story hinterher abkaufen. Heiners Antlitz hatte etwas feminines, als er seinen entrückt wirkenden Blick auf sein Auditorium richtete und mit einer Stimme von entzückender Anmut das Lied vom »Vugelbeerbaam« sang:

»Kenn schinern Baam gibts wie enn Vugelbeerbaam,
Vugelbeerbaam, Vugelbeerbaam,
es werd aah su lecht net enn schinern Baam gabn,
schinern Baam gabn, ei-ja.
Ei-ja, ei-ja, enn Vugelbeerbaam,
een Vugelbeerbaam,
enn Vugelbeerbaam,
ei-ja, ei-ja, enn Vugelbeerbaam,
enn Vugelbeerbaam, ei-ja.«

Dann veränderte sich schlagartig seine Mimik. Mit unnatürlich grünen Augen schien er uns hypnotisieren zu wollen, als er in der Tonlage eines Kastrats folgende apodiktische Worte sprach:

»Ein Kleid, so weiß wie Schnee,
trägt eure gute Fee.
Man nennt sie Donnerklitchen,
sie warnt euch vor den Flittchen.

Und hat den Auftrag euch zu sagen,
jedwed Gelüst heut nicht zu wagen!
King Arthur selbst, verschneiten Hauptes,
sprach: »Wünscht euch nur gar recht Erlaubtes!«

Denkt mal darüber nach,
was euer König sprach!
Damit nach der nächsten Dingsvergleiche
die Schwellung wieder von euch weiche!«

Als Hein sein Gedicht aufgesagt hatte, erlangte er sein gewöhnliches Äußeres sofort wieder. Unterdessen raste die entfesselte Energie dorthin zurück, wo sie herkam: in den Vogelbeerbaum. Der verdorrte auf der Stelle. Ganz so, als wäre Jesus vorbeimarschiert und hätte ihn verflucht. Sein Stamm hatte sich gespalten und ein verkohlter Stumpf – ähnlich einem Dings, nur deutlich ausgeprägter – kam zum Vorschein. Aus der Spitze dieses Prügels entwichen noch einige Rauchkringel, bevor er schlapp machte, zu Boden plumpste und als Aschehäufchen endete. Dann kam Carlos angesaust. Der Labradorrüde des Revierförsters Schweinsteiger beschnupperte die äscherne Hinterlassenschaft ausgiebig, bevor er das rechte Bein hob und seinen Kommentar dazu abgab. Während wir als Zeugen des mirakulösen Geschehens noch verdutzt dreinblickten, war Heiner schon wieder der Alte. Er drehte eine Abschlussrunde im abermals eiskalten Wasser. Ganz so, als wäre nichts passiert. Später sollte sich herausstellen, dass er tatsächlich einen Filmriss hatte. Das war für ihn nichts Ungewöhnliches. Neu war nur, das der sich vorm Kneipen einstellte.

Den Rückweg zu unserer Pension absolvierten wir im Sauseschritt. Obwohl der Höhenwanderweg noch eine saftige Steigung für uns parat hielt, bevor es nur noch bergab ging. Donnerklitchens Ansprache hatte dafür gesorgt, dass wir, mit Ausnahme Heins, mit Adrenalin vollgepumpt waren. Infolgedessen forcierten wir unwillkürlich unser Lauftempo.

Ähnlich erging es Wochen später dem »Tourminator« beim Schlussanstieg nach Luz-Ardiden. Jan, damals austrainiert und staubtrocken, war dem Ami bis auf fünfzehn Sekunden auf die Pelle gerückt. Nach sechs zermürbenden Jahren schien er endlich wieder ein großes Rad zu drehen. Aber der Mann im gelben Leibchen zog, Ulles Atem im Nacken spürend, nun auch die verschlagensten Register seines epochalen Könnens. Lance war auf der letzten Pyrenäen-Etappe der Jubiläums-Tour gestürzt. Die gerechte Strafe für den abscheulichen Versuch, einem wehrlosen Zuschauer mit dem Fahrradlenker den farblich zum Trikot passenden Beutel zu klauen. Als sei dies noch nicht perfide genug gewesen, knallte der Texaner nur Sekunden später seinen ihm verbliebenen (linken) Hoden mit voller Wucht auf den Fahrradrahmen. Die dahintersteckende Absicht blieb dem Kenner der Radsportszene natürlich nicht verborgen. Auch wenn der US-Boy so tat, als wäre er mit dem Fuß aus dem Klickpedal gerutscht. Legales Blutdoping vor den Augen von Millionen Zuschauern! Der Mann mit den strongen Beinen schreckte vor nichts zurück. Wo mir schon beim bloßen Zugucken übel wurde, zuckte er nicht einmal mit der Wimper. Woher denn! Bevor Lance den Turbo zündete und Miguels Rekord egalisierte, meinte er mit einem Blick auf Jan: »Ich bin dann mal weg, Ulle!«

Heiner konnte die Eile zwar nicht verstehen, hielt aber als halbe Portion problemlos Schritt. Wir andern fragten uns unterdessen, ob wir vielleicht halluziniert hätten. Einen Sonnenstich hatten wir jedenfalls nicht abgekriegt. Unsere Köpfe hatten den ganzen Tag über im Schatten der sie zierenden Narrenkappen geweilt.
»Ballawer die Migge, DAAAS glaubt uns keiner! Nicht einmal der Bierbudentester und seine dämlichen Loser-Boys.«
»Mannomann ... unglaublich ... das gibts doch nicht! Unser Heinerle ... zwitschert das Lied vom Vugelbeerbaam ... und haut dann die Paarreime raus wie Giselher Finger!«
»Der Schneekönig und das Donnerklitchen ... Donnerwetter! Das nimmt uns auch Ronny nicht ab, wetten!?«
»Da hat bestimmt wer seine Finger im Spiel gehabt. Der Krankl Hans ... oder der Polster Toni mit einer seiner Thekenschlampen.«

»I wer' narrisch! Tatsächlich, du hast recht, Finger. Das war der Geist von Córdoba. Wir sind ja hier in Österreich.«

»Ihr habt doch einen an der Waffel!«, war das Einzige, was Hein in diesen Minuten zu unserem Gespräch beitrug. Er schien sich an nichts zu erinnern.

Ronald Regen (Ronny)

Unser Jüngster war zugleich unser Sorgenkind. Herzschmerz machte sich bei ihm nicht nur seelisch bemerkbar. Störrisch wie ein Esel weigerte er sich, ein gut dotiertes Stellenangebot seines Mentors anzunehmen. Ich hätte ihm liebend gern die wesentlichen Kniffe und Tricks beigebracht, um eine weniger strapaziöse Karriere als Bonvivant antreten zu können. Aber Ronny bevorzugte die tägliche Hochspannung, die er sich als selbstständiger Elektrofuzzi aus freien Stücken antat. Dabei hatte er, ein Großmeister des Speisehausbluffs, durchaus Talent zu Höherem. Listig wie ein Sparfuchs orderte er beim Sternekoch grundsätzlich das günstigste Menü, um dann in (fast) astreinem Hochdeutsch höflich nachzufragen, ob er, weil er ja dies und das nicht vertrüge, sell gegen jenes tauschen könne. »Der Herrgott wird es Ihnen bestimmt auch vergelten!« Wer wollte ein derart kultiviert formuliertes Anliegen schon ablehnen? Früh verwitwet, geriet der Wurm schnell wieder unter die Haube. Dabei bewies er abermals einen guten Geschmack. Die Ehe mit Ulla – ein heißer Feger! – machte ihn zum Vater. Mit der Entscheidung, ihre Tochter auf den Namen Ilsebill zu taufen, haben die beiden Flagge gezeigt und sich dem Mainstream entzogen. »Ilsebill? Der kleine Wurm da heißt tatsächlich Ilsebill? Gut gemacht, Ronny!«

Donnerklitchen II.

Frisch geduscht und von den Strapazen des Tages halbwegs erholt, liefen wir am Abend im »Bierstüble« ein. Unsere Fassung hatten wir mittlerweile zurückerobert. Aber das unglaubliche Intermezzo vom Nachmittag bedurfte noch eines wirtshäuslichen Kolloquiums.

»Fünf Pils, bitte – vier für uns und eins für Ronny!«

Die Bedienung schaute anfangs etwas skeptisch, gewöhnte sich aber schnell an das Prozedere. Es war eine Frage der Ehre, als Henry Maske Rocky die Gelegenheit zur Revanche bot. Genauso war es für uns vier Ehrensache, dass wir unserem verhinderten Freund bei jeder neuen Runde ein Bierchen mitbestellten. Das galt selbstverständlich auch für die Kurzen. Wie es sich unter Kameraden gehört, haben wir an Ronnys Statt abwechselnd dessen Pflicht verrichtet. Selbst beim Pinkeln. Ein Habitus zur Wahrung von Anstand und Ehre, den ein profanes Weibsbild niemals verstehen wird.

»Prost, Ronny!«

»Prost, Saardéros!«

»Auf Schneeweißchen und den King!«

»Was die Fee mit ihrem Gedicht wohl bezwecken wollte?«

»Das hat sie doch gesagt, Bodo: ›Damit nach der nächsten Dingsvergleiche, die Schwellung wieder von uns weiche!‹«

»Dingsvergleiche … Schwellung weiche … lustig, oder? Der Spruch könnte auch von dir stammen, Finger.«

»Lustig? Mannomann, Hoss, das war ganz schön starker Tobak! Als ob ausgerechnet wir es nötig hätten, unsre Dingse zu vergleichen. Der spinnt doch, der Schneekönig! Wir wissen auch so, dass wir die Größten sind. Stimmts oder hab ich recht, Saardéros?«

»Du hast wie immer recht, Finger. Aber gibts heut auch noch ein anderes Thema? Ihr nervt!«

»Klappe, Heiner! Du bist schließlich an allem schuld. Als ob du nicht genau wüsstest, dass man bei einem Gewitter nicht durchs Wasser tappt. Wo sind denn die Flittchen, vor denen du uns gewarnt hast? Und überhaupt, nach was gelüstet uns, was wir nicht wagen sollen?

Wir, heuer nur vier, dürsten nach Bier und sonst gar nichts! Das wird auf einer Männertour ja wohl noch ›recht erlaubt‹ sein, King Arthur! Nach Flittchen, zum Donnerlittchen, schmachten wir nicht ... Komm, Heiner, guck nicht so ... ist doch nur Spaß! Hat jemand von euch einen Plan, was das heute Nachmittag sollte?«

Kopfschütteln war das Einzige, was ich auf meine Frage erntete. Im Falle Heins wohl mehr ein Ausdruck der Verständnislosigkeit als der Verneinung. Keiner konnte sich einen Reim auf Donnerklitchens Reime machen. Warum auch? Wir waren Männer mit Prinzipien. Die Wahrung von Anstand und Moral gehörte zu unseren obersten Pflichten. Gerade auf unseren Streifzügen. Das musste der Schneekönig doch wissen. Zucht und Ordnung brauchte man uns nicht mehr beizubringen. Mannskerlen, die sich grundlegenden Richtschnüren der Sittsamkeit in der Präambel ihres Wandertourdekrets feierlich verpflichtet hatten. Bei Fassbier und Hackschnittchen hatten wir uns geschworen, das sechste und zehnte Gebot stets zu achten. Wo der gewöhnliche Kegelclubbruder schmählich versagte, sich als Spielball von Unzucht und sittlichem Verfall entpuppte, konterten wir auch die raffiniertesten Offerten der durchtriebensten Luder gnadenlos aus. Mit dem Schutzschild der Tugendhaftigkeit gerüstet, gingen wir mit gutem Beispiel voran. Wir waren standhaft. Wie Leuchttürme in schwerer See. An uns konnte sich der Nachwuchs in rechter Weise orientieren. Wir bewiesen jedes Jahr aufs Neue, dass es auch ohne geht. Ohne die Begehr nach seines Nächsten Weib, ohne den Ehebruch. Ein derart verwerfliches Tun war uns nicht vorzuwerfen. Das Frevelschutzprogramm »Herrnhut-Antisünd« funktionierte einwandfrei. Ein Team, dessen Spielführer täglich mit den Losungen der Herrnhuter Gemeine konfrontiert war, hatte seinen Vorwärtsdrang im Griff. »Bis hierher und nicht weiter, Baby! Wir hatten Spaß miteinander, aber an meinen Lenden hört der auf!« In diesem Ton hatte schon so manches Sündenkind eines Saardéro Klartext vernehmen müssen. Da bedurfte es keiner Moralpredigt mehr! Oder etwa doch? Hatte einer von uns Fleischliches im Sinn? Hoss vielleicht, aber hoffentlich kein Schweinefleisch, oder? Wer überhaupt war der Schneekönig? Und wieso hieß die Fee

Donnerklitchen und nicht Donnerlitchen oder wenigstens Donnerwittchen? Fragen über Fragen für die wir keine Erklärung fanden.

Mit zwei, drei Bierchen zu einem halben Goggelar mit Fritten kamen wir zügig auf Betriebstemperatur. Die Waden wohltemperiert und den ärgsten Hunger gestillt, gab es zur Feier des Tages jetzt auch Hochprozentiges. Die Stimmung in der Bude stieg von Minute zu Minute. Am Nachbartisch gab sich eine Gruppe aus dem Irakkrieg zurückgekehrter Schotten voll die Kanne. Die jugendlich wirkenden Soldaten sollten im Allgäu ihr seelisches Gleichgewicht wiederfinden. Saddam war besiegt und die riesige Statue auf Bagdads Firdos-Platz unter dem Befehl von Lieutenant Colonel Bryan McCoy vom 3rd Battalion 4th Marines vom Sockel gerissen. Unter Freudengeschrei fiel, was ein Jahr zuvor zum fünfundsechzigsten Geburtstag des Diktators aufgestellt wurde. Zwölf Jahre nach Desert Storm ersäuften junge Warriors ihre schrecklichen Erlebnisse im beschaulichen Wertach.

»Slàinte mhath!«

Zu jeder neuen Runde wurde dieser wohlklingende Trinkspruch ausgebracht.

»Slàinte mhath!«

Es war schier unglaublich, was diese sympathischen Kerle in sich hineinkippten. Die flotte Bedienung servierte ihnen eine Runde nach der andern. Und mit der gleichen Schlagzahl wie beim Bier ziemlich alle Spirituosen im Angebot. Da Saardéros und Bravehearts auf Anhieb miteinander konnten, tranken sie die ein oder andere Lage zusammen. Meist auf Ronny. Die Vokabeln »Prost« und »Ronny« hatten die Kampftrinker von der Insel schnell drauf. Vermutlich waren sie an jenem Abend dem Tode näher, als zuvor in ihren Kriegseinsätzen. Den Verzehr einer ihrer alkoholgeschwängerten Lebern hätte auch Dr. Lecter kaum überlebt.

»*Es gibt Reis, Baby!*« In dem allgemeinen Tohuwabohu flüsterte Bodo dem DJ freundlich was ins Ohr. Der hatte ein Herz für Helge-Fans und servierte wunschgemäß:

*... Hey Baby komm zu mir und
schüttel dein Haar für mich ...*

Während das tapfere Schneiderlein seine Verfügungen unverwechselbar anmutig vortrug, eiferten wir den ausgelassenen Weibsbildern im Gastraum nach. Das ließ mich ganz doll im Kopf werden. Die Manier, in welcher auch wir uns einen schüttelten, muss mächtig Eindruck gemacht haben. Nach der anschließenden Polonäse Blankenese (Hoss schritt begeistert voran – wie peinlich!) leisteten uns ein paar nassforsche Exemplare unaufgefordert Gesellschaft.

»Ihr seids mol a paar fesche Buan, wo kommtsn ihr her?«

»Oskar die Fontäne, ein Urururururenkel Napoleons, schickt uns. Im Hinblick auf die geplanten Änderungen im Länderfinanzausgleich sollen wir mit eurem Edmund stoibern.«

»A, so a gschwollanes Gschwätz.«

»Stimmt genau, ihr Schwabenbräute, gleich wird Gschwollanes verglichen!«

»Wenn des stimmt, dann friss i an Beasa.«

»Friss, Baby!«

»Wia dr Herr so's Gscherr!«

»De Esel kennt ma an de Ohre, de Ronny an seim Dings.«

»An a scheane Kuha ghert ou a schene Glocke.«

»Stahlglocke, was?«

Es war wie so oft. Der Alkohol hatte seine enthemmende Wirkung gehörig entfaltet, der Weingeist in den Köpfen Einzug gehalten. Während die Ereignisse des Nachmittags in den Hintergrund rückten, wurden die Inhalte unseres verbalen Gedankenaustauschs zunehmend spitzbübischer. Längst besiegt geglaubte Instinkte meinten die Lage nutzen und einen Vorstoß wagen zu können. Bis ich, zornig wie das Rotköpfchen, vom Klo zurückkam.

»Ob die werte Frauenschaft denn annimmt, die Oberstuben der feschen Buben seien spärlich möbliert?«, wollte ich, mich der Warnung des Schneekönigs erinnernd, auf der Stelle wissen. Mein Tonfall verriet Ärger. Ich hatte beim Pipi machen entdeckt, dass die von Melanie spendierten »Eselstreiber« kein gewöhnlicher Obstbrand, sondern regelrechtes Teufelszeug waren. Eine laminierte Getränkekarte klebte strategisch günstig über dem Pissbecken. Mit Klose in der Hand erfuhr ich, dass dieser wenig edle Tropfen sture Esel gefügig und müde munter machen sollte. Kraulen würde die Wirkung verstärken. Was Hoss, der mit der dicken Emma schon reichlich poussierte, hinterher auch bestätigte. Aber eine kombinierte Anlasser-Zündkerzen-Vergaserfunktion (wie früher mit Okasa-Brutal) wusste ich bei diesem Elixier zu verhindern.

»Keine Frau macht uns gefügig, MELA - NIE!!!«, explodierte ich und bestellte für die Schlampen eine Runde »Zickentöter«. Dann zeigte ich denen meine Linke, wie Effenberg in Dallas den deutschen Fans seine Rechte. Melanie konterte:

»Man nennt uns Donnerflittchen,
wir saßen lang im Kittchen.
Wir kommen wie der Blitz
und sind schon ganz schön spitz.

Uns ist gelegen euch zu sagen,
was euch gelüstet, sollt ihr wagen!
Damit nach unsrer Dingsvergleiche
die Schwellung nie mehr von euch weiche!«

»Ne touchez pas, Madame!«, keifte ich, als Melanies gleichgesinnte Cousine Vicky ihre schmutzigen Finger so verwegen auf Bodos Oberschenkel platzierte, dass jetzt eindeutig Gefahr im Verzuge war. Diese Schafsnasen glaubten wohl, vier Muskeltiere von der Saar ließen sich von drei mannstollen Schwabenschwalben um den Finger wickeln.

»SCHLUCKEN, PUPPEN!«

Meinem zackig herausgeschmetterten Paarreim wurde auf der Stelle Folge geleistet. Ruckzuck übte der Zickentöter seine zungenlähmende Wirkung aus. Schachmatt dem Ehebruch! Der Schneekönig reagierte postwendend. Noch immer voll auf Effe, mutierte ich vor den Augen der sprachlosen Bräute zur Doppelspitze.

Poldi war nach links gerückt!

Ellmau II.

Am folgenden Morgen schoss Heiner bei der Wahl seiner Wanderklamotten den Vogel ab. Als wären eine orange Kniehose, ein violettes T-Shirt und eine blutrote Kappe noch nicht schrill genug gewesen, krönte er seinen Auftritt mit karierten Kniestrümpfen zu einem Paar hellgrüner Adidas-Turnschuhe. Man konnte meinen, ein britannischer Schmetterlingsfänger mache einen auf Haute Couture. Ob die Stiere auf den Weiden eine derart farbenprächtige Garderobe tolerieren würden? Die sonstigen – ebenfalls Richtung Hartkaiser unterwegs befindlichen – Wanderer nahmen jedenfalls keinen Anstoß. Das Gegenteil war der Fall. Unser polychrom gekleideter Blickfang erntete ausschließlich Lob, als ich die ein oder andere Meinung einholte. Die Jury war sich einig: Heiners Garderobe war ein einziger Augenschmaus. Als Belohnung für ihre bereitwilligen Auskünfte bekamen die Juroren krachende Kostproben verbaler Motivationskunst zu hören:

»AB IN DIE WAND, SAARDÉROS!«

Meine Kameraden waren erleichtert, dass auch ich in ausgezeichneter Verfassung starten konnte. Für die ersten Kilometer bergan packte ich mir einige Gesteinsbrocken als Ballast mit in den Rucksack. Der Sportsmann in mir brauchte an diesem Vormittag unbedingt eine Herausforderung. Das Streckenprofil und drei anderthalb Liter Volvic-Flaschen im Gepäck konnten mir die alleine nicht bieten. »Alter Angeber!« Hoss konnte ein solches Erfordernis nur schwer nachvollziehen. Nassgeschwitzt rasteten wir an der berühmten Rübezahlalm. Dort war die Hölle los. Mit etwas Glück und unserem kontaktfreudigen Wesen fanden wir einen Platz an einer der mit rot-weiß karierten Tischdecken hübsch gemachten Bierzeltgarnituren im Freien. Andere Wanderer und Hobbyradler mussten mit der Wiese Vorlieb nehmen.
»Grüß Gott!«
»Grüß Gott, die Herrschaften!«
»Können wir uns dazusetzen?«
»Aber selbstverständlich, wir rücken zusammen. Kommts Leute,

nehmts Platz!«

Unsere Tischnachbarn waren freundliche Menschen und ebenfalls gut drauf. Kein Wunder. Der Ausblick von der Terrasse auf den Wilden Kaiser war, wie auch der auf manchen weiblichen Gast, atemberaubend. Hier oben gaben sich nicht nur sportive Zeitgenossen ein Stelldichein. Auch dem Geschwader Reich & Schön schien die Aussicht zu gefallen. In den Governo hingen zum Beweis dafür dutzendweise Fotografien diverser Stars und Sternchen. Selbst Berühmtheiten wie Fürst Albert von Monaco, Marianne Rappenglück oder Prinz Leopold von Bayern waren hier schon eingekehrt. Der Wittelsbacher sollte im Jahr darauf noch einmal für Gesprächsstoff sorgen. Nicht wegen seiner Vergangenheit als Rennfahrer, wohl aber wegen seines Modelabels »Poldi«. Völlig überraschend hatte Hoss schon nach der ersten Etappe Kohldampf und verdrückte nach einer großen Portion Leberknödelsuppe, die wir uns alle gönnten, noch einen mit Pflaumenmus gefüllten Germknödel. Er meinte, einen »kleinen Nachschlag« jetzt gut vertragen zu können. »Hau rein, Dicker!« Wir gönnten ihm die mit zerlassener Butter übergossene Mast, übten uns aber selbst in Verzicht. Die handballgroßen Hefeteigklöße waren für große Mägen geformt. Außerdem lagen noch weitere Einkehrmöglichkeiten auf unserer Route. Und für den Notfall steckte etwas Proviant in unseren Rucksäcken. Während meine Freunde Bier oder Radler tranken, begnügte ich mich mit Apfelschorle.

»AB IN DIE WAND, SAARDÉROS!« Spätestens als wir weitermarschierten, hatte man uns wahrgenommen.

Die Kühe auf den saftig grünen Weiden ließen sich nicht im Geringsten provozieren. Weder von Heiners Montur, noch von unseren krakeelten Parolen. Vielleicht blieben sie auch nur deshalb friedlich, weil ihnen diese stimmbandgeschädigten Verbalexoten leid taten. Bei unserem nächsten Halt wurden wir für einige Minuten Zeugen der 0:1 Niederlage des Titelverteidigers Frankreich im Eröffnungsspiel der Fußballweltmeisterschaft gegen Senegal. In der Gaststube des Panoramarestaurants Bergkaiser lief tatsächlich ein Fernseher. Während die

Schwarzafrikaner im Laufe des Turniers erst im Viertelfinale die Segel strichen, hieß es für die »Grande nation« schon nach der Vorrunde: fini! Die Equipe Trikolore – null Siege, null Tore – war ausgeschieden. Quelle catastrophe!

Hoss war der Meinung, zur Abwechslung mal einen Schoppen hausgemachte Buttermilch bechern zu müssen. So etwas Leckeres gehörte gekostet! Bodo hielt mit einem Hefeweizen dagegen. Der Rest unseres Quintetts bevorzugte ein Haferl Kaffee zum Apfelstrudel mit Vanillesoße. Wie nicht anders zu erwarten, wehte nach der Fußballübertragung ein kräftiger Leibwind. Der strapazierte die Geruchssinne arg. Die ihn begleitenden Geräusche variierten je nach Spannung der *Musculi sphincter ani*, der Ausstoßgeschwindigkeit und dem Volumen der Gasmenge. Man konnte meinen, Glenn Miller und Max Greger spielten auf, Posaune und Trompete in B gestimmt. Hoss und Bodo beherrschten ihre Instrumente meisterlich. Wir andern gaben lediglich die Begleitmusik ab. In diesen Momenten muss eine Gruppe kommunaler Entscheidungsträger unseren Weg gekreuzt und ein mystischer Duft deren Sinne verzaubert haben. Das wäre eine Erklärung dafür gewesen, weshalb an eben dieser Stelle wenige Jahre später mit »Ellmis Zauberwelt« Feen, Kobolde und Waldgeister am Hartkaiser Einzug hielten.

Einen besonders pittoresken Fleck hätten wir dann beinahe übersehen. Ein verwittertes Holzschild machte uns gerade noch rechtzeitig darauf aufmerksam, dass wir unser nächstes Zwischenziel fast schon passiert hatten. Viel hätte nicht gefehlt, und wir wären vorbeigelaufen. Auf den ersten Blick konnte man nicht annehmen, dass diese schlichte Hütte bewirtet wurde. Die Ranhartalm verfügte über keinen Strom und lag abseits ausgetretener Pfade. Die Ruhe dort war überwältigend. Klaus Ernst, ehemaliger Vorsitzender der Partei Die Linke, wird es nicht anders empfunden haben. Als Porschefahrer war er für einen vergleichsweise aufwendigen Lebensstil bekannt, als er bei einer Einkommensvergleiche in die öffentliche Kritik geriet. Im Sommer 2010 gab er dem ZDF auf der Ranhartalm ein Interview. Man vermutete, dass er auf dieses Schmuckstück der Genügsamkeit zurückgriff, um einen bescheidenen Lebenswandel vorzutäuschen. Hatte er doch seit

Jahren in der Nachbarschaft eine zweistöckige Almhütte als Urlaubsdomizil gepachtet.

Was auch immer der Grund dafür gewesen sein mag: die traumhaft schöne Natur, das Fernbleiben der Fraktion Ernst & Lafontaine oder einfach nur die ohrenbetäubende Stille an diesem malerischen Flecken Erde. Ich beging jetzt einen folgenschweren Fehler. Mich im Paradies wähnend, nahm ich mich selbst von der Leine. Mit zwei Flaschen Bier spülte ich meine ursprüngliche Absicht die Kehle runter. Eigentlich wollte ich tagsüber keinen Schluck Alkohol trinken und abends nur in homöopathischen Dosen. Das wäre in Anbetracht meiner jüngsten Erfahrungen auch vernünftig gewesen. Von der Ranhartalm machten wir uns nur ungern wieder auf. Der Abstieg bot uns dann noch einmal die Gelegenheit zur Einkehr. Die nutzten wir weidlich. Meine guten Vorsätze sind spätestens hier ertrunken. Ich fühlte mich großartig und dachte nicht im Traum daran, dass sich der Zauber dieses herrlichen Tages schon bald als trügerisch erweisen sollte.

Am nächsten Morgen kam, was kommen musste. Was sich in meinem Innern rücksichtslos Bahn brach, war von einer äußerst feindseligen Beschaffenheit. Der 1. Juni 2002 wurde für mich zum Alptraum. Die vielen Bierchen, das üppige Abendessen, der enge Tanz mit Bodo zu den Klängen einer heimischen Combo, die anstrengenden Liegestütze auf der vollbesetzten Terrasse eben dieses Lokals, die diversen Cocktails mit einer Gruppe adretter Ellmauerinnen … und, und, und. Mein Übermut wurde hart bestraft. Der Hämorrhoidenpatient Giselher Finger hätte wissen müssen, dass die von seinem Verdauungstrakt abzuarbeitende Mischung hochexplosive Probleme für seinen *Canalis analis* mit sich bringen würde. Wäre ich doch nur meiner anfangs eingeschlagenen Linie treu geblieben! Dann hätte ich an diesem sonnigen Samstagvormittag womöglich mit meinen Freunden quietschfidel durch die Gegend latschen können. Aber ich wäre nicht Giselher Finger, hätte mein Urteilsvermögen über die Pläsier des Augenblicks obsiegt.

So lag ich nun wie ein Häufchen Elend im Bett, wenn ich mich nicht gerade auf einem noch stilleren Örtchen herumdrückte. Als um 12.30

Uhr im Sapporo Dome das Spiel unserer Nationalelf gegen Saudi-Arabien angepfiffen wurde, litt ich Höllenqualen und wäre von hinten betrachtet als Backentaschenaffe durchgegangen. Bernd Pavian wäre beim Anblick meiner rosigen Schwellung vor Neid erblasst. Erst in der Halbzeitpause war ich in der Lage, mich aufzurappeln und meinen geschundenen Arsch mühsam zu meinen Freunden zu schleppen. Die warteten schon ungeduldig in einer Kneipe mit Großbildschirm auf ihren wie Hiob sanktionierten Trainer. Die Guten hatten extra meinetwegen eine Programmänderung vorgenommen und diesen Treffpunkt mit mir vereinbart. Heiner, Bodo, Hoss und Ronny waren eben nicht nur ziemlich beste Freunde.

»Leck mich am Arsch, siehst du scheiße aus!«
»Danke für das Kompliment, Heiner.«
»Kellner!«
»Komme sofort!« ...
»Soooo ... bitteschöön ... eine große Apfelschorle und ein Paar Wienerle mit Brot. Lass es dir schmecken, Ärmster!«

Ich verschlang in Zeitlupe, was mir der nette Kneipenwirt in Windeseile servierte. Er war informiert, welche Art Patient gleich auftauchen würde. Die Mahlzeit gab mir einigermaßen Kraft. Trotz des 8:0 Kantersiegs, Klose erzielte drei Tore, war mir nicht zum Feiern zumute. Mir zuliebe machten die Saardéros an diesem Nachmittag einen auf Flachlandtiroler. Statt in die Wand, gings nach dem Spiel Richtung Golfplatz. Was Hoss nicht ganz ungelegen kam.

Golf war total en vogue. Auch wenn der typische Golfer eher nicht im Golf zum Golfen fuhr. Außer vielleicht die ein oder andere Weibsperson mit einem GTI oder Cabriolet. Während das Leimener Bobbele zum Roten Baron aufgestiegen war, hatte der Golf- den Tennisschläger bei der Hautevolee abgelöst. Aber nicht nur die Großkopferten, auch Moritz Möchtegern wollte wie die feinen Pinkel fein pinkeln. Die sanitären Einrichtungen einer Golfanlage waren nicht mit denen des Turn- und Sportvereins Hintertupfingen zu vergleichen. Nach dem Geschäft regelten im Clubhaus Lichtschranken die nötigen Prozesse der Hygiene. Da machte sich keiner mehr die Hände an siffigen

Armaturen schmutzig. Gleichermaßen dachte auch Gerda Gernegroß. Als Dame von Welt griff sie neuerdings zu Eisen 4, statt wie bislang zum faserverstärkten Kunststoff-Racket. Tennis war nur noch bedingt prestigeträchtig. Wer besonders dick auftragen wollte, hatte seinen Caddy dabei. Ein Butler aus Fleisch und Blut. Kein billiges Mamamobil, welches die Mutti lahmarschig hinter sich herzog. Beim Tennis machte der Einsatz eines Caddys keinen Sinn. Es hätte nichts gebracht, seinem Büttel den Schläger zwischendurch in die Hand zu drücken. Der gelbe Tennisball wurde vom Gegner einfach zu schnell retourniert. Selbst bei einem extrem hohen Lob. Und nur für den Seitenwechsel jemanden zu engagieren, hätte sich kaum rentiert. Für Gerda Gernegroß kam ohnehin höchstens ein Trolley in Frage. Aber in der Regel trug Gerda ihre Ausrüstung tapfer selbst. Auf dem Buckel, wie ein schneidiges Mannsbild. Ich wurde in Ausübung meiner beruflichen Pflichten schon häufiger von der ein oder anderen Golfgranate über die unglaubliche Härte ihres Sports aufgeklärt. Im Vergleich zu deren Strapazen war eine schweißtreibende Spinningstunde, das tonnenweise Stemmen von Gewichten oder ein Halbmarathon bestenfalls ein Aufwärmtraining. Dass die Damen recht hatten, erfuhr ich auf eben diesem Grün. Dort war ich schon nach wenigen Minuten hart am Limit. Wenn ich damals gewusst hätte, dass ich schon bald Chipper und Putter zeitgleich ins Spiel würde bringen können, hätte ich vielleicht durchgehalten und noch fester auf die Zähne gebissen. So aber war die Belastung zu groß für mich. Mein Allerwertester flehte nach einer Pause. Also marschierten meine Kumpels ohne mich weiter. Ich zog es vor, Richtung Pension zu watscheln.

»Arsch huh, Zäng ussenander, jetz, nit nähxte Woch!« Hoss' scharfe Ansprache half. Er wusste, dass er seinen BAP affinen Zimmerkollegen damit bei der Ehre packte. Drei Jahre nach dem Fall der Berliner Mauer hatten sich auf dem Kölner Chlodwigplatz etwa einhunderttausend Menschen versammelt, um friedlich mit einem von der Kölner Musikszene initiierten Konzert gegen Rassismus und Neonazis in Deutschland zu demonstrieren. Wolfgang Niedecken schrieb den Text für den von Nick Nikitakis komponierten Titelsong der Veranstaltung. Die

hatte sich bei ihrer Wiederauflage an der Deutzer Werft, zwanzig Jahre später, das Thema Soziale Gerechtigkeit auf ihre Fahnen geschrieben. »Wenn mir dä Arsch nit huhkrieje, ess et eines Daachs zo spät!«, so das Motto. Was hatte ich mich im August 1992 für das Verhalten meiner Landsleute geschämt. Während eines Italienurlaubs wurde ich an einem öffentlich aufgestellten Fernseher Zeuge des Pogroms von Rostock-Lichtenhagen. »Wenn mir dä Arsch nit huhkrieje, ess et eines Daachs zo spät!«, pflegte auch ich bei passender Gelegenheit zu betonen.

Auf Hoss' Geheiß kehrten die Lebensgeister zu mir zurück. Mein Arsch war huh und sein Besitzer, ohne an diesem Scheißtag auch nur in der Nähe einer »Wand« gewesen zu sein, übern Berg. Nach unserer Tour am Wilden Kaiser sollte mein hausgemachtes Problem nurmehr ein Problemchen sein. Irgendwann verabschiedete es sich endgültig. Ich konnte von Glück sagen, dass ich nicht das Schicksal süddeutscher oder österreichischer Knechte vergangener Zeiten zu teilen hatte. Bis ins frühe zwanzigste Jahrhundert bekamen diese armen Teufel unbezahlte Arbeitstage aufgebrummt. Sie mussten die Zeit wieder ausgleichen, die sie während der Maloche für die Erledigung großer Geschäfte benötigten. »Scheißtage« lautete die offizielle Bezeichnung für ihre unfreiwilligen Arbeitseinsätze.

»Auf nach Kitz, Saardéros!« Eine knappe Stunde nach Hoss' Weckruf testete Ronny den Kickdown des Passats. Alle waren erleichtert, dass ich dabei war. Frisch rasiert und nach Davidoff duftend kamen wir am Abend meines persönlichen Day After in Kitzbühel an. Als wir durch die gepflegten Gassen dieses noblen Städtchens schlenderten und nach einem passenden Restaurant Ausschau hielten, kam uns durch das offen stehende Fenster einer Dachgeschoßwohnung ein lange nicht mehr gespielter Song zu Ohren:

> *... I'm so dizzy my head is spinning,*
> *like a whirlpool it never ends ...*

Zufälle gibts! Erst wenige Minuten zuvor hatte ich, mein Kopf war weder dizzy noch spinning, im Auto von Tommy Roes altem Nummer-eins-Hit gesprochen. Nachdem wir schick gegessen hatten, machten wir uns auf zur Schickeria. Anfang der Neunzigerjahre war ich mit Hagen Blaumann, Spitzname Broker, schon einmal in Kitz gewesen. Für 'nen Appel und 'n Ei. Die BÖRSE-ONLINE war großzügig, wenn jemand einen neuen Abonnenten warb. Broker war ein Kumpel aus meiner Zeit bei der Polente. Er war ein begeisterter Glücksspieler, der Pechsträhnen ohne groß Aufhebens akzeptierte. Mit ihm konnte man Pferde stehlen. Den Zutritt ins Casino hatte man uns wegen unserer Turnschuhe verweigert. Die sollten erst später salonfähig werden. Also wurden wir unsere an der Börse mit Optionsscheinen auf japanische Aktien waghalsig erzockten Schilling in den Kneipen los. Die meisten davon im »Fünferl«. Diese Pinte war angesagt. Im Fünferl musste man gewesen sein, wollte man ernsthaft von sich behaupten, die Kitzbüheler Kneipenszene zu kennen. Folgerichtig lotste ich meine Kameraden dorthin. Unter lauter schicken Menschen stellten wir uns auf der Terrasse an einen frei gewordenen Stehtisch. Heizpilze sorgten für einen angenehmen Aufenthalt.

»Vier Pils und ein Kamillentee bitte!«

Dass die Bestellung meinem vorlauten Mundwerk diesmal im Flüsterton entwich, war verständlich. Kamillentee? So ein exotisches Anliegen hörte man hier bestimmt selten.

»Vier Pils, ein Kamillentee, richtig?«

Die sommersprossige Bedienung vergewisserte sich lautstark, ob sie den schnatzen Gast auch richtig verstanden hatte.

»Ganz genau, vier Pils und ein Kamillentee!« Das mir auf der Zunge liegende: »Gehts noch lauter, du Tussi?«, verschluckte ich. Ein geschniegelter Best Ager im feinen Zwirn drehte sich postwendend zu mir um, das Wohlstandsbäuchlein mit einem Tuchrock Marke Wichtigtuer kaschiert. Der glatzköpfige Krawattenträger meinte belustigt aber treffend:

»Kamillentee? Da hat wohl jemand Probleme mit dem Darm, was?«
Der Kerl kannte sich aus. Dem Bleaching und seiner facegelifteten Visage nach zu urteilen, war er bestimmt ein Fachmann in Sachen Brazilian Waxing.

»Ob dieser vorlaute Protz auch im Schritt kahlgeschoren ist?«

»Eher wohl nicht, Bodo!« Ich vermutete gestenreich, dass oberhalb seines Bonsaidings ein Iro stünde. »Ein Irokesenschnitt kommt bei den Rehkitzen bestimmt mordsmäßig an!«

Heiner war, wie ich fand, am kreativsten: »Ich tippe auf einen Freestyle. Etwas in der Art eines ›Furor-Schnurrers‹. Wir sind hier schließlich in der Nähe von Braunau am Inn.«

Unseren Lästermäulern entflohen die abfälligen Sprüche tontechnisch fein justiert: In einer Lautstärke, dass sie von dem Mann mit den spitzen Ohren gehört werden konnten, das restliche Publikum aber – so gut es halt ging – verschont blieb. Der nicht einmal unsympathische Herr Neunmalklug bewies Nehmerqualitäten:

»Bei uns an der Streif trägt man zwar Hahnenkamm, aber Fu-Manchu oder Chin-Puff wär mal was anderes. Originell, danke für die Tipps! Mareike, der Tee geht auf mich!«

Die burschikose Bedienung reagierte mit einem verschmitzten Grinsen. Sie hatte die mit feinem Spott überzogenen Anspielungen ganz gewiss mitbekommen. Im Laufe des lustigen Abends erlaubte ich mir dann noch zwei Pils, zum Finale sogar eine Zigarette. Fräulein Mareike spendierte dem wieder Genesenen die Mentholkippe gern. Entsprechend großzügig fiel ihr Trinkgeld aus.

Mit dem Blick Richtung Streif neigte sich unser Streifzug dem Ende zu. Jahre später hatte dann wohl jemand anderes einen im Tee, als man auf die Idee kam, das legendäre Hahnenkammrennen verkehrt herum anzugehen. Mausefalle, Karussell, Hausbergkante, Traverse – von unten nach oben: Vertical-up! 3312 Längen- und 860 Höhenmeter, im Dunkeln, mit Spikes, Skistöcken und Grubenlampe. In gut einer halben Stunde die glatte Wand hoch, Respekt!

Donnerklitchen III.

Entsetzen, Bewunderung, ungläubiges Staunen! Wie war so etwas möglich? Donnerwetter, ein Prachtstück, absolut ladylike, mehr noch: king-size!

Was bei genauerer Überlegung wenig verwunderlich war. Wer erwartete ernsthaft, dass sich ein König lumpen ließ, wenn er sich erkenntlich zeigte? Nein, der Schneekönig war wahrlich kein Lumpensammler, alles andere als knauserig. Während Bodo und Hoss, durch die Erfahrung in Jungholz geeicht, ihre Fassung schnell wiedergewannen, wurde Heiner blass um die Nase. Er konnte von Glück sagen, dass seine knapp anderthalb Zentner Magermasse auf dem Stuhl einigermaßen gefahrlos platziert waren. Stehend wäre er bestimmt aus den Latschen gekippt und hätte sich beim Fallen womöglich den Dez angehauen. An der Tischkante, oder einem von Melanies steifen Nippeln. Kein Wunder! Das Sonntagskind, das Hein von klein auf kannte, war vor seinen Augen mit schwerem Geschütz versehen worden.

Ich sah famos aus. Mit meinem zwischen Ring- und Zeigefinger eingebetteten Novizen besaß ich das mit Abstand interessanteste Angebinde der Welt. Mein Familien- und zugleich Spitzname, letzteren hatte ich mir in der Pubertät bei den Mädchen durch handwerkliches Geschick hart erarbeitet, erfuhr linker Hand den Ritterschlag. King Arthur sei Dank, schoss es mir durch den Kopf. Ich erinnerte mich meines Kollapses beim Proktologen und der damit verbundenen Prophezeiung. Aber zum Donnerklitchen, hatte ich mir DEN wirklich gewünscht? Wann war meine Phantasie so mit mir durchgegangen? Ich konnte mich nicht erinnern, jemals einen derart abgefahrenen Gedanken gehegt zu haben. Eine Wünschelrute? Ne, ich wüsste nicht wann. Andererseits habe ich mir schon dies und das ersonnen, auch jede Menge Verrücktes, grübelte ich. Ein Feingeist wie ich kann sich unmöglich an jedes seiner Luftschlösser erinnern.

Deo gratias hatte das Gros der Kneipianer im allgemeinen Trubel nichts von dem Schöpfungsakt mitbekommen. Trotz der späten Stunde war der Laden proppenvoll und die Stimmung auf dem Siedepunkt.

... Ein Bett im Kornfeld, das ist immer frei,
denn es ist Sommer und was ist schon dabei ...

Der König von Mallorca höchstpersönlich sorgte dafür, dass die provisorische Tanzfläche für die Allgäuer Foxtrottel zu klein wurde. Darüber hinaus boten mir das schummrige Licht und die rauchgeschwängerte Luft willkommene Deckung. Nur die drei rolligen Bräute, der letzte zu einer bewussten Wahrnehmung fähige Schotte (der Rest der Bravehearts hatte sich längst ausgeknockt) und vier aller Ehren werte Saardéros bekamen das Königskind in dieser Nacht zu Gesicht.

»I wer' narrisch, narrisch, narrisch!!!« Melanie geriet regelrecht in Verzückung; wie Gigi beim Anblick eines randvoll beladenen Schwenkers. Angesichts dieser Finger Morgana hatte sich die Zungenlähmung bei den Schicksen wieder verflüchtigt. Stattdessen nahmen Melanies Augäpfel die Dimension ihrer Brüste an. Einer wie Russ Meyer (Originalzitat: »Hätte ich mich nicht so für Titten interessiert, wäre aus mir vielleicht ein großer Filmemacher geworden!«) hätte die Tusse vom Fleck weg engagiert.

»I ... i ... i ... aa!«, stammelte Emma, die nach Hoss' Zunge nun etwas noch Erstrebenswerteres entdeckt zu haben schien.

Victoria, von den beiden anderen Schlampen bezeichnenderweise Vicky genannt, ging sogar auf die Knie, um mit zitternder Stimme um das Premierenmatch zu flehen. Vicky war sehr erregt. Selbst ihre Schnäcke war jetzt feucht. Angeekelt wischte ich mir die Speicheltröpfchen, die ich bei ihrer widerwärtigen Bettelei abbekam, aus dem Gesicht und erteilte Kloses neuem Sturmpartner erstmals Order: »Weiche, spricht die deutsche Eiche!« Der Stift gehorchte aufs Wort. Als er schlapp machte, seufzten die Schnepfen vor Enttäuschung auf.

In diesem Moment betrat eine Gruppe tadellos ausschauender Trachtenträger das Bierstüble. Keine depperten Sepplhosenfritzen, sondern Bewunderung hervorrufende Damen und Herren, von ziemlich jung bis ganz schön alt. Solche Exoten hatte das Publikum nie zuvor gesehen. Während die Männer mit allerlei Stickerei verzierte Westen, Kniehosen und einen breitrandigen Hut trugen, schmückte die hoch erhobenen Häupter der Frauen eine bescheidene »Coiffe« oder eine stattliche »Bigoudenhaube«. Eine der Schönheiten glich mit ihrem apfelrunden Gesicht Jeanne Guéguen, die hochbetagt im selben Jahr zur Miss Bretagne gewählt wurde, als ich mit Madame und unserer Tochter Brünhild erstmals dort aufschlug. Die joviale alte Dame weigerte sich damals vehement, ihre »Coiffe bigoudène« auf der Fahrt nach Paris auszuziehen. Wegen der enormen Haube passte sie aufrecht in kein Automobil. Also unternahm sie die Reise mit verrenktem Kopf. Ein blendendes Beispiel dafür, was Bretonen, Schotten und Saardéros vereinte: eiserne Entschlossenheit und unbändiger Stolz. Als der schwarz-weiß gekleidete Leader der Truppe – die »Gwenn-ha-du« (so nennen die Bretonen ihre Flagge) in der ausgestreckten Pranke seines hochaufgeschossenen Fahnenträgers neben sich wissend – mit einer bretonischen Sackpfeife voller Inbrunst eine wunderschöne Melodie blies, verstummte Jürgen Drews und die Leute hörten andächtig zu:

> ... *O Breizh, ma bro, me 'gar ma bro.*
> *Tra ma vo mor 'vel mur 'n he zro,*
> *ra vezo digabestr ma bro* ...

»Oh Bretagne, mein Land, ich liebe mein Land ...« Begeistert fiel ich in den Chor der Trachtenbummler ein. Dabei nahm mein Kiekindiewelt sofort wieder Haltung an. Das Wappen und der Lobgesang der Bretonen waren mir wohlbekannt. Auch meine Freunde wussten die Symbole einzuordnen. Schließlich waren sie häufig genug bei ihrem Kumpel Giselher zu Gast. Gemeinsam standen wir stramm, die rechte Hand zum Gruß an der Stirn, den kleinen Finger nach außen. Schade, dass Ronny nicht dabei sein konnte. Mit dem Erscheinen der Equipe deuxcolore wurde mein letzter Zweifel beseitigt. Das konnte kein Zufall mehr sein. Die Weissagung während meines Ohnmachtsanfalls beim Proktologen war zur Gewissheit geworden. Donnerklitchen hatte geliefert!

Nach dem Schmettern der bretonischen Nationalhymne verlies die Abordnung von König Artus das Bierstüble so würdevoll, wie sie es zuvor betreten hatte. Aber nicht bevor deren Schalmeienbläser noch Folgendes bemerkte:

»Gortosit an nos ewid lavared eo bet kàer an deiz.« (Man sollte die Nacht abwarten, bevor man sagt, dass es ein wunderschöner Tag war.)

Nicht nur ich, der Bretagne längst mit allen Sinnen erlegen, war von der feierlichen Atmosphäre ergriffen. Mit Hilfe des Schneekönigs wurde der Aufdringlichkeit am feuchten Triebe erkrankter Frauenzimmer eindrucksvoll Einhalt geboten. Die Gesandtschaft aus dem äußersten Westen Frankreichs vertrieb den Smog hemmungsloser Lüsternheit – wenn auch nur vorübergehend. Nach diesem Zeugnis lupenreiner Etikette gab es nur eine logische Konsequenz:

»L'addition s'il vous plaît!«, hieß die bei mir, »the bill please!«, bei Alastair Fitzgerald MacDonald. Der behauptete zum Abschied in einem kaum mehr verständlichen Kauderwelsch, ein Nachfahre Alexanders des Großen zu sein. Sein Vater Gerald habe mit der Wahl seiner beiden Vornamen ihre familiäre Verbundenheit mit dem ehemaligen König von Mazedonien und seine Bewunderung für eine bayerische Kabarettistin zum Ausdruck bringen wollen.

Ein majestätischer Tag ging zu Ende. Der König von Mallorca, King Arthur, ein Nachkomme Alexanders des Großen und der neue Prinz von Homburg hatten ganz schön Remmidemmi gemacht. Wochen später erfuhren wir, dass wegen des Manifestwerdens männlicher Sittsamkeit drei Wertacher Zipfelpritschen tagelang geflennt hätten. Eine Boygroup aus dem Saarland habe sie am ausgestreckten Finger verhungern lassen.

Klose und Poldi

»Finger weg!« Mein erster ernsthafter Versuch, mein Mitbringsel aus Wertach ins Spiel zu bringen, war kläglich gescheitert. Absichtliches Handspiel – Rote Karte! Ich hatte zu lange gezögert und hätte wissen müssen, dass Madame um zwei Uhr in der Früh nicht mehr der Sinn nach einem Spielchen stand. Dabei war Tims Wiese am Abend noch gut bespielbar gewesen. Der Rasen sattgrün und für ein reibungsloses Kurzpassspiel zureichend gewässert. Merde, nix mit Tiki-Taka heute! Ich war die Sache zu defensiv angegangen. Scheiß Catenaccio! Das nächste Mal würde ich auf Otto hören und kontrolliert in die Offensive gehen. Das wäre bestimmt die bessere Taktik.

Die Idee, den Neuen »Poldi« zu taufen, kam von Heiner. Bei dieser Trantüte hatte es tatsächlich noch einmal eingeschlagen! Wenn auch dieses Mal nur ein Geistesblitz.

Auf unserer kurzweiligen Rückreise hatten wir eine Variante der Buchstabensuppe gespielt, das unglaubliche Geschehen des Vortags in lebhafter Erinnerung. Bei Klose war die Sache einfacher gewesen. Sie hatte sich eben mal so ergeben, aus lauter Jux und Tollerei. Im Sommer zuvor, auf Bodos Gartenparty, hatte ich einen meiner typischen Anfälle und missbrauchte den frisch gekürten Träger des silbernen Schuhs zu fortgeschrittener Stunde namentlich. Schon gehörig dem Verzehr kleiner bauchiger Flaschen zugesprochen habend, proklamierte ich, wie einst Kollege Kolle, den gebannt lauschenden Damen in der geselligen Runde den Mann zum ihnen unbekannten Wesen, als mir plötzlich der neue Bomber der Nation in den Sinn geriet. Derart inspiriert brannte ich – eine Bratwurst in der rechten, ein Stubbi in der linken Hand – ein verbales Feuerwerk ab. Giselher Finger redete Klartext! Und zwar solchen, von dem der schüchterne Homo sapiens tunlichst seine Finger ließ. Mit einem ähnlich losen Mundwerk hätte Peer im Finale des Wahlkampfs Angela womöglich aus dem Kanzleramt geschnattert. Am bemerkenswertesten aber war die Tatsache, dass ich ab sofort mein Dings beim Namen nannte. Klose was born! Auf Madames penibel geführter Verfehlungsliste hatte die Notiz »Mit Klose in der Hose und 'nem Stubbi in der Hand« seitdem einen Stammplatz in den Top Ten.

Aber heute gestaltete sich die Sache ungleich schwieriger. Wir hatten während der Fahrt bereits alle möglichen (und unmöglichen) Termini hin und her geworfen, als die entscheidenden Worte fielen:

»Mensch, Finger, wir müssen irgendwie einen Bezug zum Spender herstellen und das Früchtchen an deiner Hand als dessen Sohn verkaufen.«

»Kein schlechter Gedanke, Heiner. Besser jedenfalls als die Analogie zu diesen Muskelprotzen.«

In diesem Punkt waren wir uns einig. Obwohl: Conan, Mad-Max, Rocky oder Rambo hatten, wie übrigens auch Stubbi, schon Charme. Zudem klangen sie recht schneidig. Hoss' Vorschlag, auf Madame den Terminator loszulassen, fiel dagegen als untauglich durch. »Vier Silben, viel zu lang, Hoss!« Und weiter gings:

»Ali ... Tyson ... Lennox ... Klitschko ... Kaiser ... Nero ... Augustus ... Ernst August ...«

»He, Finger, kann der Neue eigentlich Pipi?«

»Gute Frage, Bodo. Das käme auf 'nen Versuch an. Am besten in der Altstadt von Hannover, an der Fassade einer Döner-Bude.«

Wir waren heiter und ausgesprochen kreativ. Selbst Carolines Welfenprinzgemahl, Ernst August Albert Paul Otto Rupprecht Oskar Berthold Friedrich-Ferdinand Christian-Ludwig Prinz von Hannover, Herzog zu Braunschweig und Lüneburg, Königlicher Prinz von Großbritannien und Irland, ein Urenkel Kaiser Wilhelms II. und Erbeuter einer Grimaldi, wurde für seinen bemerkenswerten Einsatz auf der EXPO 2000 gedacht. Dass ausgerechnet ein deutscher Fußballnationalspieler der Pinkelattacke des Blaublütlers in der Lobby eines Berliner Hotels vierzehn Jahre später ein Andenken setzen würde, hätte ich damals nicht für möglich gehalten. Mein lieber Herr Großkreutz!

»Du hast doch auch ein schwaches Bläschen, Finger.«

»Stimmt!«

Rastplatz, Pinkelpause, zurück ins Auto und weiter im Text:

»Donner ... Litti ... King ... Kong ... Leo ... Princeps ...« Die

Vorschläge sprudelten regelrecht aus unseren Goschen.

»Princeps ist gut. Echt, Heiner, Princeps gefällt mir. Schließlich ist der da (ich touchierte beim Hochreißen meiner linken Hand die Stoffbespannung des Wagendachs) ein Königskind. The one and only! Oder ist euch schon einmal etwas Vergleichbares zwischen die Finger geraten?«

»Ne! Hoffentlich macht das Ronnys Herz mit, sollte er ›the one and only‹ heute noch zu Gesicht bekommen!«

Bei Hoss' Bemerkung schwangen leise Bedenken mit. Obwohl uns ein Grinsen im Gesicht stand, als wir über die Reaktion unseres Patienten auf die sensationelle Neuigkeit spekulierten. Wir hatten uns vorgenommen, Ronny direkt nach unserer Rückkehr in der Klinik zu besuchen. Vorausgesetzt, das wäre zeitlich machbar gewesen.

»Ronny wirds überleben. Aber du hast Recht. Princeps taugt als Synonym – klingt nur zu gestelzt. Trotzdem, wir kommen der Sache langsam näher.«

»Ich habs, Leute: Prinz Leopold! Finger ist doch Bayern-Fan.«

»Nicht schlecht, Bodo.« Der Gedanke, wie ich das gute Stück in solcher Weise geadelt Madame vorstellen würde, war ziemlich amüsant.

»Heiner, du könntest es wissen: Klose kam doch in Polen zur Welt. Spielt in der U18 nicht auch ein Polnischstämmiger? Und heißt der nicht so ähnlich wie Leopold?«

»Wenn du den Lukas Podolski meinst, Finger ... Der kommt aus Köln und spielt beim FC. Gut möglich, dass auch er gebürtiger Pole ist. Vom Namen her käme es jedenfalls hin.«

»Genau, Heiner, Podolski, den meinte ich! Wusst ichs doch. Der Kerl 'nen Mordsschuss, aber bloß mit links. Den rechten Fuß benutzt er nur, damit er beim Laufen nicht umfällt. Ich hab ihn letztens in Herxheim gegen die Griechen gesehen. Da hat er das einzige Tor geschossen. Aus dem wird mal ein Großer, das prophezeie ich euch! Linksfüße wie der sind rar gesät im Reich der Rumpelfußballer.«

Jetzt dauerte es nicht mehr lange, und die Buchstabensuppe war gegessen. Geißbock, Prinz Leo und Polenprinz lagen als letzte auf den Suppenlöffeln, bevor Heiner den Deckel drauf machte:

»Täterätä! Ich glaub, ich habs: Wäre ›Prinz Poldi‹ nicht eine wundervolle Bezeichnung für den Kleinen da?«, meinte er, um süffisant hinzuzufügen: »Und wenn mal nix danebengehen darf, kannste Klose gefühlsecht in weiß und Poldi in Rot packen. Wow, Männer, das wär der absolute Knaller: eine in Latex gehüllte Doppelspitze auf Torejagd. Was Madame wohl dazu sagen würde?«

»MIT KLOSE IN DER HOSE UND POLDI AN DER HAND!«

»Boah ey, ›Mit Klose in der Hose und Poldi an der Hand‹, geiler Spruch, Bodo!«

Bei Bodos schlagfertiger Antwort auf Heins rhetorisch gestellte Frage geriet unser Frohsinn außer Rand und Band. Man musste Angst haben, Bodo, der damals schwer unter der Schumania litt und einen recht forschen Fahrstil pflegte, könnte die Kontrolle über seinen Boliden verlieren. Auch ich hielt mir vor Lachen den Bauch. Obwohl ich, je näher der Heimat, die Situation immer weniger lustig empfand. Prinz Poldi, Mannomann!

Bei dem stürmischen Match vorvorgestern, nach vier Tagen romantischer Entbehr, agierte Klose wie gewohnt mutterseelenallein vorne im Sturmzentrum. Madame schwor seit jeher auf das Spiel mit nur einer Spitze. Diese hatte sich wieder einmal glänzend in Szene gesetzt und in der zweiten Halbzeit einen astreinen Hattrick hingelegt. Drei Treffer, einer schöner als der andere, der letzte sogar per Dropkick! Eine Rakete, voll in den Winkel! Nein, Klose schien ob der zukünftigen Konkurrenz einer hängenden Spitze keineswegs verunsichert. Die Freudensalti nach jedem seiner Tore unterstrichen dies eindrucksvoll. Madame war mit dem (dramatischen) Spielverlauf hoch zufrieden gewesen. Kein Wunder, hatte sie doch 3:1 gewonnen. Ihr Sieg stand allerdings lange auf Messers Schneide. Unmittelbar vor der Halbzeitpause ging ich mit 1:0 in Führung. Sie hatte nicht aufgepasst, war viel zu ungestüm nach vorne gepresst. Der Ausgleich fiel kurz nach Wiederanpfiff. Bis zur 84. Minute sah es ganz nach einem Remis aus. Dann staubte Klose nach einem wilden Strafraumgestochere eiskalt ab, bevor er in der Nachspielzeit das Tor des Monats erzielte.

Es gab nicht den geringsten Zweifel, mein etatmäßiger Stoßstürmer befand sich in Bestform. Auf ihn war Verlass. Er rackerte nach Leibeskräften, selbst dann, wenn er in einer Verlängerung von Krämpfen geschüttelt wurde. Jaja, entgegen mancher Manns Annahme war nicht jedes Match mit Madame ein Zuckerschlecken. Pustekuchen! Mitunter konnte es hart zur Sache gehen. Trotz aller Strapazen produzierte Klose nur selten einen Rohrkrepierer oder schoss über das Ziel hinaus. Durch sein geschicktes Zweikampfverhalten vermied er überdies so manche Verletzung. Wo der ungestüme Haudrauf Gefahr lief umzuknicken oder getackelt zu werden, verteilte er geschickt die Bälle und legte uneigennützig auf. Andererseits hatte er genügend Torriecher, um im richtigen Moment selbst draufzuhalten. Eigentlich bestand kein Grund, Poldi, wie der Novize der Einfachheit halber fortan heißen sollte, ins Spiel zu bringen. Aber einen so wertvollen Neuzugang an der ausgestreckten Hand verhungern zu lassen, konnte nicht im Sinne des Schneekönigs sein. Unhöflich gewesen wäre es obendrein. Dem Geschenk einer Majestät durfte keine Geringschätzung widerfahren. Schon gar nicht von einem Grandseigneur wie mir. Außerdem konnte man nicht wissen, ob Madame vielleicht der Sinn nach mehr stand. Möglicherweise würde es ihr besondere Plaisir bereiten, das Torverhältnis weiter zu ihren Gunsten auszubauen. In diesem Fall wäre eine Doppelspitze eine Option gewesen. Zumal nicht auszuschließen war, dass sich auch Klose einmal verletzte.

Manchmal hat es auch Vorteile eine Frau zu sein! Ich sinnierte in dieser unruhigen Nacht noch lange über die letzten Spielergebnisse. Hach, wäre das schön, auch einmal so hoch zu gewinnen. Aber man kann im Leben nicht alles haben. Als Ausgleich für die entgangenen Freuden habe ich schließlich nie eine Waschmaschine bedienen oder ein Hemd bügeln müssen. Bis ich mich mit dem Spielausfall ab- und endlich in den Schlaf gefunden hatte, musste ich noch viele Schäfchen zählen.

Nach dem Geschenk Donnerklitchens hatten wir uns etwas einfallen lassen müssen. Meine Kameraden vertraten die Ansicht, ihr Spiritus Rector könne unmöglich so verwegen sein und manus nudus zu Hause auflaufen. Da hatten sie zweifellos recht. Nicht auszudenken, ich hätte Poldi Knall auf Phall unseren Frauen präsentiert. Einfach so, als wäre das das Normalste der Welt. Was da wohl los gewesen wäre? Uiuiui, ein solcher Knaller hätte bei unserem femininen Empfangskomitee Ohnmachtsanfälle auf breiter Front ausgelöst. Also beschlossen wir, den Neuling zunächst einmal in eine Mullbinde zu packen.

»Wozu hat man einen Verbandskasten im Auto, Saardéros?« Heiner überraschte uns mit seinen Einfällen immer mehr.

»Hein hat schon brauchbare Ideen, das muss man ihm lassen!«
»Besser jedenfalls als deine mit der Amputation, Bodo.«

Poldi im Wickel verschaffte mir ein paar Tage Zeit. Zeit genug, mir eine geeignete Strategie auszudenken. Bis dahin würden meine Freunde behaupten: »Hoss, dieser Schussel, ist Finger beim Gang aufs Klo auf die Hand getappt. Der alte Angeber musste im Bierstüble vor einer Gruppe schottischer Soldaten aber auch unbedingt die Show abziehen. Beim dreizehnten einarmigen Liegestütz ist es passiert. Giselher hat noch Glück gehabt. Das hätte schlimmer ausgehen, sogar ein Totalschaden werden können. Ihr könnt euch bestimmt vorstellen, wie es sich anfühlt, wenn einem Hoss auf die Hand tritt! Es grenzt an ein Wunder, dass nur der Mittelfinger was abbekam. Giselher hat geplärrt wie am Spieß: ›Aua! Aua! Aua!‹, minutenlang. Das hättet ihr hören sollen! Glaubt uns, in diesem Moment hätte er auch euch leid getan. Alexander Ferguson hat Erste Hilfe geleistet. Der Typ ist nicht nur geeicht wie unsereiner, sondern auch ein Profi mit dem Verbandskasten. Im Irakkrieg war er als Sani im Einsatz. ›Go, Finger, go! Go, Finger, go!‹, schrie er gerade, als Hoss dem Sportunterricht ein Ende bereitete. Nachdem Alex Giselhers Finger untersucht hatte, brüllte er: ›Slàinte mhath, Finger!‹ Von wegen Schotten wären geizig – zwei doppelte Lambig hat Alex seinem Patienten spendiert! Die Apfelschnäpse haben dem den ärgsten Schmerz genommen. Dann gabs noch etwas Salbe auf die Pfote und einen Verband um das Fingerchen. Schorsch war fix im Wickeln. Er meinte, die ätherischen Öle der Spezialsalbe ›Finger-Protector-five‹ müssten lange genug einwirken. Der Verband dürfe frühestens nach drei Tagen wieder ab. Hinterher müsse die lädierte Hand noch ein Weilchen geschont werden. Minimum vier Wochen! Solange soll der Ärmste schwere Arbeiten wie Geschirrspülen oder Staubsaugen unbedingt meiden.«

Trotz Bodos halsbrecherischem Fahrstil kamen wir am späten Nachmittag heil in der Heimat an. Bei mir im Garten nahm ich die ironischen Kommentare unserer Frauen auf diese ungemein plausible Erklärung entgegen.

»Das arme Fingerchen ist aber ganz schön geschwollen, mein lieber Scholli!«

Scholli? Den hatten wir bei unserer Buchstabensuppe glatt vergessen. Ob Scholli eine Alternative zu Poldi gewesen wäre? Nein! Dafür war Mehmet zu schmächtig.

»Gut gemacht, Hoss, das geschieht Giselher recht! Das nächste Mal nimmst du noch Bodo huckepack, bevor du diesem Gernegroß auf die Flossen trittst.«

»Hat der Schlawiner bei seinen Liegestützen etwa wieder geschummelt?«

Hoppla, dachte ich, woher weiß Madame davon? Die »Balboa-Feder« war doch top secret und meine (logische) Antwort auf diese trügerischen Push-ups, die aus jeder Twiggy obenrum eine Rubensbraut zauberten. Nach nächtelangem Grübeln über die technische Konstruktion und einiger Tüftelei hatte ich endlich eine Lösung gefunden. Bodo musste dann (einen vollen Kasten Stubbis verlangte dieser Halsabschneider dafür!) den Prototypen dieses clever durchdachten Instruments exakt nach meinen Vorgaben zusammenzubasteln. »Aus Edelstahl, möglichst filigran und gut geölt, Bodo. Das gute Stück darf nicht auftragen und auf keinen Fall quietschen! Verstehst du?«

Das hätte im Ernstfall nämlich peinlich werden können. Die Balboa-Federn unterstützten die schlappen *Musculi triceps brachii* beim Strecken der Arme. Sie wurden einfach unter die Achselhöhlen geklemmt und mit Klettverschlüssen (Madames Strumpfbänder erwiesen sich als untauglich) an Oberarmen und Brustkorb fixiert. Bodo war in seiner Firma entsprechend gerüstet. Er hatte die passenden Werkzeuge, das nötige Material, handwerkliches Know-how und genügend Gaga im Kopf, um den Entwurf eines so revolutionären Gedankengebildes auch verstehen und umsetzen zu können. Er, ein begeisterter Nutzer derselben, bezeichnete die Balboa-Feder gerne als »Rocky-Klemme«. Sie verlieh ihm eine eindrucksvolle Statur. Wie in den Achtzigern, als die Schulterpolster in Mode waren. Darüber hinaus befähigte sie ihn, im Stile Rockys Liegestütze mit nur einem Arm abzupumpen. Und das, ohne schon frühmorgens eine Portion rohe Eier aus einem trüben Glas geschlürft haben zu müssen. Der zum Patent angemeldete Federmechanismus erlaubte selbst Typen mit Spatzenbrust und Spaghettiarmen wie Heiner einarmige Push-ups.

Sich die Rocky-Klemme dienstbar gemacht, musste man kein italienischer Hengst – nicht einmal ein Shetlandpony – sein, um seine Zuschauer zu verblüffen. Beim Absenken des Oberkörpers wurde durch das Beugen der Arme die Feder gespannt. Die so erzeugte Spannkraft gab ihrem Träger genügend Schmiss, um anschließend die Arme leicht wie Lumpi strecken zu können. Als clevere Jungs benutzten wir unser metallenes Subsidium natürlich ausschließlich dort, wo wir annahmen, dass niemand eine Mogelei wittern würde. Nach einer kernigen Demonstration männlichen Stehvermögens waren die Herrn im Publikum neidisch und die Frauen scharf auf den Athleten. Da wagte sich keiner mehr, eine dicke Lippe zu riskieren. Schon gar nicht, seitdem auch Hoss zu den irrsinnig starken Jungs gehörte.

Lange Zeit war es uns nicht gelungen, ein für ihn passendes Modell zu konstruieren. Selbst beidseitig gefedert hatte Hoss mit Liegestützen erhebliche Mühe. Er sah nicht locker genug aus, kam mächtig ins Schwitzen. Nach dem Hookeschen Gesetz wäre die für seine Statur nötige Größe aus Edelstahl viel zu wuchtig geworden, um sie diskret unter einem karierten Hemd (unserer vorschriftsgemäßen Ausgehmontur) tragen zu können.

»Vielleicht sollten wir es mal mit einem anderen Werkstoff probieren … Titan oder so … das könnte eventuell klappen«, meinte Bodo. Es sollten noch mehrere Wochen ins Land gehen, bis auch Hoss mit zwei Carbon-Klemmen für öffentliche Auftritte gerüstet war. In seiner anfänglichen Begeisterung trieb er die Schauspielerei gern auf die Spitze. Ein das Geschehen nur akustisch verfolgender Zeuge hätte geschworen, Monica Seles im finalen Tie-Break von Wimbledon zu erleben. Unser Dickerchen war in der Lage, die Stellknorpel seiner Stimmritze nach Belieben zu bedienen. Dadurch gelang ihm ein phänomenales Grunting, welches jeden einzelnen seiner Stütze als herkulische Leistung erscheinen ließ.

Merde, Madame muss es irgendwie spitzgekriegt haben, grübelte ich. Ob sie in meinen Sachen rumgeschnüffelt hat? Ich nahm mir vor, es irgendwann rauszubekommen. Sollte ich recht haben, konnte sie sich auf was gefasst machen! Bodo huckepack nehmen, Gernegroß ... Jetzt machten sich diese hartherzigen Weibsbilder auch noch über mich lustig. Wenn ihr wüsstet, dachte ich.

Ronny bekam kurze Zeit später die gleiche Geschichte aufgetischt. Brünhild wollte unbedingt mit ins Krankenhaus. Schließlich hatte sie für den von der OP noch arg Geschwächten extra eine leckere Tarte aux Pommes gebacken. Ronny bereitete uns Sorgen. Dass ein Süßmaul wie er keinen Appetit auf selbstgebackenen Kuchen hatte, wollte etwas heißen. Ihm gings beschissen, sein Gesicht war maximal blutleer. An diesem Sonntag hätten ihm auch Hoss' Carbonklemmen nicht geholfen. Da war an Liegestütze nicht einmal zu denken.

Ob der Schneekönig eine ähnliche Hautfarbe hat? Ne, dachte ich, schneeweiß sieht anders aus, nicht so fahl wie beim Wurm. Gut, dass Brünhild dabei ist und eine Vorstellung Poldis somit erst gar nicht in Frage kommt. Die würde ausrasten und alles brühwarm Madame erzählen. Außerdem wäre Ronny in seinem Zustand mit so etwas überfordert.

Zehn Tage später bekam unser Patient Poldi während seiner Reha erstmals zu Gesicht. Entgegen aller Befürchtungen war er hart im Nehmen. Ihm gefiel, was er sah. »So einen will ich auch, nächstes Jahr bin ich wieder dabei!«, meinte er.

Schon bald sollte sich mir die nächste Gelegenheit bieten. Es wurde auch langsam Zeit, Poldi aus der Haft zu entlassen. Seine weitere Verhüllung vernünftig zu begründen wurde von Tag zu Tag schwieriger. Selbst Christo musste den Reichstag irgendwann wieder auswickeln. Und in meinem Fall wollte sich Madame das Wehwehchen endlich einmal betrachten. Die stand auf so etwas. Genau wie Brünhild, unsere noch eine Spur brutalere Tochter. Wo sich normale Menschen, zu Mitgefühl wegen ihres Nächsten körperlicher Kümmerniss fähig, längst vor Grauen abgewandt hätten oder in Ohnmacht gefallen wären, suhlten sich diese beiden Sadistinnen geradezu im Missbehagen anderer. Bevorzugt in meinem. Nicht selten zwangen sie mir, ihre Bosheit hinter der Maske der Heiterkeit verbergend, ein Gespräch über ekelerregende therapeutische Eingriffe unterhalb der Gürtellinie auf. Wohlwissend, wie empfindlich ihr Sensibelchen auf derartige Schilderungen reagierte.

Normalerweise wäre ich noch auf Maloche gewesen, wie ich meinen Freunden gegenüber mein berufliches Schaffen bezeichnete. Aber die Damen im Fitnessclub konnten an diesem Abend ganz gut ohne ihren Trainer auskommen. Das frühsommerlich warme Wetter hatte für einen spärlichen Besuch gesorgt und meine weitere Anwesenheit entbehrlich gemacht. Die ein oder andere der körperlichen Striez dringend Bedürftige wird erleichtert ein Kreuzzeichen geschlagen haben. Als Ausgleich für die mir entgangenen Freuden, Monika Wamsgans oder Traudel Butterbrodt an der Beinpresse schinden zu können, durften meine empfindlichen Geruchsrezeptoren jetzt feinste Aromen dessen wahrnehmen, was Madame – in einem weißen, ärmellosen Kleid ausgesprochen lecker in Schale! – auf großen Porzellantellern am festlich gedeckten Esszimmertisch servierte. Keinen Flammkuchen zwar, wie ich fälschlicherweise riet, dafür aber, welch sinniger Fingerzeig: Pizza diavolo! Bei unserem neckischen Ratespiel hielt sie mir von hinten zärtlich die Augen zu. Wohlwissend, dass durch ihre körperliche Nähe mehr als nur der Hauch eines überaus betörenden Dufts die Schnupperinstrumente ihres Gatten zusätzlich bezirzte: Divine, ein rares und sündhaft teures Parfum aus der Bretagne. Madame bekam von Zeit zu Zeit einen Flacon aus Saint Malo zugeschickt. Da scheute ich keine Kosten. Als ihre unverschämt rot geschminkten Lippen einen Abdruck ihrer selbst auf meiner rechten Backe hinterließen, säuselte im Hintergrund Eros sein *Cose della vita*. Mein Gott, das kann ja ein heißer Abend werden, dachte ich. Klose begann sich schon einmal warmzulaufen.

Der Gallo Nero ist ein Symbol für gute toskanische Weine. Wo im 13. Jahrhundert die Florentiner ihren schwarzen Gockel vor dem Wettstreit mit der Republik Siena um ihre territorialen Grenzen noch fast verhungern ließen, ziert er heutzutage die Banderolen der besten, überwiegend aus der Sangiovese-Traube hergestellten Chianti-Weine und steht für einen vollmundigen Geschmack.

Dem Gallischen Hahn, als welchen mich meine Freunde wegen meiner frankophilen Ader und der sportlichen Aufsicht über einen gackernden Hühnerhaufen gerne hinstellten, stand nach millisekundenschneller Erfassung der Lage der Sinn danach, zu seiner Henkersmahlzeit einem Italiener den Garaus zu machen. Nicht nur Poldi sollte gleich atmen dürfen. Meine letzte Flasche 96er Laborel wartete schließlich schon lange genug auf ihre Vernichtung. Dieser mit Cabernet und Canaiolo nero vermischte, rubinrot glänzende Vino rosso harmoniert vorzüglich zu einem feurigen Abendessen, war mein Gedanke beim Entkorken des dunkelbraunen Flaschenkörpers. Die intensiven, im Abgang lang anhaltenden Himbeer- und Brombeeraromen – Kenner registrierten selbst feinste Nuancen von Veilchen und Schwertlilien – sollten gleich unsere kultivierten Geschmacksknospen begeistern. Barrique est très chic!

»Cin-cin, Madame, auf einen schönen Abend!«

»Cin-cin, mein Schatz ... was macht das Fingerchen?«

»Och, geht so. Schmerzen hab ich keine mehr.«

»Dann solltest du den Verband langsam mal ablegen. Die drei Tage sind ja längst rum.«

»Gleich ... lass uns erst mal gemütlich essen.«

Als schon nach wenigen Bissen Madames linker Fuß zu Ramazottis *Musica é* aus seiner hochhackigen Gefangenschaft schlüpfte, um unter meinem rechten Hosenbein Zuflucht zu suchen, wurden die Schweißperlen auf meiner Stirn zahlreicher. Sie waren jetzt nicht mehr nur den zahlreichen Peperoni auf der pikanten Mahlzeit geschuldet. Gleich gehts aufs Ganze. Ruhig Brauner, das machst du schon! Bevor ich tapfer in die Schlacht zog, sprach ich mir innerlich Mut zu und schenkte uns etwas Wein nach.

»Du ... Schatz ... ich glaub, ich muss dir was sagen.«

Es gelang mir, meine Stimme warm und geschmeidig daherkommen zu lassen. Der plötzliche Bariton fachte das ohnehin schon knisternde Feuer zusätzlich an. Wir turtelten wie Bolles Lorbeertäubchen. Optisch untermalt wurde die Balz von drei konischen Spitzkerzen auf einem silbernen Leuchter. Deren Flackern zauberte anmutige Lichtspiele auf unsere glühenden Schmusebäckchen. Die Offensiven an meiner rechten Wade wurden nun immer eindeutiger. Madame schien gerade mein Schussbein in Gänze erkunden zu wollen, als ich fortfuhr:

»Bitte erschrick nicht, wenn ich gleich den Verband löse.«

»Weshalb sollte ich mich erschrecken, Giselher?«

Während sie fragte, rutschte sie auf dem Stuhl etwas vor. Die so gewonnene Beinfreiheit wusste sie nachhaltig zu nutzen. Dank seiner immensen Erfahrung sah Klose eine Menge Arbeit auf sich zukommen. Den köpf ich rein, wird er sich vorgenommen haben, als er pronto pronto aus seinem Trainingsanzug schlüpfte.

»Mir ist da was passiert, das glaubst du nicht.«

»Was denn, mon chéri?«

»Du, mit Schnapspralinen hat das nichts zu tun. Obwohl, wenn ich darüber nachdenke, vielleicht doch. Es war eine Schnapsidee, dir die Geschichte mit den Liegestützen und Hoss' brutalem Fußtritt aufzutischen. Das war alles ganz anders. Ich hoffe, dir gefällt, was du gleich siehst.«

Während ich sprach, blickte ich zuversichtlich auf meine linke Hand und nickte, die Bedeutung meiner Worte unterstreichend, wie ein Wackeldackel mit dem Kopf. Madame war anzumerken, dass sie sich fragte, weshalb ich so geheimnisvoll tat.

»Ich hab da was, was sonst keiner hat!« Ich begann Farbe zu bekennen. Jetzt oder nie!

»Ach, Schatz, spann mich doch nicht so auf die Folter. Ich will jetzt sofort wissen, was mit deinem Finger los ist!«

Sie schien vor Neugier fast zu platzen, als sie Klose in Manndeckung nahm. Gott sei Dank spielte sie barfuß und nicht in Plateaustiefeln, wie manch anderes Weibsbild in solchen Situationen. Ich begann, Poldi über der Pizza zu befreien und sprach:

»Mesdames et Messieurs, Beifall für Giselhers Finger! Ein Geschenk des Schneekönigs für besondere Verdienste zur Wahrung von Sitte und Moral.«

Blankes Entsetzen, Mucksmäuschenstille! Eros versuchte verzweifelt, das erlöschende Feuer am Lodern zu halten ... *fuoco nel fuoco* ...

»IIIIIHHHHH, WAS IST DENN DAS?«

Madames Antlitz war die Farbe schlagartig entwichen. Stattdessen stand da ein dickes Fragezeichen.

»Das ist der Neue! Alles paletti, Madame?«

Jetzt, da die Karten auf dem Tisch lagen, stand ich, wie es sich für einen loyalen Spielführer gehört, auch couragiert hinter meinem Linksaußen. Der war sichtlich eingeschüchtert. Als ich ihn Madame zur Inspektion über den Tisch reichte, zog er den Kopf ein und machte sich klein wie Messi. Bestimmt erwartete er eine schallende Fingerfeige. Derweil erhielt Klose die Gelegenheit zum Durchatmen. Madame hatte wieder beide Füße unter ihrem Stuhl.

»Zisch ab!« Ihr von offensichtlicher Abscheu begleiteter Imperativ duldete keinerlei Widerspruch.

»Zisch ab!«, wiederholte sie, bevor es ihr erst einmal die Sprache verschlug. Demonstrativ, mit ausgestreckten Armen und abwehrenden Händen, hielt sie sich Poldi vom Leib. Dabei hatte sie ihr hübsches Köpfchen grimassenhaft nach hinten gewandt. Geradeso, als wäre der Neue die Pest schlechthin. Gottlob hat sie das bemitleidenswerte Schrumpelchen in ihrer Empörung nicht gewürgt.

Madame war gnatzig. Ich sah ihr an, was ihr durch den Kopf ging, als sie denselben schüttelte und ihre Arme vor der Brust verschränkte. Schließlich kannte ich sie lange genug: Ich habs geahnt, aber jetzt ist es gewiss. Der Mann, mit dem ich schon fast dreiundzwanzig Jahre verheiratet bin – glücklich, wie ich bisher meinte – hat sie nicht mehr alle. Der ist doch vollkommen verrückt geworden!

Als sie ihre Sprache wiedergefunden hatte, befand sie sich in der Annahme, ich erlaubte mir einen Scherz.

»Du denkst wohl, ich bin auf den Kopf gefallen und wüsste nicht, zu welchen Leistungen Maskenbildner heutzutage fähig sind. Auch ich gehe hin und wieder ins Kino. Mit meinen Freundinnen versteht sich, oder mit Brünhild. Die wissen wenigstens zu schätzen, was für ein toller Typ Hugh Grant ist. Der hat seine fünf Finger bestimmt noch beisammen ... ANDERS ALS DIESER IRRE DA!«

»Anders als dieser Irre da!« kam ziemlich schrill. Man könnte auch sagen mezzosopran. Wenigstens hatte sie mir bei ihrem Rüffel nicht den Zeigefinger ins Auge gerammt, als sie ihn mir wie ein Florett vors Gesicht stieß. Seit Vier Hochzeiten und ein Todesfall hatte Madame an dem smarten Hugh den Narren gefressen und jeden seiner Filme gesehen. Ich stand mehr auf Charles Bronson. Aber an diesem Abend war sie es, die rot sah.

»Bei E.T. war es noch der Zeigefinger gewesen«, schalt sie. »Aber du bist ja mehr als außerirdisch, mindestens intergalaktisch, wenn es darum geht, irgendeinen Mist zu verzapfen. Das muss man sich mal vorstellen, auf was für Ideen du kommst – unglaublich!«

Dann musste ich mir noch so einiges anhören:

»Nur Blödmänner wie du, lassen sich so ein Blödsinnsdings an die Hand basteln ... Hör auf so frech zu grinsen!« ...

Sogar uralte Kamellen wurden aufgetischt:

»Ist ja auch kein Wunder! Wer nachts auf Mallorca besoffen Hammerwerfen übt und dabei leere Sektflaschen auf geparkte Autos, statt in den gegenüberliegenden Pinienwald schleudert, kommt auch auf solche Gedanken.«

Poldi kam in diesen Augenblicken wie als kleiner Prinz daher. Wie ein Thronfolger sah er jedenfalls nicht aus. Dass er aus echtem Fleisch und Blut sein könnte, kam Madame nicht nicht in den Sinn.

»Wie kann man einen so schönen Abend auf eine so dämliche Weise kaputt machen!« Jetzt war sie tief beleidigt.

»Du hast doch keinerlei Feingefühl. Hoss würde sich so etwas nie erlauben ... schon gar nicht beim Essen.« Der Appetit war ihr gründlich vergangen.

»Jetzt stell dich nicht so tussimäßig an!« Ich war doch etwas pikiert, wie ablehnend sie auf Poldi reagierte. Damit hatte ich nicht gerechnet. Ihre missbilligende Reaktion hielt ich für leicht übertrieben.

»Poldi gehört zu mir ... wie mein Name ... draußen ... vor unserm Haus ...an der Tür. Er ist kein Fake, kein fremder Mann. Und schon gar nicht Schuld daran, dass du so griesgrämig bist.« Die Unterstützung seines Capitano wirkte. Poldis Selbstvertrauen wuchs. Seine ärgsten Sorgenfalten begannen sich zu glätten und er gewann sichtlich an Statur.

»Er ist ein Geschenk Donnerklitchens, einer guten Fee aus Brocéliande, dem Reich des Schneekönigs! Ich hab nur seine Weisung befolgt und die bösen Hexen mit einer Runde Zickentöter abserviert. Madame, wir waren drauf und dran verführt zu werden. Ja, stell dir mal vor, wir, die Saardéros! Gott sei Dank war Ronny nicht dabei. Die Weiber im Allgäu schafften mit allen möglichen Tricks. Das hättest du mal erleben müssen! Die dachten, uns alte Esel mit Donizettis Liebestrank gefügig machen zu können. Aber nicht mit mir, sag ich dir – Paarreim, Madame! Nur deinem charakterfesten Gatten ist es zu verdanken, dass unsere Ehewesten auch in Wertach nicht besudelt wurden. Der von dir zitierte Hoss war mit der Zunge fast schon im Pfuhl der Sünde! Bis ich ein Machtwort sprach und … MIT POLDI AN DER HAND BELOHNT WURDE!«

Madame nahm meine energischen Erklärungen staunend entgegen.

»Sag mal, willst du mich verarschen? Nach Klose jetzt auch noch Poldi – ne, oder?«

»Komm, hab dich nicht so! Du weißt genau, dass ich nicht gern um den heißen Brei rede. DEIN Mann nennt die Dingse beim Namen! Dafür bin ich anders als die andern, die schnell mal von einer zur andern wandern.«

»Weißt du noch, Giselher, früher hattest du mal einen Wellensittich. Den nanntest du Rummenigge. Aber das war ein richtiger Vogel und kein Dingsbums. Irgendwo gibts Grenzen. Auch für einen Lebemann wie dich. Statt vernünftiger, wirst du mit den Jahren immer kindischer.«

Jetzt schmollte sie ein Weilchen, mimte die beleidigte Leberwurst. Das kannte ich. Wir schwiegen. Eine Minute, vielleicht auch zwei. Dann schaute sie mich zaghaft wieder an, wagte sogar einen optischen Schlenker auf meinen Linksaußen. Der hatte sich im Vergleich zu eben ganz schön gemausert.

»Das gibts doch nicht, das ist ja unglaublich! Sag mal, Giselher, welche Zutaten hat denn der Maskenbildner dafür benutzt? Gelatine, Gummi, Kunststoffschaum? Irgendeine neuartige Plastik, die wie ein Schwellkörper funktioniert? Was ist denn das für ein seltsames Material, mit dem so täuschend echte Dingsbumse modelliert werden können?« Langsam schien die weibliche Neugier wieder die Oberhand zu gewinnen. Ich beschloss, ihre Frage wahrheitsgemäß zu beantworten.

»Fleisch und Blut!«

»Zeig mal her, du Idiot! Du weißt genau, dass ich solche Spielsachen nicht mag!« Ich gehorchte und hielt ihr Poldi nochmals hin.

»Das ist kein Spielzeug, Fingerehrenwort!«

»FINGEREHRENWORT?«

Madame wusste, dass ich damit nicht spaßte. Niemals! Wenn ich mein Fingerehrenwort gab – und das tat ich wahrlich nicht oft – dann konnte man absolut sicher sein, dass ich mir keinen Scherz erlaubte. Madame überlegte jetzt nicht mehr lange und gebrauchte ihren Tastsinn, um ihre letzten Zweifel zu beseitigen. Währenddessen fieberte der große Prinz seinem Debüt entgegen …

Konstanz

Das Jahr 2001 führte uns an den Bodensee. Heiners Vorschlag wurde ohne Murren akzeptiert. Das war keineswegs selbstverständlich, weil der sportliche Reiz fehlte. Konstanz, an der Grenze zur Schweiz gelegen, verhieß uns ein paar beschauliche Tage aber kein »Ab in die Wand, Saardéros!«. Nicht nur auf Grund des Höhenprofils war klar, dass es bei dieser Tour keine anstrengende Wanderung geben wird. Hein und Hoss waren fußlahm. Ihnen taten schon seit Monaten die Knie weh. Ich hatte den beiden zwar ein passendes Trainingsprogramm verordnet, aber die Herrschaften waren dafür nicht zu begeistern. Bequemlichkeit siegte in diesem Fall über Vernunft. Heiner ging zwar regelmäßig joggen, besuchte einmal die Woche sogar eine von Frauen über siebzig dominierte Gymnastikstunde, aber mit Bodybuilding brauchte man ihm nicht zu kommen. Über Hoss' leibesertüchtigendes Tun soll gnädigerweise der Mantel des Schweigens gehüllt bleiben.

Hein verbrachte als Jugendlicher in der Nähe von Konstanz vier deutlich zu lange Jahre in einem Internat. Dort brachte man den Zöglingen »technisch wissenschaftliches Fachkönnen« bei. Was in den Ohren von Liebhabern bürokratischer Wortmonster bestimmt eine sehr wohlklingende Formulierung war, machte aus meinem Cousin aber keinen heißspornigen Frauenarzt, sondern einen biederen Betriebsleiterassistenten. Seine Eltern hatten sich längst damit abgefunden, dass aus der von ihrem Sohn ursprünglich ins Auge gefassten Laufbahn nichts wurde. Frauenheilkunde ließ sich in Stockach nicht studieren. Das hatte den Vorteil, dass Hein bei seinem Aufstieg auf der Karriereleiter nicht schwindlig wurde. Später wurde aus den Räumlichkeiten dieser ehemaligen Expertenschmiede ein Altersheim.

Seine Eltern meinten es gut mit ihrem Jüngsten. Die Kosten für dessen Luxusaufenthalt stellten für sie kein Problem dar. In der eigenen Bäckerei wurden damals große Brötchen gebacken. Vor seiner Zeit in Stockach war er auf dem gleichen, von der Ordensgemeinschaft der Herz-Jesu-Missionare geleiteten Knabengymnasium wie ich. Allerdings trübten sich Heins Perspektiven bei den Patres mit der Zeit stark ein. Woraufhin mein Onkel nach einigem Hin und Her einen Luftwechsel für den Bengel beschloss. Ich wollte unbedingt mit nach Stockach. Papa und Mama bewahrten mich vor dieser Eselei. Die Mädchen zuhause hätten mir einen solchen Seitensprung niemals verziehen. Hein verpasste durch die Jahre am Bodensee eine elementare Phase seiner Grundausbildung zum Belami. Die dadurch gerissenen Lücken konnte er, trotz emsiger Bemühungen, nie mehr vollständig schließen. Viel zu selten war es ihm vergönnt, bei den wilden Sausen im »Club-Schirokko« dabei zu sein und einige wichtige Lektionen zu lernen. Der ihm erteilte Nachhilfeunterricht half nur bedingt. Ein Kellerraum im Elternhaus von »Turbo«, wie wir unseren Kumpel Gregor hießen, war als Ausbildungsplatz für angehende Casanovas berüchtigt. Einige Sexsiebengescheite hatten knapp zwanzig Quadratmeter zum Aufbewahren von Sperrmüll genutzte Fläche mit viel Eifer zur schärfsten Partyzone der Gegend umfunktioniert.

   Turbo war nicht nur unser Freund, sondern auch eine lokale Größe im Jugendfußball. Er war bekannt dafür, schneller als der Ball zu sein. Ich fütterte ihn gerne mit langen Pässen, damit er wie Kalle Del'Haye Richtung gegnerischen Strafraum sprinten und wenigstens kein Eigentor schießen konnte. Unvergesslich bleibt eine Szene aus B-Jugend-Zeiten, als dieser begnadete Techniker das Kunststück fertigbrachte, fast auf der Torlinie und völlig frei stehend, den im Matsch ruhenden Ball nicht ins Netz zu bugsieren. Es war zum Kreischen komisch mitanzusehen, wie ein drahtiger junger Kicker bei zwei Einschussversuchen derart ungeschickt über die eigenen Füße stolpern konnte.

   Auf einem anderen Spielfeld bewies Turbo mehr Geschick. Fast jeden Samstag wehte im Club-Schirokko ein heißer Wind. Wer eine Einladung hatte war privilegiert. Der harte Kern war an seinen Club-T-Shirts zu erkennen. Nur smarte Teenager fanden Einlass. Mädchenüberschuss war die Regel. Bei Smokie und T. REX gab es Hot Love, Hot Love, Hot Love:

> ... I'm her two-penny prince
> and I give her hot love aa-ha,

take it out on me, mama.
Ow! Ow! Ooh
Lalalalalalala, lalalalalalala …

So mancher Bettelprinz traute sich hier zum ersten Mal, nicht nur das Händchen seiner Prinzessin anzufassen. Vereinzelt war Heiner in seinem Eifer, Versäumtes nachzuholen, recht ungezügelt. Dann konnte es vorkommen, dass ich ihn im Gamstragegriff ins Freie verfrachten musste. Dort durfte er sich – über meiner Schulter hängend – erst einmal auskotzen. Ich passte auf, dass bei seinem durch einen Würgeschrei angekündigten Ablademanöver unsere Klamotten nicht versaut wurden und die biergeschwängerte Ware stattdessen auf dem Nachbargrundstück landete.

Der verrückte Typ, der nebenan wie Norman Bates mit seiner Mutter hauste, war eh zum Kotzen. Wir erwischten ihn öfter beim Spannen. »Bates« schlich bei unseren Partys gerne im Dunkeln ums Haus, um sich durch einen Blick auf die Mädchen aufzugeilen. Die mit Zeitungspapier zugeklebten Kellerfenster standen bei unseren Sausen häufig auf Kipp. Der Zigarettenqualm musste irgendwohin abziehen. Man konnte also hereinspitzen. Der Blödmann nahm wohl an, wir bekämen seine Spannerei nicht mit.

Nach ein bisschen Verweil an der frischen Luft konnte Hein mit seiner Lektion fortfahren. Zuvor wurde mit Persico saubergegurgelt. Die Mädchen standen auf das süße Zeug. Auch einige unserer späteren Frauen, die ebenfalls im Club-Schirokko von Könnern ihres Fachs wissenschaftlich technisch unterwiesen wurden.

Hin und wieder kam es vor, dass die Dozenten bei ihren Vorbereitungs-Meetings zur nächsten Fete außer Kontrolle gerieten. Einmal hatte ich es mitten in der Woche geschafft, eine Flasche Apfelkorn, die frisch am Markt platzierte Alternative zum Persico, auf ex zu kippen und mir den Zorn meiner Großmutter einzuhandeln. Als mich meine Freunde mit der Schubkarre nach Hause fuhren, stand Oma im Hof und wurde stinksauer. Sie verweigerte mir tagelang jegliche Korrespondenz. Hatte ihr Enkelkind doch erst in der Woche zuvor auf Nachbars Wiese stürmisch mit einem Mädchen poussiert. Sie hatte die

Aktion von ihrem Küchenfenster aus trefflich beobachten können. Aber auch die Nachbarschaft. Und das war das eigentliche Problem. Meine von meinem Forscherdrang wenig begeisterte Oma legte mir im Befehlston ans Herz, in solchen Situationen künftig die Finger aus dem Spiel zu lassen, oder mich in die Büsche zu schlagen:

»Wenn du schon deine Griffel nicht unter Kontrolle hast, suchst du dir nächstes Mal wenigstens ein verschwiegeneres Plätzchen für dein schamloses Gegrapsche! Hast du verstanden, Giselher? Was sollen denn die Leute von uns denken?«

»Geht klar, Oma. Soll nicht wieder vorkommen!« Von wegen! Mein Fingerehrenwort gab ich ihr nicht.

Durch das benachbarte Elsass und den Schwarzwald reisten wir nach Konstanz an. Nach einem Stadtbummel ließen wir den Tag im Brauhaus Albrecht gemütlich ausklingen.

»Vier Kupfer Nulldrei und ein Pitcher für den Großen da!«

Hein orderte die erste Runde mit einer Kopfbewegung Richtung Hoss. Der hatte mit der Wahl der Eineinhalbliter-Variante zielsicher das Sonderangebot geschossen. Damit unser Schnäppchenjäger bei den Folgerunden nicht überfordert wurde, haben wir ihm beim Leeren dieses Monstrums unter die Arme gegriffen.

Am nächsten Vormittag starteten wir ausgeschlafen zu einem Ausflug auf die Insel Mainau. Heins prickelnde Idee verhieß einiges an Spannung. Das Wetter spielte mit. Es war herrlich, die botanischen Attraktionen der Blumeninsel im schönsten Sonnenlicht bewundern zu dürfen. Keine Wand, keine Steigungen – aaah ... Hoss genoss! Auf dem Bauernhof bekam er verboten, Raufbold vom Rosengarten zu besteigen. Der untenrum wie ein Shire-Horse ausgestattete Deckhengst hätte mit dem Dicken obendrauf Schaden genommen. »Denk erst gar nicht drüber nach, Hoss! Ein Shetlandpony ist kein Brauereigaul!«

Im Arboretum fanden wir über Mittag ausreichend Ruhe, um jegliche Hektik ein Weilchen hinter uns zu lassen. Unter einem Mammutbaum legten wir uns faul auf die Wiese und hingen einfach nur unseren Träumen nach. In Dingen der Muse zwar feste geschult, war ich davon doch einigermaßen ergriffen. Frauen fänden in einer solchen Situation niemals die nötige Andacht, die würden schnattern, schnattern, schnattern, waren meine Überlegungen. Bodo bewies dann im Schmetterlingshaus seine Qualitäten als Knipser. So gut wie jeden Falter bannte er mit einem Makroobjektiv auf Zelluloid. Kodak war damals noch gut im Geschäft. Die Abertrilliarden unnützer Digitalschüsse sollten erst später abgefeuert werden.

Während der Meister seinem Werk nachging, nahmen seine Assistenten schon einmal im Palmenhaus Platz. Dieses sehr ansprechende, filigrane Gebäude präsentierte sich uns in einem Mix aus Stahl und hochtransparentem Acrylglas. Ronny steuerte zielstrebig den noch freien Tisch neben einer *Phoenix roebelinii* an. Der Wurm machte sich prima in der Nachbarschaft einer Zwerg-Dattelpalme – trotz zugeknöpftem Hosenstall. In exotischer Atmosphäre tranken wir Café und testeten die Qualität der Backwaren. Nur Bodo musste aus der Reihe tanzen und sein Stück Eierlikörtorte mit einem Hefeweizen vermischen. Die schüchterne Bedienung, wir nannten sie Rotbäckchen, wird sich gewünscht haben, häufiger mit derart vergnüglichen Gästen konfrontiert zu sein.

Am Abend war das Käsefondue im Restaurant unseres Hotels, angeblich die Spezialität des Hauses, ganz nach Hoss' Geschmack. Wir andern konnten uns an der gewöhnungsbedürftigen Käsemischung nicht begeistern. Wahrscheinlich hatte die knauserige Chefin in der Resterampe eingekauft. Sie servierte uns den vanillefarbenen Brei in einem Tunkschüsselein aus Keramik, welches sie prangenden Wortes als »Caquelon« bezeichnete. Während wir mit Fonduegabeln aufgespießte Brotstücke in der stinkenden Pampe drehten, sorgte ein »Rechaud« (die Dame verstand sich auf Vornehmtuerei) dafür, dass der Käse heiß und geschmolzen blieb. Wenn ein Reiterchen schön von ihm umschlossen war, führten wir es seiner eigentlichen Bestimmung zu. Den dazu gereichten Weißwein Marke Fusel (der Fondueabend war in unserem Hotelarrangement enthalten) tauschten wir schnell gegen ein tauglicheres Gewächs. Zwei Runden Schnaps waren nötig, um die Verdauung der Hausspezialität sicherzustellen.

Am folgenden Morgen liefen wir nach dem Frühstück Richtung Hafen. Mit einer Sternfahrt wurde die Saison der Ausflugsboote eröffnet. Dieses Spektakel wollten wir uns nicht entgehen lassen.

Auf dem Weg dorthin lehnte der Konstanzer Star-Figaro, jedenfalls ließ der edle Friseuralon einen solchen Status vermuten, unser Ansinnen nach einem einheitlichen und mega angesagten Haarschnitt ab: »Eure Idee ist schwach wie eine Flasche leer!« Der herausgeputzte Bartscherer war etwa im gleichen Alter wie wir und der Auffassung, strunzblondes Haar würde unseren »einigermaßen manierlich ausschauenden Köpfen« nicht, wie beabsichtigt, den letzten Schliff verleihen, sondern »den letzten Rest Gefälliges« ruinieren. »Tut mir leid, Herrschaften. Das lässt sich mit meiner Berufsehre nicht vereinbaren!« Also zogen wir weiter. Aber nicht, bevor ich dem eitlen Pfau augenzwinkernd die Meinung gegeigt hatte: »Was erlauben, Fickaro?« Hein und Hoss waren sichtlich erleichtert. Was den Haarschnitt anbelangte, waren die zwei altbackene Feiglinge und hätten die Umsetzung von Bodos Idee garantiert bereut. Ganz im Gegensatz zu ihren meschuggen Freunden, die sich bei passenden Anlässen schon einmal gegenseitig die Schädel rasierten.

»Sie wiegt achtzehn Tonnen, ist aus Beton gegossen, neun Meter hoch und dreht sich innerhalb von vier Minuten einmal um die eigene Achse. Wisst ihr, was sie in ihren erhobenen Händen hält?«
»Nö!«
»Nein? Du auch nicht, Finger?«
»Nö!«
»Zwei nackte Zwerge: Kaiser Sigismund und Papst Martin V. – so sagt man jedenfalls. Das Ganze soll in satirischer Weise an das Konzil von Konstanz Anfang des 15. Jahrhunderts erinnern. Als Verkörperung sexueller Laster beherrscht das verdorbene Weibsbild die beiden dingsgesteuerten Trottel nach Belieben. Wenn ihr nachher genau hinschaut, seht ihr, dass Sigismund seinen Hänger offen zur Schau stellt, während der Papst verschämt die Beine kreuzt.«
»Unglaublich! Ein Affront in unseren Augen, oder?«
»Und was für einer, Ronny! Wir haben unsere Libido unter Kontrol-

le, wir beherrschen den niederen Trieb! Ein ehrwürdiger Mann ist dem Weibe übertan! Saardéros, wir sind IM-PE-RA-TO-REN!!! Keine würdelosen Regenten, die sich zum Spielball ihrer Mätressen machen. Nieder mit der Pornokratie!«

»Geht das schon wieder los? Finger, Finger, das nimmt noch ein böses Ende mit dir!« Bodos Grinsegesicht erinnerte mich an einen Laubfrosch im Puff.

Die Imperia begrüßte uns schon von weitem. Dass uns ausgerechnet Heiner, nicht gerade ein Liebhaber von Anmut und Kunst, das Wahrzeichen des Konstanzer Hafens begreiflich machte, war für mich nicht überraschend. Schließlich hatte die üppige Kurtisane obenrum ganz schön was zu bieten. Ich wusste, dass mein Cousin schon früh in seinem Leben eine Vorliebe für Pralles entwickelt hatte. Mit gerade mal acht gründete er einen »Busenclub«. Da seine einkommensschwache Interessengemeinschaft zur Erfüllung des Vereinszweckes eine materielle Grundausstattung benötigte, ging er gerne mit mir zum Friseur. Der war direkt nebenan. Während klein Giselher ein Fassonschnitt verpasst wurde, riss klein Hein heimlich frivole Bildchen aus den Illustrierten. Am liebsten aus der Neuen Revue. Wehe, ich gab ihm einmal nicht Bescheid. Dann bekam ich aber was zu hören!

Die 30. Internationale Flottensternfahrt wurde dann zum vorläufigen Höhepunkt unserer Tour. MS Vorarlberg, MS Stuttgart, MS München, MS Graf Zeppelin, MS St. Gallen, MS Munot und MS Karlsruhe trafen sich auf hoher See und bildeten einen Stern. Was für ein großartiges Manöver! An Bord sorgte ein lokaler Schlagerstar für Stimmung. Wir schunkelten kräftig mit, das war Ehrensache. Neun Jahre später hatten Bodo und ich ein vergleichbares Erlebnis, als uns an Bord des »Rockliners« die lindenbergsche Version heißer Greise zuteilwurde. Als Belohnung für unser leidenschaftliches Engagement sollten wir auf der MS München eine neue Melodie kennenlernen:

Die Fischerin vom Bodensee
ist eine schöne Maid, juchhee ...

Was ging bei diesem Gassenhauer die Post ab! Alle Passagiere sangen und klatschten euphorisch mit. Ein harmonisches Miteinander älterer Menschen, wie es meiner Mama gefallen hätte. Kaum gab der Bodensee-Caruso mal Ruhe, stimmten Bodo und ich die Schwabenmeerhymne aufs Neue an. Textblätter lagen auf den Tischen zur Genüge herum. Die Tränen in Bodos Augen waren weniger welche der Rührung, als vielmehr meiner Tonlage und der Tatsache geschuldet, dass die Senioren auch bei unsrem Geträller begeistert mitmachten.

... und fährt Sie auf den See hinaus,
dann legt sie ihre Netze aus ...

Wer so inbrünstig sang, hatte sich ein warmes Mittagessen verdient. Zum Kapitänsmenü gab es einen halbtrockenen Riesling. Trotz des trübseligen Wetters hielt der die Stimmung hoch.

Ein weißer Schwan, ziehet den Kahn;
mit der schönen Fischerin, auf dem blauen See dahin ...

Da wir an unseren Treuekodex gebunden waren, mussten wir bei nächster Gelegenheit unbedingt wieder ausschiffen. Die Lage hatte sich zugespitzt. Ums Haar wären wir ins dichtgestrickte Netz sangestoller Fischerinnen geraten. Ein zwischenzeitlicher Stopp im Konstanzer Hafen bot uns die Möglichkeit zur Flucht. Wieder an Land, brachte es Bodo auf den Punkt: »Uff, das war knapp, Männer!«

Es regnete in Strömen. Also entschieden wir uns für einen Kinobesuch. Was gab es bei diesem Sauwetter schon an Alternativen? *Thirteen Days* schilderte eindrucksvoll die Ereignisse der Kubakrise vom Oktober 1962. Anderthalb Jahre nach der Invasion kubanischer Exilanten in der Schweinebucht war die Lage für die Menschheit noch brisanter, als die für uns vorhin auf dem Schiff. Beim Lösen der Eintrittskarten erzählte ich meinen Kameraden, wie damals die Schwester im Kindergarten mit ihren Schutzbefohlenen für die Wahrung des Weltfriedens gebetet hatte. Dieses Erlebnis hatte sich mir eingeprägt. Trotz der Tatsache, dass ich erst drei Jahre alt war.

»Wir Kindergartenkinder nahmen einander an den Händen und beteten mit Schwester Luminosa das Paternoster. Mir war klar, dass etwas Schlimmes passiert sein musste. Ich konnte die Angst förmlich spüren, die von der Schwester an diesem Tag ausging.«

Die Sowjets hatten heimlich Mittelstreckenraketen auf Kuba stationiert. Das konnten die Amis unmöglich dulden. Die Falken unter Kennedys Militärberatern sprachen sich für Luftangriffe, die Tauben für eine Seeblockade aus. J.F.K. entschied sich für die Tauben und damit für den Frieden. Er forderte Chruschtschow in einer Fernsehansprache zum Abzug der Raketen aus Kuba auf und drohte für den Angriffsfall mit einem atomaren Gegenschlag. Letztlich kam es zu einem Deal. Die Russen schafften ihre Raketen wieder aus der der Karibik weg und die Amis im Gegenzug die ihren aus der Türkei. Damit war die Krise beendet und die Welt um Haaresbreite an einem Atomkrieg vorbeigeschrammt.

Zum Abschluss unserer Bodenseetour steuerten wir am Abend das »Brick's« an, den Hotspot in Konstanz. Die Mischung aus Bar, Piano-Lounge und Restaurant zog unwillkürlich ein schickes Publikum an. Genau die richtige Bühne für ein Quintett »einigermaßen manierlich ausschauender Mannsbilder«, um nach den Strapazen auf See das Gemüt wieder aufzupäppeln. Harmlose Varianten der Balz, beispielsweise ein Schuhplattler oder ein Purzelbaum, waren uns nach der Unbill eines anstrengenden Tages gestattet. Auf keinen Fall aber Unanständiges!

»Einer passt auf den anderen auf!« Wir gelobten uns jedes Jahr aufs Neue gegenseitig Schutz. Schließlich waren wir erfahren genug zu wissen, dass das am feuchten Triebe erkrankte Weib auch die kleinste moralische Schwäche zu nutzen suchte. Bei so verheißungsvollen Trophäen wie den unseren galt dies in besonderem Maße. Wo schon beim Techtelmechteln Virtuosität nicht verborgen blieb, gingen Draufgängertum und Geschick woanders womöglich erst recht Hand in Hand. An dieser Schlussfolgerung kam keine Frau vorbei, die jemals Kontakt mit uns hatte.

Der Abend verlief dann anders als geplant. Nicht, dass im Brick's tote Hose gewesen wäre. Im Gegenteil, es war ganz schön was los. Aber es bot sich uns keine Gelegenheit, bei der ein oder anderen Constanze galant abzuchecken, was der flotte Sternfahrtennachwuchs kommunikativ zustande brachte. Es hatte den Anschein, als wäre Pärchenabend. Und die wenigen Damen ohne offenkundige Herrenbegleitung machten nicht gerade den Eindruck, als wären sie der Standarderöffnung im Fingerschen Schäkerschach wohlgesonnen.

Ich musste immer den ersten Zug machen, sollte selbst meterdickes Packeis brechen. »Auf, schlauer Bauer, zeig dich, mit Volldampf voraus!«, hieß es da. Bauer sucht Frau gehörte zu meinem Aufgabenbereich. Für ein Damengambit tat ich fast alles. Als Ausgleich für diese Löwenherzigkeit erhielt ich auf unseren Touren bisweilen ein Einzelzimmer. Nach meinem Bauernopfer rückten in der Regel Ronny und Bodo nach, bevor Hoss, der Turm in unseren Schlachten, und König Heiner den Damenfang mit einer Rochade perfekt machten. Aber nicht an diesem Abend. Schon kurz nach Mitternacht zahlten wir unsere Zeche. Deutlich früher als gedacht. Als wir die Lounge durchquerten, um das Brick's Richtung Hotel wieder zu verlassen, hielt ich abrupt inne.

»Stopp! Hört ihr das auch?« Während meiner Frage schaute ich nach links, die Treppe hoch. Eine Etage höher schien es hoch herzugehen: Menschen in großer Toilette, reges Stimmenpalaver, südamerikanische Klänge. Scheinbar gab es dort einen Clubbereich, von dem wir noch nichts wussten.

»Tatsächlich, da oben scheint richtig was los zu sein.«

»Vielleicht 'ne Hochzeit oder so.«

»Bestimmt! Wir gehen jetzt hoch und entführen die Braut!«

Alter Schwede! Im ersten Stock ging die Post ab, und wie! Wir konnten kaum glauben, was sich uns bot. Wieso hatten wir den Abend über nichts davon mitbekommen? In einem dezent beleuchteten Saal mit hohen, stuckverzierten Decken tanzten zahlreiche Paare Tango Argentino. Es war unverkennbar, dass die meisten von ihnen keine Anfänger waren. Leichtfüßig und mit Enthusiasmus übten sie auf dem in einem Fischgrätmuster verlegten Parkett ihre eleganten Schrittkombinationen aus. Rechts vom Eingang befand sich eine gut besuchte Bar. Die machten wir zu unserem Check-Point.

»Hallo, was darf ich euch zu trinken bringen?« Die Bedienung war auf Zack. Kaum standen wir an der Theke, wollte sie unser Geld.

»Schlag mal was vor, schöne Frau!«

»Mmh ... wie wärs mit einem Malbec Casa Montes. Wenn es statt argentinischen Rotweins lieber etwas mit Rum sein soll: Pina Colada oder Cuba Libre. Und danke für das Kompliment.«

»Gern geschehen. Cuba Libre? Das ist 'ne gute Idee ... gerade heute. Was meint ihr?«

»Ja, Cuba Libre passt. Fünfmal bitte!«

Im Saal herrschte eine knisternde Atmosphäre, geprägt von sinnlichem Tanzvergnügen, südamerikanischen Rhythmen und dem architektonischen Charme eines Clubs in Havanna. Wenn man nur wollte, sah man Eva Perón mit Commandante Ernesto Guevara de la Serna beim Tango de salón, so intensiv bot sich uns das Geschehen dar. Erlebten wir am Mittag noch die lasche Mutter auf'm Butterkutter, lief jetzt deren Hardcore-Version.

Um die Tanzfläche standen mit rotem Samt bezogene Stühle aus Kirschbaumholz. Es war offensichtlich: Wer seinen Hintern da drauf platzierte, wollte zum Tanzen aufgefordert werden. Lobenswerterweise waren das überwiegend Frauen. Und was für welche: absolute Granaten! Wir waren begeistert. Viele trugen zu ihrer Top-Figur eine Top-Frisur. Jetzt wurde uns klar, weshalb Monsieur Figaro am Vormittag auf fünfmal Haarefärben mir nichts dir nichts verzichtet hatte. Und dann erst diese schicken Klamotten! Wow, da konnte der beflissene Völkerkundler gar nicht anders, als gebührend genau hinzuschauen. Abweichendes wäre zutiefst wider die Natur gewesen. Wenn sich wie aus dem Ei gepellte Weibsgebilde gleich dutzendweise ein derart kesses Sitzdichdrauf gaben, waren Stielaugen beim Manne noch der geringste Befund.

Zur Tunika negro oder rosso, mit seitlichen Schlitzen oder asymmetrischem Rüschensaum, trugen die Mutigsten unter ihnen dunkle Nylonstrümpfe mit kubanischer Ferse und Ziernaht. Ihre Füßchen steckten in schwarzen oder roten Stilettos. Die vom Sexus geprägten Blicke der Mannsgebilde folgten unwillkürlich den nicht enden wollenden Beinen, deren holdselige Besitzerinnen von beneidenswerten Tanzgesellen gewandt über das Parkett dirigiert wurden. Mit einem Mal machte auch Klose Anstalten, einen Blick riskieren zu wollen. Das wusste ich, in solchen Situationen gemeinhin äußerst beherrscht, nur mit Mühe zu unterbinden. Nicht auszudenken, Poldi hätte schon mitgemischt! Womöglich hätte sich eine der Damen erschrocken und wäre bei einer *Mordida* gestürzt. Nicht ohne Grund waren die Beiträge für Profifußballer bei der Berufsgenossenschaft so exorbitant hoch.

Nach der zweiten Cuba Libre war es soweit: »Bodo Ballermann« und »Rudi Ratlos« wollten eingewechselt werden. Bodo und ich wussten, auf was es bei der Aufforderung zum Tanze mit ausheimischen Frauen ankam: den Wagemut und die Form der Ansprache des Bittstellers. Alles andere ergab sich automatisch, ein Mindestmaß an Taktgefühl vorausgesetzt. Wir beide betraten in dieser Nacht nicht zum ersten Mal eine Tanzfläche. Bisweilen konnte es sogar vorkommen, dass wir zur Gaudi miteinander schwoften. Wenn es sein musste, auch einen Blues. Aber die Situation im Brick's verlangte uns eine andere Strategie ab. Schließlich wollten wir diesen rassigen Geschöpfen imponieren und uns nicht zum Löffel machen. Ganz im Stile der Dandys im Saal, freilich ohne schwarze Hosen und Pomade im Haar, dafür in Jeans und karierten Hemden, gingen wir auf Beutezug. Für »Rudi« ein gewagtes Unterfangen, beschränkten sich doch meine Tangokenntnisse auf die letzten Minuten und waren somit rein theoretischer Art. Da war mir Bodo voraus. Er hatte in den Achtzigern mit seiner Karoline in Kuba Urlaub gemacht und behauptete nun, in einer Zwanzigerjahre-Bar der Stadt Varadero Tango getanzt zu haben. Die beiden Cuba Libre und seine Kumpels gaben ihm die Gewissheit, dass man einmal Gekonntes so schnell nicht verlernt. Trotzdem, nervös war er schon. Ich meinerseits wurde mit der Begründung: »Ein Draufgänger wie du darf jetzt nicht kneifen!«, in den Ring geschickt. Auch ich war keineswegs so cool, wie ich mich gab.

Zu einer Milonga sentimentale betraten wir das auf Hochglanz gewienerte Parkett. In einer waschechten Dienerpose, die linke Hand bei leicht gebeugtem Arm mit der Handfläche nach oben und die rechte hinter dem Rücken, forderten wir erfolgreich zum Tanze auf. Zwei besonders gefällig daherkommende Erscheinungen hatten unser Wohlgefallen erregt.

Milonga pa' recordarte,
milonga sentimental.
Otros se quejan llorando,
yo canto por no llorar ...

Obwohl mir einiges Spanisch vorkam, verspürte ich plötzlich ein unerklärliches Selbstvertrauen. Der Tango ist ein Improvisationstanz. Ich improvisierte im Zweivierteltakt meisterhaft. Mein Debüt mit der netzbestrumpften Schönen war atemberaubend. Heiner, Hoss und Ronny staunten Bauklötze, als ich mit einer *Paso Basico* aus acht Schritten, Stopps und Drehungen begann. Das zierliche Geschöpf in meinen Händen konterte mit leichtfüßigen *Ochos*. Woraufhin ich mit spielerischer Eleganz seitwärts schritt und ihr dabei tief in die Augen blickte.

Bodo stand mir in nichts nach. Warum auch! Gekonnt experimentierte er mit den Zeitelementen. Er legte immer wieder kurze Schrittpausen ein oder halbierte die Schritte zum Takt. Als wäre dies noch nicht eindrucksvoll genug gewesen, gab er seiner Partnerin bei deren *Molinetas* mit den Beinen sanfte Impulse. Sein draufgängerisches Verhalten löste unübersehbare Empfindungen aus. Hinterher gab er zu, dass seine Sturmspitze penetrant an die Jeans klopfte. »So etwas hab ich noch nie erlebt, Männer. Ich kann mir diesen Aussetzer nicht erklären. Mein Dings war ja kaum noch zu kontrollieren!« Das Bersten seines Reißverschlusses, schlimmstenfalls eine *Bodopanza praecox*, wie er eine solche Peinlichkeit etikettierte, sei im Bereich des Möglichen gewesen. Im Vergleich dazu wäre ihm die Interpretation der unterschiedlichen Tempi eher leicht gefallen. Bei den schnellen Passagen übertrug sich seine Dynamik, bei den langsamen eine Prise derber Erotik auf das rot gekleidete Kurvenwunder vor ihm. Gedopt von Bodos Charme tanzte die Bodensee-Monroe immer wieder aufreizende *Ganchos*.

Dabei verhakte sie ihre tadellos geformten Beine geschickt in seinen Ballermännern.

Bodo und ich gerieten vollends in Ekstase, als der DJ auf Ronnys Ratschlag zum Tango Germanico wechselte.

Rudi Ratlos geigt den Tango
auf eine Art, die uns betört ...

Jetzt zogen wir alle Register. *Boleo* auf *Boleo*, ein regelrechtes Stakkato folgte. Selbst Techniken mit Achsenkippung: *Golgodas* und *Volcadas*. Es waren magische Augenblicke. Mit Udo Lindenberg als Einpeitscher fielen unsere letzten Fesseln. Die Manier, in welcher wir diese Hupfdohlen über die Tanzfläche schleiften, ließ die Umstehenden zum schmückenden Beiwerk geraten und andächtig staunen.

Hau rein, is Tango
tu ihn rein, is Cha-Cha-Cha ...

Im Finale fixierten wir unsere Gegenüber im Stile eines Toreros auf Dope: die Finger beider Hände gerade nach vorne zeigend, dabei unsere in Ekstase befindlichen Köpfe wie Stroboskopblitze wild hin und her zuckend. Die beiden Aphroditen schienen hypnotisiert, als sie es uns bis zur Erschöpfung gleichtaten. Schweißgebadet und unter dem tosenden Applaus des Publikums beendeten wir unsere Vorstellung.

»Gracias por el Tango, Senoras!« Mit den beiden Grazien an der Hand zogen wir zu unseren Kameraden an die Theke. Der Abend war gerettet!

Udo statt Castro – für ein paar panische Minuten kochte der Saal. Acht Jahre nach unserer Nummer und dreizehn Jahre vor dem Wunder von Rio wurde der Tango zum Weltkulturerbe erklärt. Die beiden Schönheiten hätten in jener Nacht vermutlich nur zu gerne erfahren, wie es um das Temperament ihrer Tanzpartner auf einem weicheren Belag bestellt war. Ihre Telefonnummern erhielten einen Ehrenplatz in unserer Trophäensammlung.

Ingo Kleinschmitt (Hoss)

Der Name Hoss erlangte Berühmtheit durch die Fernsehserie Bonanza. Mit seiner Respekt einflößenden Statur und seinem Humor war Hoss Cartwright klein Ingo ein Vorbild. Die eindrucksvollen körperlichen Maße seines Idols sollte groß Ingo dann sogar toppen. Ob dies auch für das Dings galt, ließ sich leider nicht ermitteln. Den Cowboy im Blut wurde Hoss in den Neunzigern Besitzer eines Hengstes. Seine quengelnde Tochter und seine Ex hatten ihn solange bequatscht, bis er schließlich ja sagte. Die Weibsbilder freuten sich, sein Bankkonto weniger. Ich hatte ihn gewarnt: »Ein Pferd ist keine Hausratte, Ingo. Der Klepper frisst dir die Haare vom Kopf!« Dass Teichdrossel nicht der Gesündeste war, wurde ihm beim Kauf vorenthalten. Zumindest hatte er das so behauptet. Ich glaubte ihm. Der Dicke kaufte nämlich gerne günstig ein. Er wird kaum freiwillig so viel Lehrgeld bezahlt haben. Großtiere verursachen große Kosten, insbesondere, wenn man alle Furz lang den Tierarzt braucht.

Als fleischgewordene Langmut verschlang Hoss für sein Leben gern Steaks. »Ich will 'nen Kauboy als Mann!«, hauchte ihm seine Gitte nach Jahren wilder Zweisamkeit ins Ohr. Wochs darauf war er wieder verheiratet. Den Gaul hatte er zu diesem Zeitpunkt längst gegen einen Sportwagen eingetauscht. Mit dem edlen Cabriolet brausten die Frischvermählten in die Normandie. Es bereitete ihnen diebischen Spaß, Flitterpostkarten aus »Fiquefleur« zu verschicken. *Wir haben einen guten Rutsch ins neue JA gehabt,* stand darauf zu lesen. Hoss war ein Freund wie aus dem Bilderbuch: stets gut gelaunt und hilfsbereit. Nicht zuletzt aufgrund seiner Angewohnheit, ellenlange Telefonate führen zu wollen, galt er als unser Frauenversteher.

Addirn oder Summirn?

Die Entscheidung, Adam Ries' Geburtsort zum Ziel unserer nächsten Tour zu machen, fiel uns nicht leicht. Bisher hatten wir noch jedes Jahr einen einheitlichen Beschluss zustande gebracht. Selbst Konstanz wurde anstandslos akzeptiert. Aber jetzt schien die Serie zu brechen.

»Mensch, Hoss, Bad Staffelstein, das ist doch Flachland. Da gibts bestimmt keine vernünftigen Anstiege. Was sollen wir denn da?«

»Der Dicke wird immer träger. Der will nur nicht ins Schwitzen geraten.«

»Der faule Sack glaubt wohl, wir bräuchten Nachhilfe in Mathe. Oder fällt euch ein anderer Grund dafür ein, warum er ausgerechnet nach Bad Staffelstein will?«

Die Kommentare zu Hoss' Vorschlag fielen vernichtend aus. Nur Ronny sah das anders.

»Ich finde es eine großartige Idee. Wir waren noch nie im Frankenland. Die Frauen dort haben schließlich auch das Recht uns kennenzulernen. Außerdem nimmt Hoss, im Gegensatz zu euch, Rücksicht auf seine Mitmenschen!«

Da ist was dran, dachte ich. Wir hatten vergessen, dass Ronny wegen seiner Herzgeschichte noch etwas Zurückhaltung bei unseren Touren nicht schaden konnte.

»Seit wann wird hier diskutiert? Dieses Jahr bin ich an der Reihe! Steil bergan könnt ihr heuer vergessen! Basta, aus!«

Hoss war sauer. So hatten wir unseren Tippelbruder selten erlebt. Tonfall und Gesichtsausdruck glichen der einer beleidigten Leberwurst. Es war ein ungeschriebenes Gesetz, dass wir uns in der Bestimmung unseres Reiseziels dem Alter nach abwechselten. Dennoch musste aus rein formellen Gründen eine Abstimmung erfolgen. Niemand sollte behaupten können, wir seien keine Demokraten. Votiert wurde durch Handzeichen. Heuer achtete ich darauf, meine rechte Hand als Stimmwerkzeug zu benutzen. Den leichten Ausgehhandschuh an der linken hatte ich während der hitzigen Debatte über unser Reiseziel ausgezogen. Poldi sollte es unter dem Tisch bequem haben. Mit Hoss vis-à-vis genoss er dort ausreichend Sichtschutz. Zumal ich mit dem Rücken zur Wand saß und alles gut im Blick hatte.

Die Tragödie mit Schwarzenbeck sollte sich erst Wochen später ereignen. Ein dramatischer Unfall versetzte mich ab Ostersonntag 2004 in die Lage, meine zweite Spitze nach Lust und Laune antanzen- oder verschwinden zu lassen. Das leidige Versteckspiel hatte gottlob ein Ende. Die Leute, besonders die Frauen im Studio, waren neugierig und wollten wissen, warum ich an meiner linken Hand ständig einen Verband oder Handschuh trug. Das nervte! Schwindeleien wie: »Der Goldhamster meines Patensohnes Paul hat mich gebissen. Dabei wollte ich ihn nur kurz streicheln. Stell dir vor, Traudl, das war nicht das erste Mal, dass mich Fridolin attackiert hat. Aber diesmal hat er mich böse erwischt. Die Wunde eitert und eitert, sie will einfach nicht heilen!«, waren nicht mehr vonnöten.

Was da wie passiert war, möchten Sie wissen? Halten Sie sich fest, sie werden es mir kaum glauben!

Ich parkte frohgemut (*Nix wie besher* von BAP volle Dröhnung!) mit meinem Opel Corsa rückwärts vom Parkplatz vor unserem Laden aus, als es plötzlich fürchterlich krachte. Angeschnallt war ich glücklicherweise nicht, sonst wäre ich nicht mit dem Kopf gegen die Scheibe geknallt und bewusstlos geworden. Dass ich die Gurtpflicht missachtete, war wesentlich für den Erhalt einer bedeutsamen Offenbarung. Außerdem blieben mir dadurch gleich drei finale Todesschüsse erspart. Aber jetzt mal schön der Reihe nach:

Ein vierjähriger Rappe war von einem Pferdehof in Einöd ausgebüxt und in meine Richtung unterwegs. Zunächst gemächlichen Schrittes, wie ich hinterher erfuhr. Schnell bekam Schwarzenbeck – der Schwarzbraune hieß tatsächlich so! – auf seinem Spaziergang Begleitung. Irritierte Autofahrer hatten die Polizei verständigt. Einfangenlassen wollte sich der Ausreißer aber auch von der nicht. Es gefiel ihm, auf eigene Faust unterwegs zu sein, beim Auslauf auf eine Bundesstraße, statt wie üblich auf Feldwege zu kacken. Der Hengst schritt gerade durch Schwarzenacker, als der Sonntagsgottesdienst der Kuratie Mariä Geburt eingeläutet wurde. Der Sound des pyramidenförmig gebauten Glockenturms brachte Schwarzenbeck gehörig auf Trab.

Wie auch das ein oder andere Sündenkind, welches sich durch die Bimmelei animiert fühlte, einen vor Gottlosigkeit strotzenden Leserbrief an die lokale Presse zu schicken. Der Kommissaranwärterin Frauke Frosch missfiel Schwarzenbecks Tempoverschärfung, zumal der noch nie etwas vom Rechtstrabgebot gehört zu haben schien. Die resolute Blondine beschloss, den Verkehrssünder mit dem Lautsprecher zur Raison zu bringen. Ob Katsche, wie ich den Gaul post mortem liebevoll hieß, annahm, Frauke wolle ihn satteln? Heiner und ich teilten, im Gegensatz zu Ronny und Hoss, Bodos bescheuerte These nicht. Auf jeden Fall wechselte Katsche nach Fraukes Rüffel in den Galopp. Bis dahin wäre alles halb so schlimm gewesen, hätte sich dieses energische Weibsbild nicht entschlossen, jetzt auch noch das Martinshorn einzuschalten. Frau Frosch begründete ihr Handeln gegenüber Polizeihauptkommissar Manfred Riemenschneider mit der ureigensten Aufgabe einer jeden Polizeibeamtin: der Pflicht zur Gefahrenabwehr, im Beamtenjargon Prävention genannt. Die Verkehrsteilnehmer gehörten mit allen mir zur Verfügung stehenden Mitteln vor Schwarzenbecks eminent gefährlichem Gebaren gewarnt, Herr Polizeihauptkommissar, stand in ihrer Stellungnahme zu lesen. Das Tier erschrak sich über soviel Pflichtbewusstsein und flüchtete auf den Gehweg. Dort gab es Vollgas, die Vorschriften der Straßenverkehrsordnung nun völlig außer Acht lassend. Zur gleichen Zeit schrie mir Wolfgang Niedecken *Sujet hatt noch keiner he jehührt ...* zu. Tatütata hatte gegen ihn keine Chance.

WUMM!!!

Den Crash auf dem Bürgersteig überlebte Schwarzenbeck nicht. Eine 9-Millimeter-Parabellum setzte seinem Leben ein Ende. Frauke hatte ihm ihre Heckler & Koch an die Stirn gesetzt und eiskalt den Gnadenschuss gegeben. Was auch korrekt war, bei zwei gebrochenen Vorderläufen und einem zertrümmerten Brustkorb. Zuvor hatte sie aus kurzer Distanz zweimal danebengeballert. Die beiden Fehlschüsse waren durch die Karosserie meines Opels gedrungen und im Beifahrersitz steckengeblieben. Da hatte mein Schutzengel wieder mal ganze Arbeit geleistet. Von der Knallerei hatte ich nicht das Geringste mitbekommen. Als der Rettungswagen eintraf, war ich wieder bei Sinnen.

Meine Karre war zwar ganz schön demoliert, aber mir ging es gut. Ich hatte kaum etwas abbekommen. Eine Gehirnerschütterung und eine gebrochene Nase, nicht der Rede wert. Umso bemerkenswerter war die Vision, die mir während meiner Besinnungslosigkeit zuteil wurde. Der Notarzt wunderte sich, dass man nach einem solch erschütternden Ereignis so unverschämt grinsen konnte. Natürlich war auch mir Schwarzenbecks Schicksal an die Nieren gegangen. Und das nicht zu knapp! Aber der Doktor konnte ja nicht wissen, was ich während meiner Ohnmacht erlebt hatte:

Ich saß auf einer Bank – nicht irgendeiner Bank, sondern einer überdachten Trainerbank mit Schalensitzen – neben dem imposanten Menhir am Pointe de Lostmarc'h. Unter mir sorgten die am Plage de Palud heranrollenden Wellen, über mir majestätisch über den Klippen schwebende Möwen, für die natürlichste aller Begleitmusiken zu einer hinreißend schönen Kulisse. Die schon ins Rötliche neigende Abendsonne verlieh der Halbinsel Crozon ein paradiesisches Kleid, während mir ein leichter Nordostwind angenehm ins Gesicht blies. Das Lüftchen fuhr auch durch die Ärmel meines brandneuen Trikots. Dabei wurden dessen vier aufgestickte Sterne über dem darunter platzierten Adler sanft hin und her bewegt. Ansonsten trug ich eine kurze Sporthose, weiße Stutzen und Fußballschuhe mit 16-Millimeter-Schraubstollen. Auch wenn alles andere als Fritz-Walter-Wetter herrschte, ich wusste, in der Bretagne konnte das Wetter jederzeit umschlagen. Selbstvergessen blickte ich aus etwa fünfzig Metern Höhe nach vorne, Richtung Süden, auf den Atlantik, als der Horizont hinter dem Cap de la Chèvre zu einer gewaltigen Projektionswand für eine phänomenale Multivisionsshow geriet. Im Vergleich zu dem, was mir zu Ehren gleich uraufgeführt werden sollte, erschienen selbst die ausgeklügelsten »Son et lumière« Lichtspektakel an den Schlössern der Loire als Machwerk vorsintflutlichen Bühnenzaubers.

Ich war von den Socken. Historische Ereignisse rund um den Fußball tauchten als holographische Meisterwerke vor meinen Augen auf, während ein unsichtbares Orchester mit Beethovens Neunter den Gesang der Natur engelsgleich ablöste. Als erstes sah ich Geoff Hurst, Hans Tilkowski und Wolfgang Weber: das Wembley-Tor; dann Uwe Seeler, wie er schon zur Halbzeit gebeugten Hauptes vom Platz schlich – ganz so, als ahnte er, welches Verbrechen an seiner Mannschaft heute noch verübt werden sollte; noch einmal Uns Uwe bei seiner affengeilen Kopf-

nuss zum 2:2 gegen die »Three Lions« in der Hitzeschlacht von León vier Jahre später; Schnellinger beim Ausgleich gegen die Italiener im Aztekenstadion; Beckenbauer mit dem Arm in der Schlinge; Helmut Schön mit seinem Pudel Dickie beim Gassigehen; Paule und den Bomber nach dem vierundsiebziger Finale mit einer Zigarre im Mund ... und, und, und. Schnappschüsse, allesamt farblich brillant, gestochen scharf und dreidimensional. Eine Ode der Freude – für Augen und Ohren!

Mit einem Mal war dieses einzigartige Diaporama zu Ende. Stattdessen drehten nun Protonen, Neutronen und wie diese Dinger alle heißen ihre elliptischen Bahnen. In einem Affenzahn jagten die Winzlinge hintereinander her, verursachten ein Summen, als habe jemand den Sound von Bienenstöcken mit mehreren Zehntausend-Watt-Röhrenendstufen verstärkt. Meinen Ohren konnte die monumentale Akustik nichts anhaben. Die waren einiges gewöhnt, hielten ganz schön was aus.

Dann wurden die Elementarteilchen langsamer und schufen ... das Atomium, aus welchem sich, wie bei einer metamorphen Doppelbelichtung, das Brüsseler Heysel-Stadion schälte. Ab sofort begannen die Bilder zu laufen und ... die Mondscheinsonate erklang! Jetzt durfte ich noch einmal erleben, wie »Katsche« in letzter Minute den Ausgleich gegen die Madrilenen schoss; ein Strich – der Keeper war chancenlos! Dann sah ich mich selbst, im September 1982, mit Heiner und sieben anderen Verrückten auf den obersten Rängen des Estadio Camp Nou. An einem Abend, an welchem Thomas Wessinghage in Athen Europameister über fünftausend Meter wurde und Grace Kelly noch drei Tage zu leben hatte. Wir hatten einen Bus gechartert, um Maradonas Heimspielpremiere in der Primera División mitzuerleben. Madame war auch dabei. Abermals hörte ich sie behaupten: »Siehste, Giselher, was haben Hein und ich dir gesagt, der Diego ist noch besser als du!« Aber am Pointe de Lostmarc'h tat mir dieser Hieb nicht mehr weh – sie hatte ja recht! Dann wurde ich gequält. Und wie! Die ersten Stunden des 8. Julei 1990 standen auf dem Programm. Angesäuselt, schnarchend, in embryonaler Haltung, lag ich auf der Rückbank eines Japaners – einer gottverdammten, sterilen Nichtraucherkutsche. In einigen Stunden, wenn der Alkoholgehalt meines Blutes wieder verkehrstaugliche Werte erreicht haben dürfte, sollte ich ans Steuer. Ich, Giselher Finger, der mit weiteren Mutigen gerade einen runden Geburtstag gesprengt hatte. Die Jubilarin war mächtig sauer, wollte hinterher nichts mehr mit dem Rebellenführer zu tun haben. Wir waren mit zwei Autos und reichlich spon-

tan nach Rom aufgebrochen, um im Stadio Olimpico stimmgewaltig mitzuhelfen, wenn es galt, Diego in Schach zu halten und den dritten Stern zu erringen. Hätte ich damals doch nur gefluppt! Dann hätte ich das Raucherabteil gewählt, den nikotinverseuchten Opel Vectra meines Kumpels Joe, statt einen von einem Weibsbild gelenkten, nach Veilchen duftenden Toyota Celica! Ich wäre in Rom angekommen, wie die Raucher dabei gewesen, als Völler den Hölzenbein machte und Edgardo Codesal Méndez auf den Elfmeterpunkt zeigte. Weshalb ich stattdessen um sechs Uhr morgens zuhause in meinem Bett landete, verrate ich besser nicht. Der Gedanke daran treibt mich noch heute in den Wahnsinn. In der Siegesnacht ging meine Lunge nach Canossa!

Die grandiose Vorstellung am bretonischen Abendhimmel faszinierte mich. Es dauerte ein Weilchen, bis ich bemerkt hatte, dass man mir mittlerweile Gesellschaft leistete. Schmatzende Geräusche ließen mich registrieren, dass König Artus und Merlin auf der Trainerbank Platz genommen hatten. Artus rechts und Merlin links von mir. Auch die beiden steckten in Sportklamotten: in Stollenschuhen, roten Stutzen, weißen Shorts und blauen Trikots. Letztere hatten aber nur einen Stern. Außerdem war auf denen kein Adler, sondern ein Hahn aufgenäht. Nicht schon wieder, dachte ich, als ich mir Merlin genauer betrachtete. Während König Artus, das Hemd untadelig in der Hose, brav ein Eis am Stiel lutschte, hatte diese alte Wutz ihre Buxe bis zu den Füßen heruntergezogen. Der frivole Druide sah aus wie »Der Tausendjährige, der es am Meer trieb, ungenannt«. Volles Rohr, ohne einen Funken Scham, gab er sich lesson deux seiner Rapunzelzopf tragenden Französischlehrerin hin. Dabei erinnerte er mich mit seinen vor Verzückung glasig gewordenen Augen an Mario Basler beim Anblick eines Hefeweizen, obwohl er eher wie ein altersschwacher Michel Platini ausschaute.

»He, ihr beiden Ferkel, braucht ihr wieder 'ne Dusche?«

»Lass ihm doch seinen Spaß, Giselher! Merlin war schon als Junge ein geiler Bock. Viviane bringt ihm gerade das passé composé bei. Mich stört es nicht und ihr gefällt's. Hinterher darf sie sich meist noch ein Weilchen auf seinen Schoß sitzen. Was willste trinken, 'nen gescheiten Bordeaux oder doch lieber wieder 'n Bierchen?«

Artus muss geahnt haben, dass ich der mundfertigen Fee gerade eine langen wollte.

»Hast du vielleicht 'n Stubbi für mich, Kumpel?«

»Schaun mer mal, Giselher!«

Schaun mer mal klang irgendwie bayerisch. Jetzt erst nahm ich wahr, dass sich auch Artus verändert hatte. Der König sah aus wie der Kaiser ... mit ein bisschen Zidane drin. Er rieb sich die Glatze, lachte und wies mit dem Zeigefinger nach Süden, gen Horizont. Dort waren, wie aus dem Nichts, bedrohlich ausschauende, blauschwarze Wolken aufgezogen. Auf einmal krachte es und ein gewaltiger Blitz schlug auf den Projektionshintergrund. Das Donnerwetter ließ mich zusammenzucken und Viviane sich in Luft auflösen. Weg war sie, die Schlampe! Im gleichen Augenblick erschien – im wahrsten Sinne des Wortes! – der Bierbudentester auf der Bildfläche. Bernd Pavian im Finistère, ich traute kaum meinen Augen. Der Mann vom Guide Schluckspecht schien eine steinharte Erektion zu haben, als er, flankiert von einer Horde ekstatisch kreischender Nixen, aus dem Atlantik stieg und uns freundlich zuwinkte. Seine Statur nahm immer mehr Raum ein, Details wurden nach und nach sichtbar. Als auf sein Dings gezoomt wurde, war mir, als führe David Cronenberg Regie. Das Drehbuch zur nun folgenden Szene schien im Drogenrausch, auf einer insektoiden Schreibmaschine, geschrieben worden zu sein. WOW! Dagegen war »Naked Lunch« Stoff für den Kinderkanal. Bernds Knolle sah aus wie ein aus organischem Glas erschaffenes Stubbi und war tätowiert wie keine andere Spitze auf diesem Planeten: »LITTLE-BOY« stand auf ihr in Fettschrift zu lesen! Und etwas kleiner darunter: »Atom-Pils«. Als eine der Nymphen einen Flaschenöffner aus ihrer Schwanzflosse zog, schrie Merlin: »Augen zu, BIG BANG, Männer!«

Das Entkapseln von Little-Boy verursachte ein infernalisches Zischen. Sekundenbruchteile später hätte uns die Druckwelle ins Meer gefegt, wäre die Trainerbank nicht so stabil gebaut und fest im Fels verankert gewesen. Großartig, so müssen sich die Jungs aus Cape Canaveral fühlen, wenn sie die Rakete beim Beschleunigen in die Sitze drückt, fiel mir ein. Nachdem ich mich traute, meine Augen wieder zu öffnen, sah ich die Pilswolke in ihrer einzigartigen Pracht: goldgelber Stiel und weiße Haube – perfekt! Und schon rieselte der feinherbe Fallout auf uns herab. Bevor ich mich erhob, zwei Schritte nach vorne trat, die Augen nochmals schloss, meinen Kopf zurücklegte, den Mund sperrangelweit öffnete und meinen Durst löschte, blickte ich auf meine Schuhe und sprach: »Siehste, Artus, gut, dass wir Regenreifen aufgezogen haben!«

Das müsste ungefähr der Zeitpunkt gewesen sein, als Frauke anfing loszuballern ...

»Donnerklitchen möchte dir was sagen, Giselher!«
Ich erstarrte, wagte kaum mich zu bewegen, geschweige denn die Augen zu öffnen. Vor lauter Aufregung hätte ich mich beinahe verschluckt. Donnerklitchen? ... Donnerlittchen! Man hat mir meine Nervosität angemerkt.
»Mensch, Giselher, stell dich nicht so an! Komm her und setz dich wieder zu uns! Noch ist sie ja nicht hier.«
Ich tat, wie Artus mir befahl. Als ich mich setzte, stand Merlin auf und zog sich – endlich! – die Hose hoch, bevor er umständlich das Trikot in sie hineinstopfte. Dann schritt er mit seinen spindeldürren Beinen wie ein Schiedsrichter, penibel genau Maß nehmend, nach vorne aus, um nach exakt elf Metern abrupt innezuhalten. Das hätte der Walter Eschweiler mal sehen sollen, wie elegant das vonstattenging! Merlin bückte sich und sprühte Schaum in Form eines kleinen Kreises auf das pilskontaminierte Geläuf. Woher er plötzlich die Dose hatte? Weiß der Teufel! Anschließend setzte er sich wieder neben mich.
Und dann geschah es: Der Druide schnippte mit den Fingern und im selben Moment stand Donnerklitchen auf dem Elfmeterpunkt. Ein zartes, anmutiges Wesen mit silbernem Haar, nahezu durchscheinend. Dieses Mal war sie es selbst, und nicht ihr Laufbursche Hein, welche in unbefleckter Robe die Botschaft überbrachte:

»Ein Kleid, so weiß wie Schnee,
trägt deine gute Fee.
Man nennt mich Donnerklitchen,
du ahnst, ich bin kein Flittchen.

Ich hab den Auftrag dir zu sagen,
nichts soll dich mehr in Zukunft plagen!
Merlin tat kund, verklärten Hauptes:
»Der Giselher tut nur Erlaubtes!«

Sprich Ping zum Spiel und Pong zur Ruhe,
dann wie du möchtest Poldi tue!
Damit nach dem nächsten Herrenstreiche
die Schwellung aus dem Finger weiche!«

Mit Donnerklitchens Reimen hatte die Vision ein Ende. Ich wurde wach und nahm wahr, wie jemand sagte: »Da, schaut mal, er ist gar nicht tot, er bewegt die Augen!« Und jemand anderes: »Ja, du hast recht, der Mann lebt noch, er kommt wieder zu sich. Scheinbar hat er sich doch keine Kugel eingefangen.«

Da die Entscheidung denkbar knapp ausfiel und Zweifel über das Ergebnis bestanden, musste ein Hammelsprung im Dorfbrunnen Klarheit schaffen. Wir verließen den Plenarsaal und kamen, je nach Votum, durch die Eingangs- oder Küchentür wieder zurück. Matze, mehr Koch als Wirt, führte die Zählung durch. Für einen Nichtakademiker konnte er hervorragend kopfrechnen. Er kam zu einem eindeutigen Ergebnis: »3:2, Männer, wie damals in Bern. Freu dich Adam Ries, Saardéros ante portas!« Die Sache war entschieden, da biss die Maus keinen Faden ab. Jetzt wurde nicht mehr diskutiert, sondern gegessen.
»Vier Cordon Bleu und 'n Rahmschnitzel, Judith. Und für Hoss vorab noch 'ne Gulaschsuppe.«
Der Dicke schien seine Fassung zurückerobert zu haben. Jedenfalls hatte sein Gesicht nach dem knappen Wahlsieg wieder einen frohgemuten Ausdruck angenommen. Das konnte aber auch daran gelegen haben, dass es gleich was zu futtern gab.
»Und bitte noch 'ne Runde Pils! Zapf Matze auch eins an. Die Runde geht auf Hoss!«
»Ur-Pils oder Bit, Bodo?«
»Ur-Pils, Judith. Kann dein Mann eigentlich schon immer so gut rechnen?«
»Klar, Bodo, für einen Erbsenzähler wie ihn war das eben ein Klacks. Euer Bier kommt gleich!«
Im Dorfbrunnen hielten wir freitagabends häufiger Einkehr. Insbesondere der gutbürgerlichen Küche wegen. »Saarländisch gudd gess« war hier nicht nur eine Floskel …

Monate später brachen wir in Hoss' 190er Diesel nach Bad Staffelstein auf. Es war üblich, dass der Organisator unserer Tour den

Chauffeur spielte. Unterwegs machten wir eine Pinkelpause, die wir zweckmäßigerweise mit dem Mittagessen verbanden. »Nie leer gehen!«, lautete eine unserer Parolen. Nützliches gehörte miteinander verknüpft. So ließ sich Zeit sparen. Hein und mir wurde diese Lebensregel von früh auf eingetrichtert. Schon unsere Väter und Großväter lasen die Zeitung auf dem Klo. Mein Vater Alfons qualmte noch ein Zigarettchen dabei. Auf diese Weise hatte er schnell fünf weitere Minuten gewonnen. Hein und ich hatten Schwein gehabt, schon als Kinder rationales Verhalten eingetrichtert und auch vorgelebt bekommen zu haben. Während des Essens machten wir uns über das von Hoss gebuchte Hotel lustig. Laut Hausprospekt gehörte eine Disco zum Angebot: die Tanztenne.

»Tanztenne? Das hört sich ja toll an! Rollatorblues mit DJ Kloppo, was?«

»Hahaha!«

»DJ Kloppo ist gut, Finger! Wie weit ist'n Mainz eigentlich von der Tenne entfernt?«

Wir amüsierten uns ob der Vorstellung, wie der damalige Mainzer Trainer beim Tanztee die Scheiben auflegt.

»Abwarten, mein Späher hat mir anderes berichtet«, konterte Hoss.

»Hoss hat recht. Das ist bestimmt 'n heißer Schuppen. Was meint'n ihr was passiert, wenn Finger beim Tanztee Tischtennis spielt?«

Der war gut. Bis zu dem Unfall mit Schwarzenbeck trug ich seit unserer Rückkehr aus Wertach linker Hand einen Schuh. Das war auch besser so. Schließlich sollte Poldi niemanden erschrecken oder, noch schlimmer, ermuntern. Aber jetzt wurden die Handschuhe nicht mehr benötigt. Dank Donnerklitchen und Ping Pong!

»Warum hast'n eigentlich 'n Hotel mit Tanzclub ausgesucht, Hoss? Haste bei deinen Überlegungen etwa mit 'm Dings gedacht? In der Präambel unseres Wandertourdekrets steht klipp und klar geschrieben, dass wir bei unseren Streifzügen das sechste und zehnte Gebot achten müssen. Wir sind loyale Familienväter und keine notgeilen Tittengrapscher! Glaub ja nicht, nur weil du geschieden bist, kannste tun und lassen was de willst! Auch wenn für dich das sechste Gebot flachfällt, was meinste denn, was passiert, wenn ich deiner Antje was zwitschere?«

»Hahaha!«

Um die Waffengleichheit wiederherzustellen, drohte ihm Ronny für den Fall der Fälle mit gewissen Indiskretionen. Antje, Hoss' Neue, würde ihm – ohne mit der Wimper zu zucken und mächtig viel Anlauf – zwischen die Beine bolzen. Dann wäre eine Zeit lang tote Hose. Mit Antje war nicht zu spaßen, soviel war klar. Die verteidigte ihren Mercedespiloten mit Klauen und Zähnen. Wehe sie erführe, dass ihr Schmusebär anderswo ins Honigtöpfchen langte!

Am frühen Nachmittag kamen wir am Landhotel Sonnenblick an. Von außen sah das Gebäude sehr gepflegt und einladend aus. Aber der Parkplatz war beinahe leer. Wir hatten den Eindruck, hier sagen sich Fuchs und Hase Gute Nacht. Wie üblich machte ich gleich mal Bekanntschaft. Kaum hatten wir die Lobby betreten, kam ein übergewichtiger Labradorrüde auf mich zu gewackelt. Vermutlich erkannte er in mir einen potentiellen Spender. Falsch gedacht, dicker Hund! Statt ein Leckerli locker zu machen, las ich ihm die Leviten: »Ab sofort gehst du mit Frauchen joggen, zweimal am Tag! Und fressen tust du nur noch fettarme Wurst! Haben wir uns verstanden?« Troll hörte sich die Standpauke an, um anschließend den Kopf schief zu legen und einen klagenden Laut von sich zu geben. Der ging mir so ans Herz, dass ich ihm zur Wiedergutmachung ausgiebig den Nacken kraulte. »Komm, Dickerchen, das hat der Onkel doch nicht so gemeint!«

Nachdem wir eingecheckt hatten, nahmen wir den Betrieb unter die Lupe. »Scheint gar kein so schlechter Laden zu sein, den Hoss da gebucht hat. Schade nur, dass er so weit außerhalb liegt und wir ihn für uns alleine haben«, lautete Ronnys Urteil. Gemessen an der Pension, die Hoss für unsere Premierentour Ende der Neunziger ausgesucht hatte, erwartete uns hier der schiere Luxus: Duschen und Toiletten auf den Zimmern! Sogar ein Schwimmbad und eine Sauna gab es. Aber es sah ganz danach aus, als wären wir die einzigen Gäste. Das angrenzende Gebäude der Tanztenne schien in Anbetracht der es umgebenden Provinz viel zu groß ausgefallen zu sein. Da war bestimmt wieder so ein Spezialist an der Planung gewesen, dachte ich.

Anschließend fuhren wir zurück in die »City«. Hoss' leichenwagenfarbene Karre passte zur Totenstille im Ort. Der Himmel war wolkenverhangen. Es regnete Bindfäden. Das hatte den Vorteil, dass wir, ohne ein schlechtes Gewissen haben zu müssen, einem dieser neuerdings so beliebten Billigläden einen Besuch abstatten konnten. Angesichts der Wetterlage und des hoteleigenen Pools war nicht zu akzeptieren, dass Bodo keine Badehose dabei hatte. Also besorgten wir ihm für vier Euro fünfzig eine – vielleicht ein, zwei Nummern zu groß. »Schöner Laden dieser kik!«, meinte er hinterher. Langsam begann uns Bad Staffelstein zu gefallen.

Unser Frohmut sollte sich steigern, als wir erfassten, dass mein Haarschnitt dem Zustandekommen einer Runde Schäkerschach keinesfalls dienlich sein konnte. Wie sah ich eigentlich aus? Unmöglich, wie Catweazle! Einer wie Jacques Gallet musste jetzt her. Ein erfahrener Figaro, der dem Scheitel des Probanden ein passableres Aussehen verpassen konnte.

»'tschuldigung, ob gnäd'ge Frau uns vielleicht einen Tipp geben möchte, in welchem Gard Haarstudio Bad Staffelsteins dieses ultragescheite Köpfchen wohl am ehesten gesellschaftsfähig frisiert werden könnte?«

Heiner setzte auf Ronnys wohlformuliertes Ansinnen noch eins drauf:

»Geld spielt keine Rolle, gnäd'ge Frau, der Herr ist ein Spross reichen Hauses!«

Die beiden konnten von Glück sagen, dass das mit einem Knirps bewaffnete Omachen nicht zuschlug, sondern Spaß verstand:

»Der Franz-Josef kriegt das hin!«

So kam es, dass ich im Salon Gagel vom Meister selbst die Haare geschnitten bekam.

Wieder zurück am Hotel war der Parkplatz nicht mehr ganz so verwaist wie zuvor. Offensichtlich waren wir doch nicht die einzigen Gäste.

Eine knappe Stunde später hatten die Betreiber des benachbarten Hotels Augustin die Ehre, fünf adrett ausschauende Mittvierziger bewirten zu dürfen. Die farbenfrohe Fachwerkfassade zog die Blicke der Passanten unwillkürlich auf sich. Der hervorragende äußere Eindruck setzte sich drinnen nahtlos fort. Im Augustin gab es mehrere gemütliche Gaststuben, von denen die mit einer dreihundert Jahre alten Holzdecke ausstaffierte »Dorfstube« das Herzstück darstellte. Wir aßen an diesem Abend vorzüglich. Und über den fränkischen Wein konnte sich auch keiner beschweren. Gegen dreiundzwanzig Uhr verließen wir das Lokal in der Absicht, zeitig in die Falle zu kommen. Die für den nächsten Tag ins Auge gefasste Wanderung wollten wir ausgeschlafen in Angriff nehmen. Eventuell würden wir an der Hotelbar noch ein Bierchen schnappen. An der frischen Luft erlebten wir eine Überraschung.

»Was ist denn hier los? Das gibts doch nicht!« Hoss war nicht weniger überrascht als der Rest von uns. Obwohl er durch seine Internetrecherche gut informiert war, wie er uns später verriet. Aber an einem stinknormalen Donnerstagabend hatte mit so etwas auch er nicht gerechnet. Man konnte meinen, in der Nähe fände ein Fußballspiel statt. Autos, sogar Busse, soweit das Auge reichte. Nicht nur der Parkplatz unseres Hotels war komplett zugeparkt. Von dem ganzen Verkehrsaufkommen hatten wir beim Essen nichts mitbekommen. Uns war sofort klar, was das zu bedeuten hatte. Hoss fasste es in Worte:

»Meine Damen und Herrn, aus aktuellem Anlass ändern wir unser Programm. Wir schalten jetzt um nach Rieshausen. In wenigen Augenblicken geben sich die honetten Saardéros in der Dorfdisco ein Stelldichein.«

Honette Saardéros? Sieh mal einer an! Gemeinhin entwichen Hoss' Munde abgenagte Hähnchenknochen, aber keine geflügelten Wortkombinationen. Statt in die Heia zu gehen, liefen wir in der Tanztenne ein. Dort steppte der Bär. Eine aus drei Männern und einer Frau bestehende Schlagerband spielte gerade *Wenn die Rosen erblühen in Malaga*. Oje, Cindy & Bert! Die Sorte Musik, die meiner Mutter gefiel und ich befürchtet hatte. Mir fiel auf, dass sich auf der proppenvollen Tanzfläche nicht nur gemischte Doppel vergnügten. Ein klarer Fall von Damenüberschuss! Da war es kein Wunder, dass sich unter all den Stenzen auch einige Profis befanden, die ihre Abschleppdienste anboten. Die solariumgebräunten Goldkettchenträger zogen in schwarzen Hosen und noch schwärzeren Hemden eine aalglatte Show ab. Nicht gerade unser Stil, dachte ich, aber was solls? Auch der Völkerkundler kann sich seine Studiensubjekte nicht backen. Überraschend schnell fanden wir in dem Getümmel einen (fast) freien Tisch.

»Ob bei den jungen Damen wohl noch Platz für ein paar ältere Herrschaften ist? Die werden sich auch gut zu benehmen wissen!«

Zwei in die Jahre gekommene Bambergerinnen, keine Schönheiten, aber auch nicht unansehnlich, glaubten bestimmt zu träumen: Ausgerechnet unsere Gesellschaft suchen diese drahtigen Mannsbilder, und das bei der Konkurrenz hier! Gut schauen die aus und Manieren scheinen sie auch zu besitzen.

»Aber natürlich, setzt euch! Ob ihrs glaubt oder nicht, wir haben den Platz extra für Kerle wie euch freigehalten.«

Die Antwort auf mein Ersuchen kam wie aus der Pistole geschossen und klang nach Routine. Sollte mich das unscheinbare Äußere der beiden getäuscht haben? Sprach da etwa der feuchte Trieb höchstpersönlich? Oder waren die zwei wie vermutet harmlos? Sicher konnte ich mir nicht sein. Diese neumodischen Lichtorgeln waren in der Lage, auch sachkundige Augen wie die meinen ins Bockshorn zu jagen. Ich war auf der Hut!

»Dann rutscht mal ein bisschen zusammen, damit unser Hoss auch noch reinpasst!«

Ronny zwinkerte bei seiner Replik gekonnt mit den Augen. Und schon knisterte es am Tisch. Der Duktus dieses attraktiven jungen Mannes schien den Damen zu gefallen. Sieht der nicht aus wie Tante Käthe? Ich sah den beiden an, was sie dachten. Es war nicht zu übersehen, dass gerade unser Jüngster intensiv gemustert wurde. Ronny glich dem damaligen Teamchef unserer Fußball-Nationalmannschaft. Nicht mehr so frappierend wie als Halbstarker, mit seinem Führerscheinfoto hätten ihn selbst die Vopos am Checkpoint Charlie als Rudi Völler passieren lassen, aber die Ähnlichkeit war nach wie vor vorhanden.

*Es gibt nur ein' Rudi Völler, es gibt nur ein' Rudi Völler,
ein' Rudi Vöööller, es gibt nur ein' Rudi Vöööleeer ...*

Dieser Ohrwurm von Klaus & Klaus war nur noch selten im Radio zu hören. Zwei Jahre zuvor war das anders. Rudi hatte eine Truppe von Rumpelfußballern, wie sich Kaiser Franz trefflich ausdrückte, völlig unerwartet zur Vizeweltmeisterschaft geführt. Die Blamage in Portugal stand der Nation noch bevor. Dort sollten unsere Kicker den Ball beinahe ebenso schlimm misshandeln, wie bei der Europameisterschaft in Holland und Belgien.

Ich fackelte nicht lange. Für die Inangriffnahme ethnologischer Praktika war es schon spät. Wollten wir heute noch unser Wissen vertiefen, war Handeln und kein Zaudern angesagt. Zumal gerade *Tanze mit mir in den Morgen* gespielt wurde. Ein Schlager von Gerhard Wendland, auf den schon mein Papa stand, als er noch gescheit hörte. Von Berufs wegen unentwegt um das Wohlergehen der Frauen bemüht, registrierte ich die erwartungsvollen Blicke meiner Tischnachbarin. »Mit dir will ich gleich in den Morgen tanzen«, dechiffrierte ich die. Nur traute sie sich das nicht zu sagen. Schließlich waren wir gerade erst reinmarschiert und hatten noch nicht einmal eine Bestellung aufgeben können. Als Kavalier der alten Schule konnte ich eine solch offenkundige Not unmöglich fortbestehen lassen. Ob ich sie gleich mal mit Poldi bekannt machen soll? Es wäre doch interessant zu erfahren, ob sie auf ihn genauso schlagfertig reagiert, fiel mir ein. Ne, besser nicht, entschied ich. Stattdessen stand ich auf und wählte eine meiner Standarderöffnungen:

»Darf ich bitten? Ich bin der Giselher, nicht irgendwer!«

»Aber natürlich, Giselher! Und ich bin die Sigi.«

Sigi, die eigentlich Sieglinde-Dorothee hieß, stand auf Schnulzen. Bis dahin hätte ich jede Wette gehalten, dass ich niemals in meinem Leben zu einem knallroten Gummiboot discofoxe. Aber jetzt kam ich nicht mehr drumrum. Dazu war es zu spät. In dem Augenblick, als ich mit Sigi die Tanzfläche betrat, fing die Wencke an zu myhren. Schlimmer gehts nimmer? Von wegen! Kaum war das Gummiboot an Land, behauptete Cliff Richard, dass man rote Lippen küssen soll. Für Sieglinde-Dorothee das Signal, die ihren immer wieder keck zu schürzen. Sie hatte längst die Initiative ergriffen und gab mit einer Vehemenz, die ich ihr nicht zugetraut hätte, den Ton an. »... *rote Lippen soll man küssen, denn zum Küssen sind sie da* ...« Textsicher war sie auch. Meine Kameraden lachten sich eins. Aus den Augenwinkeln sah ich ihre Grinsegesichter.

Einer ging noch! Jetzt schon den Erschöpften zu mimen, ließ sich nicht mit meiner Sportlerehre vereinbaren. Zumal soeben Hein auf die Tanzfläche geschleppt wurde. Roswitha, angeblich Miss Bamberg 1979 oder so, hatte sich den ihr fremden Mann kurzerhand geschnappt. Sie wird geahnt haben, dass der von sich aus keinerlei Anstalten zum Schwofen machen würde. Auch Roswitha zog mächtig ab! Während Hein noch mit Michael Holm nach Mendocino musste, »... *Ich sah ihre Lippen, ich sah ihre Augen, die Haare gehalten von zwei goldenen Spangen* ...«, ging mit Marianne Rosenberg mein tänzerischer Prolog unseres diesjährigen Streifzugs zu Ende.

»... *denn zum Küssen sind sie da, rote Lippen sind dem siebten Himmel ja so nah* ...« Bodo, Hoss und Ronny machten sich hinterher einen Spaß daraus, Hein und mich mit dem Anstimmen diverser Liedstrophen aufzuziehen. Summa summarum war unser Auftritt in der Tanztenne farblos gewesen. Wenn man einmal davon absieht, wie Bodo einen besoffenen Simpel verscheuchte. Der aufdringliche Typ wollte uns partout ein dummes Gespräch halten. Bodos Drohgebärde war nonverbaler Art. Böse Worte sah unser Verhaltenskodex nicht vor. Eine Geste genügte – wie damals dem Seewolf. Nur dass Bodo keine rohe Kartoffel, sondern einen mit Pudding gefüllten Mohrenkopf zerquetschte. Der stand eh schon die ganze Zeit unnütz auf dem Tisch, schien niemandem zu gehören. Bodos Blick und ein schmatzendes Geräusch genügten, den Tollpatsch Reißaus nehmen zu lassen. Sieglinde-Dorothee und Roswitha hatten sich zuvor mit einem: »Tschüüüüss, bis morgen Abend!«, vom Acker gemacht. »Schaun mer mal!«, bekamen die beiden zu hören.

Am nächsten Vormittag fuhren wir mit dem Zug nach Nürnberg. Die geplante Wanderung musste ausfallen, es pisste in Strömen. Mann, war das ein Schreck gewesen, als auf dem Bahnsteig in Bad Staffelstein ein ICE in vollem Karacho an uns vorbeidonnerte. Ronny konnte von Glück sagen, dass er neue Herzklappen hatte.

Hoss kannte sich aus in Nürnberg. Bei der Bundesanstalt für Arbeit hatte er häufiger beruflich zu tun. Nach einem Bummel durch die Altstadt bekam er Hunger und führte uns in die Feinkostabteilung einer Karstadt-Filiale. Da die von ihm favorisierten 800-Gramm-Steaks beim Rest von uns keinen Appetit, sondern Kopfschütteln hervorriefen, erhielt sein Begehren eine Absage. Das Herz hat ihm geblutet, als ihm klar wurde, dass daran auch ein Hammelsprung nichts ändern würde. Statt in einem Konsumtempel Monstersteaks zu verdrücken, aßen wir in einem urigen Lokal in der Nähe der Nürnberger Burg original Nürnberger Bratwürstl mit Sauerkraut. Dazu gab es zwei kleine Bierchen und ein gehöriges Maß an Geselligkeit. Auch Hoss hats gefallen.

Bei seinem Vorschlag, nachmittags dem Dokumentationszentrum Reichparteitagsgelände einen Besuch abzustatten, waren wir wieder einer Meinung. Zuvor nutzten wir das zwischendurch freundlichere Wetter für einen Spaziergang entlang der Pegnitz. Ein weiteres Stündchen schlugen wir in einem IMAX-Kino tot, bevor wir uns schließlich die unfassbare Dimension Hitlerschen Größenwahns vor Augen führten. »Wenn man sieht, welche Projekte Albert Speer für seinen Führer geplant hat, erhält man eine gute Vorstellung davon, wie entrückt dieser Despot eigentlich war. Stellt euch mal vor, das Pokalfinale fände, statt in Berlin, im Deutschen Stadion statt ... vor vierhunderttausend Zuschauern! Mannomann, total irre!« Heiner wunderte sich, wie ruhig ich die Dinge erläuterte.

»Kann ich ihnen behilflich sein?« Die ausgesprochen freundliche Verkäuferin bemerkte die Unsicherheit ihrer Kundschaft beim Durchstöbern der Präsentationsregale sofort. Die ältere Dame hatte schließlich jahrzehntelange Erfahrung.

»Aber gern! Wir suchen für uns alle das gleiche Hemd. Einzige Bedingung: Es muss kariert sein und einigermaßen passen.«

Wenn wir gemeinsam loszogen, trugen wir karierte Hemden. Das gehörte sich so. Hoss war zwar der Meinung, dass ein längsgestreiftes Leibchen seinem vollschlanken Körper besser stünde, kam aber der Kleiderordnung für gewöhnlich nach. Schließlich wurde ein Verstoß gegen dieselbe mit einer Runde zu Lasten des Sünders bestraft.

»Hm, ich glaube, da kann ich ihnen nicht weiterhelfen. Aber ich schaue trotzdem im Lager nach. Bin gleich wieder bei ihnen!«

Wider ihr eigenes Erwarten konnte die Angestellte eines Herrenausstatters fünf passende Hemden auftreiben: kurzärmelig und hellblau kariert. Besonders Hoss sah klasse darin aus. Für unsere neuen Klamotten zahlten wir ein paar Euros mehr als Bodo für seine hässlich grüne Badehose. Aber ein Schnäppchen waren auch die. »Seht ihr, so macht Einkaufen Spaß! Da können sich unsere Frauen eine Scheibe von abschneiden. Bei uns wird nicht lange hin und her probiert – passt und gekauft!« Hein hatte recht, dieser Quickie hat Laune gemacht! Im Anschluss brachten wir in der Hausbrauerei Altstadthof fünf knurrende Mägen zum Schweigen. Die zickige Bedienung empfahl uns als Nachtisch ein »Bieramisu«. Darauf verzichteten wir – zugunsten einer Runde Hochprozentiges. Anschließend machten wir uns auf den Rückweg.

Katzenwäsche, Zähneputzen, die neuen Hemden anziehen und flugs noch ein Gruppenfoto mit dem Selbstauslöser schießen – ratzfatz waren wir ausgehfertig. Es war ja auch schon nach Mitternacht. Stoppelbärte unterstrichen unsere maskuline Aura.

»Gut schauen wir aus! Ein Saardéro braucht weder eine Rasur, noch einen Mascarastift oder Concealer! Und jetzt ab in den ›Muschikantenstadl‹!«

»›Muschikantenstadl‹? Cooler Ausdruck, Ronny!«

Auf dem Flur zum hoteleigenen Sündenpfuhl lief uns ein Quartett bezaubernder junger Damen über den Weg. Die passen überhaupt nicht hierher, dachte ich, viel zu jung und viel zu hübsch.

»Jetzt kommt ihr, wo wir gehn!«

Keck waren sie obendrein. Während eines der Fräuleins ihr Bedauern über unser spätes Erscheinen in Worte fasste, ernteten wir von den andern anerkennende Pfiffe. Hoss war sich nicht sicher, ob die auf seinen strammen Arsch oder unsere neuen Hemden zurückzuführen waren. Auf jeden Fall fielen wir mit unserer Einheitsmontur auf.

Der Rest des Abends verlief fade. Während die Stenze generalstabsmäßig ihrer Arbeit nachgingen, beschränkte sich unser Raubzug auf einige Blondchen mit Schaum. Wenn wir früher gekommen wären, hätte es ein interessanter Abend werden können. Es war offensichtlich, dass die Sirenen auf dem Flur ernsthaft mit dem Gedanken kokettiert hatten, eine Verlängerung zu spielen. Aber das hatten sich die jungen Dinger dann doch nicht getraut.

»Seht ihr«, meinte Ronny, »wer zu spät kommt, den bestraft die Tenne. Die Völkerkundestunde fällt heute aus – Prost!«

In Anbetracht des noch anwesenden Publikums gaben wir uns damit zufrieden, wie Blutbrustpaviane begafft zu werden. Von uns aus sahen wir keinen Anlass, Bagger zu fahren. Lediglich Bodo war kurz auf der Tanzfläche – Damenwahl! Bis dahin wusste ich nicht, dass er auch Jive konnte. Eine graue Maus hatte sich zu ABBAs *Waterloo* ein Herz gefasst und Bodo geschnappt, während wir andern so taten, als bünden wir uns unter dem Tisch die Schuhe zu. Aber eines stand fest: Die Musik war um Längen besser als tags zuvor. Trotzdem, noch bevor wir bezahlt hatten, schworen wir uns, diesen Schuppen nicht mehr zu betreten. Tags darauf sollten wir einen Meineid begehen.

Am folgenden Morgen waren Ronny und ich als Erste beim Frühstück. Für gewöhnlich fiel dieser Part Hoss zu. Während seine Freunde noch selig von ihren Frauen und Kindern träumten, hatte unser Frühaufsteher das wichtigste Geschäft des Tages längst verrichtet und wartete frisch geduscht und rasiert darauf, dass auch die Langschläfer in die Pötte kamen. Gedanken an Rührei, Speck und Würstchen trieben ihn zeitig auf die Weide – Frühstück im Hotel, mmh! Aber an diesem Samstagmorgen wollten die Launen des Lebens, dass Ronny und ich schon vor ihm grasten. In Bad Staffelstein hatte sich Hoss ein Zimmer mit Bodo und Heiner eins mit Ronny geteilt. Ich logierte alleine. Das war mir recht. Entging ich doch so manch ungeheuerlichem

Anschlag auf den Geruchssinn. Wer einmal bei Bodo, oder noch schlimmer Hoss, das mucksmäuschenstille Entlüften schuftenden Gedärms ertragen musste, wusste warum. Der biologische Angriff auf nichtsahnende Franzosen im Colmarer Stadtteil Petite Venice hatte im Frühjahr 2000 glücklicherweise keinen bewaffneten Konflikt beider Nationen nach sich gezogen. Abends zuvor hatten wir in der Winstub à la Schlitte im elsässischen Munster kräftig reingehauen: »Choucroute«, eine traditionelle Schlachtplatte mit Würsten, fettem Schinken, Schulterspeck und mit Elsässer Riesling und verschiedenen Gewürzen abgeschmecktem Sauerkraut. Hoss war hinterher noch in der Lage, sich einen Käseteller einzuverleiben: »Ménschterkäs«, wie auf der Karte stand – cremigweich, mit und ohne Kümmel, dazu frisches Weißbrot und Salzbutter. Ein Gläschen Gewürztraminer versüßte ihm diesen Genuss, den sich selbst Bodo nicht mehr antun wollte. Bei einem anschließenden Verdauungsspaziergang entdeckten wir, dass im Gemeindehaus richtig was abging. Wir gehörten zu den Letzten, die die Maifeier regionaler Heimat- und Trachtenvereine in dieser Nacht verließen. Natürlich nicht, ohne das Unsere zur deutsch-französischen Völkerverständigung beigetragen zu haben. Als Hoss wie ein Weltmeister in das hölzerne Alphorn eines Angehörigen der »Groupe folklorique les marcaires de la vallée de Munster« blies, blieb mir die Spucke weg. Auch Monsieur le maire war von den Socken. Er behauptete stock und steif, »Monsieur Ingo« habe das *Concertino Rustico* von Ferenc Farkas angeblasen. Daraufhin gab es »bière gratuite« für »mes amis de la Sarre«. Wir nahmen dankbar an. Besonders unser Alphornbläser. Dessen Verdauungstrakt musste nächtens Schwerstarbeit leisten. Dabei gab es Probleme mit dem Vergaser. Gott sei Dank hatte ich auch bei dieser Tour ein Zimmer für mich. Ich wollte nicht erlebt haben müssen, welcherart Bouquet den entsetzten Putzfrauen des Hotels Verte Vallée bei ihrer morgendlichen Pflicht entgegenschlug. Die bedauernswerten Fußgänger, die um die Mittagszeit über eine der Brücken der Lauch spazierten, waren nicht zu beneiden: Poison, Kreation d'Hoss! Davon wären sensiblere Riechwerkzeuge, wie das des Chefschnüfflers von Dior, für alle Zeiten unbrauchbar geworden. Die unsichtbare Wolke lag schwer über der Brücke. Es dauerte eine Weile, bis keiner der armen Fußgänger mehr empört die Nasenflügel zusammenquetschte und flüchtete. Der Bauch tat uns weh vor Lachen.

Aber heuer war mir das Alleinsein nicht geheuer. Dafür war ich Sodom zu nahe. Troll, der mir die Standpauke längst verziehen hatte, muss meine Furcht vor den Bi-Ba-Butzefrauen gespürt haben. Er schlief nachts auf dem Flur, direkt vor meinem Zimmer. Aber trotz der scharfen Bewachung fühlte ich mich nicht sicher.

»Ja da schau her!« Am Tisch gegenüber saßen drei charmante Weibsbilder, die miteinander tuschelten und ständig zu uns herblickten. Ronny und mir entging deren Werben natürlich nicht. Den Damen war eindeutig daran gelegen, dass wir merkten, welches Interesse uns entgegenschlug. Altersmäßig passten die drei perfekt. Einmal aufgenommen, wurde der Blickkontakt beibehalten – Balz am frühen Morgen! Nach und nach trudelten dann unsere Kameraden und fünf weitere dieser Geschöpfe ein. Nicht jedes eine Femme fatale, aber allesamt vorstellbar. Acht auf einen Streich, fünf Meter Luftlinie entfernt, hammerharte Lage!

»Die sind bestimmt erst angekommen, sonst wären sie uns doch nicht durch die Lappen gegangen, oder?«

»In der Tenne waren die jedenfalls nicht.«

Bodos Annahme sollte sich als Fehleinschätzung herausstellen. An diesem Samstagmorgen konnte man getrost jede Wette halten, dass sich die Gesprächsinhalte an beiden Tischen glichen:

»Die sehen gut aus, scheinen Niveau zu haben ... anders als das Volk gestern Abend!«

»Was die heut wohl unternehmen?«

»Ob die heut Abend noch da sind?«

»Wer von uns traut sich und fragt mal nach?« ...

Nach dem Frühstück ergab sich vor dem Hotel die nicht ganz zufällige Gelegenheit, unverfänglich miteinander ins Gespräch zu kommen.

»Dein Zug, Finger!«

»Ich hab Schiss, Hein!«

»Auf, mach schon!«

Das war ein Befehl, also machte ich.

»Hallo, ich bin der Giselher, nicht irgendwer! Was habt ihr denn heute vor? Wir jedenfalls gehen wandern. Sollen wir euch mitnehmen?«

Leider hatten die Damen schon ein Großraumtaxi bestellt. Und das traf gerade auch ein. Sie wollten nach Nürnberg. Ein Tag zu spät, so ein Pech aber auch, dachte ich. Wobei denen der Sinn naturgemäß mehr nach einer Shoppingtour als dem Reichsparteitagsgelände stand. Ich wies sie auf eine Alternative zur Vernichtung ihres Taschengeldes hin.

»Ihr schaut doch so schon bezaubernd aus. Was bedarf es da neuer Kleider? Das Geld könnt ihr euch sparen. Der Große dort vorne heißt Hoss. Der nimmt drei von euch huckepack ... locker! Bodo, der Glatzkopf daneben, schafft zwei, wir andern jeweils eine. Glaubt mir, das machen wir gern. Wir sind starke Jungs, wir stehn unsern Mann. Von uns macht so schnell keiner schlapp!«

Ich machte meine Sache gut. Viel fehlte nicht, und Hoss wäre als Lastesel an seine Grenzen gestoßen. Vielleicht hätte ich bei meiner Offensive Ping sagen und mir, wie Philipp Lahm bei seinen Fernsehinterviews, mit der Hand über die Rückseite meiner Birne fahren sollen. Aber noch hatte ich meine Sinne beisammen!

»Danke für die Tipps, Giselher, das Dokuzentrum werden wir uns vielleicht betrachten. Viel Spaß auf eurer Wandertour. Man sieht sich bestimmt heute Abend.«

»Bestimmt!«

Auch meinen Kameraden war nicht entgangen, dass einige der Damen in Erwägung zogen, den Taxifahrer auszubezahlen und mit uns zu latschen. Später am Tag sollten wir erfahren, dass dies nur deshalb scheiterte, weil sie sich für eine Wanderung, insbesondere das Schuhwerk betreffend, nicht gerüstet fühlten. Leichtes Gepäck nur hatten sie dabei, beginnend bei der Wahl des Darunters.

Zwei Jahrhunderte vor Albert Speer hatte der berühmte Architekt Johann Balthasar Neumann seine staunenswerten Brücken, Schlösser, Klöster und Kirchen geplant; unter anderem die Basilika Vierzehnheiligen. Weitere etwa dreihundert Jahre früher, um genau zu sein fünfhundertachtundfünfzig Jahre vor dem Erscheinen Donnerklitchens an der Kneippanlage in Jungholz, erschien dem Schäfer des Klosters Langheim das Jesuskind im Kreise anderer Kinder. Diese stellten sich ihm als die vierzehn Nothelfer vor und wünschten, dass man ihnen eine Kapelle baue. Anschließend verschwanden Blasius, Christophorus und der Rest der Truppe in den Wolken. Wenige Tage nach diesem als Wunder vom Frankenthaler Kinderkranz bezeichneten Ereignis wurde eine schwerkranke Magd an der Stätte der Erscheinung geheilt. Nachdem dort eine Kapelle errichtet, zerstört, errichtet, zerstört und wieder errichtet wurde, machte man Mitte des 18. Jahrhunderts Nägel mit Köpfen. Es entstand die beeindruckende Wallfahrtskirche Vierzehnheiligen, das Ziel unseres heutigen Wandertags. Auf dem Weg dorthin gab es zwar keine »Wand«, dafür aber viel Gesprächsstoff und ein bestimmendes Thema.

»Alles, nur nicht in die Tenne heute Abend.«

»Und wenn ›die‹ dorthin gehen?«

»Wen genau meinste denn mit ›die‹, Hoss?«

»Wen wohl? ›Die‹ von vorhin natürlich!«

»Egal, wir auf keinen Fall, Ingo!«

»Finger hat recht, Hoss! Wir gehen wie zivilisierte Menschen essen und lassen die Tour gemütlich ausklingen – wie heute Nacht vereinbart!«

»Was ›die‹ in Nürnberg wohl treiben?«

»›Die‹ kaufen schick ein, um uns heut Abend ein bisschen einzuheizen – Strapse und so Zeugs, Hoss!«

»Oder den Stenzen in der Tenne, Ronny!«

»Vergiss es, ›die‹ gehen nie und nimmer in die Tenne. ›Die‹ passen da nicht rein!«

»Glaubt mir, ›die‹ essen im Augustin ... und wir auch!«

»Das hört sich vernünftig an, Finger. Mal sehen, ob du recht behältst!«

Für geübte Wanderer wie uns war der Höhenweg Staffelberg ein Klacks. Auf etwa halber Strecke rasteten wir in der Klause der Adelgundiskapelle, bevor wir zur Basilika weitermarschierten. Die imposante Fassade dieses barocken Schmuckstücks beeindruckte mich mit ihren beiden Türmen schon aus der Ferne. Die feinen Stuckaturen, die Malereien und der Gnadenaltar zeugten von der Inspiration der Baumeister durch den Stil des Rokoko. Ich konnte mir lebhaft vorstellen, mit welcher Inbrunst der Organist an Ostern in die Tasten der die Westempore beherrschenden Orgel haute.

Nach der Besichtigung dieses prunkvollen Sakralbaus machten wir im Braustüberl der Klosterbrauerei die Bekanntschaft von zwei Pfälzer Bauerntrampeln. Was haben die sich danebenbenommen! Die Art und Weise, wie diese ungehobelten Kerle über ihre Frauen lästerten, entsprang der untersten Schublade. Keine Worte von der Sorte, derer sich Gentlemen wie die Saardéros bei ihrer Wortakrobatik bedienten! Nach einer Lage Nothelfer Trunk Dunkel machten wir uns auf den Rückweg. Troll war der Erste, der uns am Hotel begrüßte. Er wedelte wie verrückt mit dem Schwanz. Bestimmt freute er sich, dass der SV Werder Bremen im Münchner Olympiastadion gerade sein Meisterstück gemacht hatte.

»Wir waren noch kein einziges Mal im Pool, Männer. Wie schauts aus, gehn wir noch 'ne Runde schwimmen? Bodos Badehose müsste mal eingeweiht werden.«

Bodo hatte dazu keinen Bock, Heiner noch weniger. Der eine zog die Sportschau, der andere ein Nickerchen vor. Als ich mit Ronny eine Viertelstunde später am Pool auftauchte, war Hoss schon am Plantschen. Wie auch zwei schamlose Dinger, die es ihm verdammt schwer machten, nicht gegen die Präambel unseres Wandertourdekrets zu verstoßen. Jahre später erzählte er mir, dass er länger als beabsichtigt im Wasser bleiben musste, damit man ihm das nicht ansah. Das wunderte mich nicht. Die Luder trugen lediglich Badekappen, als sie unserem Kumpel bei ihren provokanten Schwimmübungen, Taucheinlagen und Handständen die unerhörtesten Perspektiven aufzwangen. Lass das Becken mal eins zwanzig tief gewesen sein! »Du hättest erst mal sehen sollen, wie die sich auf den Liegen breitgemacht haben, Finger! Der feuchte Trieb hatte mich minutenlang im Visier. Das war grausam, mein Lieber.« Keinem von uns fiel auf, dass die Nackedeis zu den acht

Geschoßen vom Vormittag gehörten, so abgeschminkt, kaltschnäuzig und nass wie die waren. Bei derlei Hemmungslosigkeit zogen Ronny und ich ebenfalls blank. Allerdings um in die Sauna zu gehen. Nachdem wir aus der wieder rauskamen, hatten wir das Spa für uns alleine.

Nach zwei Runden Schwitzen mussten wir uns sputen, nicht zu spät zum Essen zu kommen. Die andern waren schon vorausgegangen. Als ich mir nach dem Betreten der Dorfstube einen Überblick verschafft hatte, drehte ich den Kopf und flüsterte: »Siehste, Ronny, was hab ich euch gesagt! Wenn man wie ich den lieben langen Tag mit ihm zu tun hat, kann man das Verhalten des gewöhnlichen Weibes trefflich vorhersagen.« Dem tuschelnden Oktett neben dem Kachelofen stand die Erleichterung ins Gesicht geschrieben: Aaah, jetzt sind auch die Herrschaften vollzählig! Wir schenkten ihm eine Prise Smalltalk, bevor wir uns zu unseren Kameraden gesellten. Hoss war schon ganz fickerig. Kaum hatte ich für Ronny und mich zwei Weizen bestellt, legte er los:

»Sag schon, wie gehen wir vor, Finger?«

»Wie, wie gehen WIR vor, Finger? Heute gehst DU mal vor! Den ganzen Tag hast du von nichts anderem gelabert, als diesen Tussis da. Ich bin mal gespannt, wie du dich dabei anstellst!«

»Hahaha.«

»Nix hahaha! War doch so, oder?«

»Was habt'n ihr eben mit denen geredet?«

»Wir haben ihnen erzählt, dass du dich mit zwei Schlampen nackig im Pool rumgetrieben hast.«

»Seid ihr verrückt? Die gehören doch zu denen!«

»Wer gehört zu wem?«

»Na ... die beiden von vorhin zu denen da ... den acht da drüben!«

»Das ist jetzt nicht wahr, oder?«

»Und ob!«

»Wer von denen sind denn die beiden?«

»Die Rothaarige neben der langhaarigen Blonden und die Brünette mit der schwarzen Bluse, die mit dem Rücken zum Kachelofen sitzt. Ist mir gerade auch erst aufgefallen. So, wie die sich zurechtgemacht haben, sind sie auch nur schwer wiederzuerkennen. Aber das sind die zwei, da bin ich mir sicher. Ich könnte wetten, dass sie über mich reden.«

»Eher über Ronny und mich. Oder haste deine Badebuxe doch noch ausgezogen?«

»Hahaha.«

»Sag mal, Hoss, waren ›die‹ eigentlich schon da, als ihr vorhin hier reingeschneit seid?«

»Ne, Ronny, ›die‹ kamen kurz nach uns. Ihr Tisch war reserviert.«

»Reserviert? Ja sag mal, hat denn bei dir kein Lämpchen angefangen zu leuchten, als du gesehen hast, dass hier ein Tisch für acht Leute gedeckt ist, he?«

»Doch, schon, Ronny!«

»Und warum sitzen wir dann so weit weg von denen? Waren die Tische da vorne etwa alle schon belegt?«

»Ne, der da, an dem jetzt die älteren Leute sitzen, war noch frei. Aber Hein hat sich einfach hierher gesetzt.«

»Jetzt ist also Hein dran schuld, dass wir im Abseits sitzen. Wenn du 'n Kerl wärst, hättest du deine Kompetenzen als Reiseführer geltend gemacht und wärst in den Strafraum eingedrungen! Jetzt kannste mal zeigen, wie de das wieder hinbiegst, Alter!«

»Gib mir wenigstens 'nen Tipp, Finger!«

»Ich an deiner Stelle, würde denen zuallererst mal 'ne Flasche Sekt und acht Gläser rüberwachsen lassen«, mischte Bodo sich ein.

Hoss fand Bodos Vorschlag genial und winkte nach der Bedienung. Beim Bestellen ließ er sich nicht lumpen. Die Hausmarke war ihm zu popelig, ein von Hand geschüttelter Jahrgangssekt musste es sein! Als wir mit den Damen über die Tische hinweg anstießen, kam unser Essen. So unkonzentriert wie sich Ingo über sein Steak hermachte, habe ich ihn beim Spachteln später nie mehr erlebt. Statt, wie gewöhnlich, seinen Teller nicht aus den Augen zu lassen, wanderte sein Blick an einer Tour Richtung Front. Die langhaarige Blonde schien ihm zu gefallen. Er ihr allerdings auch. Sie balzte eifrig zurück. Natürlich musste sich Hoss währenddessen so einiges anhören. Ronny erinnerte ihn nachdrücklich an seine Drohung von der Anreise: »Denk dran, was ich dir gesagt habe, Ingo! Wehe, du schlägst über die Stränge!«

An unserem Tisch trug die Dame des Hauses auf. Beim Abräumen bat ich sie, mir ein Blatt Papier, einen Füllfederhalter und ein etwa zwanzig Zentimeter langes Stück Geschenkband zu bringen. Sie nickte und tat so, als wäre ein derartiges Anliegen im Augustin etwas Hundsgewöhnliches. Neugier konnte man ihr wahrlich nicht andichten. Ohne mich nach dem Grund meines Begehrens gefragt zu haben, brachte sie mir einen Bogen marmoriertes Schreibpapier, einen Gänsefederkiel, ein mit einem Korken verschlossenes Tintenfass, eine Rolle champagnerfarbenes Geschenkband und eine uralte Messingschere. Alles sehr edel! Wenigstens die Schere hätte auf jedem Flohmarkt einen Käufer gefunden. Jaja, die Dame des Hauses war nicht umsonst die Dame des Hauses. Die Frau hatte Stil und dachte mit, anstatt mir dumme Fragen zu stellen.

Die stellten dann meine Freunde. Ohne mit einem Wort auf deren vorwitziges Geschwätz einzugehen, fing ich an zu schreiben. So, wie ich es als Knabe gelernt hatte: in Schönschrift! Meine Volksschullehrerin hätte mir eine Eins dafür gegeben. Aber nicht für mein Verhalten. Während meines kalligraphischen Schaffens bückte ich mich vor wie ein Streber, der nicht möchte, dass seine Klassenkameraden bei ihm abschreiben ...

»So, Männer, fertig! Jetzt muss die Tinte noch trocknen.« Um dies zu beschleunigen, hob ich mein Werk ein wenig an und blies mehrmals wohldosiert über es drüber. Dabei achtete ich darauf, ja keine Speicheltröpfchen in den Luftstrom zu verbringen. Anschließend legte ich es verkehrt herum auf den Tisch. Während ich nun mit der Schere ein passendes Stück Geschenkband abschnitt, versuchten Hein und Hoss auf der Rückseite zu lesen. Das pergamentene Papier ließ dort die Buchstaben schemenhaft sichtbar werden. Um meine Reime in Spiegelschrift auf die Schnelle zu entziffern, waren die beiden aber nicht geübt genug. Dann rollte ich den Bogen zusammen und band das Schleifchen so drumherum, dass die Post auch äußerlich meinen Vorstellungen entsprach. Während der Prozedur glotzten alle nur doof. Außer Bodo, der grinste sich einen ab. Er wird geahnt haben, dass etwas Großes bevorstand: eine noch nie dagewesene Eröffnung in unserem Schäkerschach.

»So, Ronny, du bist der Jüngste. Jetzt kannste deinem Freund Hoss mal einen Gefallen tun. Der würde eh nur stottern. Steh auf, zieh dir die Mütze auf'n Kopf, geh rüber zu den Schwalben und sprich folgende Worte: ›Ich bin der Ronny, Giselhers Knappe, in den Händen die Post, auf der Birne die Kappe.‹ Aber auf Hochdeutsch und richtig betont! Anschließend öffnest du das Schleifchen, rollst den Bogen auf und sagst: ›Höre zu dreiste Braut, was mein Auge gleich schaut.‹ Dann liest du denen unsere Grußadresse vor. Und zwar so, wie ich das tun würde: lyrisch, laut und deutlich! Noch Fragen?«

»Ne!«

Nach zwei Saunagängen, einem Weizen und einem halben Bocksbeutel war Ronny beseelt genug, um in die Rolle des Poeten zu schlüpfen. Mutig zog er sich seine Kappe auf, griff sich meine Epistel und ging im Stechschritt zu seinem Bestimmungsort. Dort knallte er in der Art des braven Soldaten Schwejk die Hacken zusammen, bevor er den rechten Zeigefinger Ruhe gebietend vor den geschlossenen Mund hielt. Die Weiber verstummten und des Meisters Knappe sprach die ihm aufgetragenen, einleitenden Reime. Feh-ler-los! Das fanden deren Adressatinnen ziemlich lustig. Wie auch die übrigen Gäste, die Ronnys Intro natürlich mitbekamen. Das Gekicher endete schnell. Als der Gesandte seines Senders Botschaft von ihrer champagnerfarbenen Fessel befreite, theatralisch aufrollte und wie ein mittelalterlicher Vorleser darbot, wurde es mucksmäuschenstill. Jetzt hätte man eine Stecknadel fallen hören. Ronny rezitierte, als hieße er Ringelspatz. Ich hätte ihn drücken können, so beherzt tat er das:

»Das Hemd kariert, die Hose schlicht,
ein solcher Mann nicht ehebricht,
hab ich den Auftrag euch zu sagen!

Einst sprachet Donnerklitchen:
›Entsaget allen Flittchen,
kein Sünd soll Manns Gewissen plagen!‹

Nach was sich euer Auge richt,
ist rein, ohn Schand, tut Unzucht nicht!
Drum tut es ja nicht wagen,

uns mit verbotner Frucht zu locken!
Des Weibes feuchter Trieb sei trocken,
sonst gehts der Eva an den Kragen!

Nun sehet ein beschämten Hauptes:
Wir fünfe tun nur recht Erlaubtes,
auch in vom Fleisch bestimmten Lagen!

Beratschlagt euch ... 'ne Viertelstunde,
und wenn ihr brav seid, tuet Kunde,
dieser hehren Männerrunde!«

Standing Ovations! Alle die Verse Vernehmenden, nicht nur deren eigentliche Rezipientinnen, waren hin und weg. Etwas so Unerhörtes und zugleich Sympathisches lag außerhalb ihres Erfahrungsschatzes. Nachdem Ronny seine Mission mit Bravour erledigt hatte, überreichte er meinen Wisch der Brünetten vom Pool. Zum Abschluss machte er einen Diener, bevor er im Stechschritt zurück ins Abseits marschierte. Die Dame des Hauses war von seinem Auftritt dermaßen angetan, dass sie uns auf der Stelle eine Runde Quetsch spendierte: »Der Schnaps geht aufs Haus, Herrschaften! Das war eine ausgesprochen einfallsreiche Nummer mit unglaublich viel Stil! Ohne Ihnen zu viel zu verraten: Meines Wissens sind die Damen allesamt Flugbegleiterinnen, die in unterschiedlichen Gegenden wohnen und sich im schönen Bad Staffelstein zu einem gemeinsamen Wochenende eingefunden haben. Die sind schwer von Ihnen beeindruckt, das ist offensichtlich. Ich bin gespannt, wie sie reagieren. Gegenwärtig stecken sie die Köpfe zusammen und baldowern was aus.«

Keine zehn Minuten später, wir machten uns gerade über unsere Nachspeisen her (es gab Waldmeister-Parfait auf marinierten Erdbeeren, mmh!), zogen die mit Handtaschen und Gläsern bewaffneten

Saftschubsen zu uns um. Dabei klackerten die Absätze ihrer Stöckelschuhe energisch über den Dielenboden. Ein Raunen ging durch die Dorfstube, als sich ihre Speerspitze vorstellte:

»Ich heiße Martina, Nachname Thörner, mein Liebster zuhause, kriegt bestimmt keine Hörner!«

Unmittelbar vor ihrer Begrüßung hatte Martina einen ihrer in Riemchenpumps steckenden Füße auf den freien Stuhl neben Ronny gesetzt und frech mit dem Bein gewippt. Bei diesem Manöver rutschte ihr todschicker, knapp über den Knien endender Wildlederrock weit Richtung Feuchtgebiete. Jetzt trat offen zutage, dass man bei Thomas Cook auf appetitlich ausschauendes Bordpersonal Wert legte. Tina Thörners in hauchdünne, mokkafarbene Strapsstrümpfe gehüllte Schenkel ließen Hoss rot werden und den Rest von uns schlucken. Interessanter aber als die Tatsache, dass ich an ihren wohlgeformten Beinen, im Gegensatz zu den schwabbeligen Keulen im Spa, nicht den Hauch einer Cellulite ausmachen konnte, war etwas völlig anderes: Das leckere Weibsbild sprach vor, als wäre es beim Meister selbst in die Lehre gegangen:

»Fünf stolze Männer mögen hör'n,
was fremde Frauen ihnen schwör'n:
Wenn auch unter großen Schmerzen,
euer Wort ging uns zu Herzen!

Wir bleiben brav und tun euch nichts,
wir woll'n nur hör'n noch mehr Gedichts!
Der feuchte Trieb, der Zungenkuss,
die bleiben heut un ter Verschluss!«

Sogar beim Wörtchen unter wahrte Tina den dichterischen Gleichklang. Klasse Leistung, Mädchen! Ich staunte nicht schlecht und applaudierte artig mit. Jetzt waren wir wieder am Zug.

»Du bleibst so stehen und rührst dich nicht, Tina! Der Rest von euch darf sich setzen. Kommt, Mädels, greift euch Stühle und hockt euch zu uns!«

Heiner war es, der den Damen die Eintrittskarten zu einem vergnüglichen Abend löste. Bei viel Wein und noch mehr Gequassel erfuhren wir, dass die meisten von ihnen aus Berlin kamen. Sie kannten sich von ihrer gemeinsamen Ausbildung bei der Lufthansa, arbeiteten aber längst bei verschiedenen Fluggesellschaften. Alle zwei Jahre trafen sie sich übers Wochenende. Dass sie heuer in Bad Staffelstein landeten, war der in der Nähe wohnenden Agnes Wörth zu verdanken, die ihre Zusammenkunft organisiert hatte. Agnes bezog ihr Gehalt nach wie vor von den Kranichen. Sie war die Brünette, die zusammen mit der rothaarigen Greta Garboni Hoss am Pool den feuchten Trieb flagrant gemacht hatte. Letzterer bedauerte, dass Christin Bettscheider, das Blondchen mit den langen Haaren, nicht neben ihm, sondern neben Bodo – fast schon auf dessen Schoß! – saß. Das brachte Bodo auf die Idee, unseren Reiseführer zur Abwechslung mal unter dem Aspekt der Eifersüchtelei zu studieren. Locker lässig baggerte er die Bettscheider an. Dabei dichtete er auf seine Weise: Bodo Panzer fabulierte wie Felix Krull. Den Jaguar E-Type in seiner Garage hat ihm diese Chilischote genauso abgekauft, wie das Hochseefischen bei Windstärke neun in der Beringsee. Fehlte nur noch, dass er ihr verklickerte, in Grindelwald ein Chalet zu besitzen und seine Silvesterraketen von der Eiger-Nordwand aus abzufeuern. Hoss bekam einen Hals, als er bei Bodos Hochstapelei seine Felle davonschwimmen sah. Er war es dann auch, der das Gespräch (aus rein taktischen Gründen!) auf die Tanztenne brachte und (entgegen unserer ausdrücklichen Abmachung!) vorschlug, dass wir dort noch gemeinsam aufschlügen. Jetzt erfuhren wir, dass sich die Damen am vergangenen Abend lieber zeitig auf ihre Zimmer verzogen hatten, als sich in der Tenne länger der plumpen Anmache geistloser Spacken auszusetzen. Eigentlich wollten auch die dort nicht mehr hin. Aber da das Augustin bald schließen würde, wurde Hoss' Vorschlag zugestimmt. Selbst Hein, der Konservativste am Tisch, hatte keine Einwände. Zuvor aber verlangten uns die Weibsbilder eine weitere Kostprobe dichterischen Könnens ab. Bodo meinte, das wäre dann ja wohl meine Aufgabe:

»Komm, Finger, hau einen raus oder wir spielen Tischtennis!«
»Wieso schon wieder ich? Ist heute nicht Hoss an der Reihe?«

»Hahaha! Bodo hat recht, wenn du nicht spurst, spielen wir Tischtennis!«

»Ich warne euch!«

»Och, Giselher, sei doch nicht so! Bodo behauptet, niemand könne so gut Gedichte vortragen wie du. Das musst du uns jetzt mal beweisen. Kriegst auch 'n Küsschen! Tischtennis könnt ihr Jungs doch zuhause spielen.«

Wenn du wüsstest, Blondie, dachte ich. Und dann fiel mir etwas ein.

»Gut, ich machs, ich geb euch 'ne Kostprobe. Aber zuvor will ich wissen, wer außer Tina noch in Strapsen hier sitzt! Ronny hat heut Morgen nämlich behauptet, ihr würdet euch in Nürnberg alle welche besorgen, um uns am Abend ordentlich einzuheizen. Ich will sehen, ob der Bengel recht hat.«

Hatte er nicht! Zwar zeigte uns Beate Kruhse, die sich mit Tina Thörner ein Zimmer teilte und mir die Mannstollste von allen zu sein schien, dass die hautfarbenen Nylons unter ihrem Jeansrock ebenfalls kein Höschenteil besaßen, aber der Rest war züchtig gekleidet. Zum Wohlgefallen Heins waren bei Beate manche Kurven schön üppig ausgefallen. Aber auch sie hatte keine Cellulitecreme nötig. Die Kruhse und die Thörner gaben freimütig zu, dass Ronny in ihrem Fall richtig vermutet hatte. Im gleichen Atemzug versicherten sie, sich wie versprochen zu benehmen. Naja, dachte ich, ob ausgerechnet ihr beide das hinkriegt? Bis auf Sigrid Müßiggang, die eine blickdichte Strumpfhose unter ihrem Wickelkleid trug (was vermutlich auch besser so war), hatte der Rest Hosen an. Und die wollten sie nicht runterlassen, nicht mal ein Stückchen. Unter Vorbehalt nahm ich ihnen ab, dass sie nichts Lasterhaftes verbargen. Nachdem das geklärt war, musste ich Farbe bekennen. Ich stand auf und entschied mich – ausnahmsweise einmal! – für das Werk eines andern. Schließlich waren wir in Bad Staffelstein, der Geburtsstadt von Adam Ries: »Nun höret, forsches Weibsgepöbel, Worte von Jakobus Köbel!«

Pithagoras der sagt fürwahr,
all Ding durch Zahl wird offenbar!

Drum sieh mich an, verschmäh mich nit,
durchließ mich vor, dass ich dich bitt!
Und merk zum Anfang meine Lehr,
zu Rechenskunst dadurch dich kehr!
In Zahl, in Maß und in Gewicht,
all Ding von Gott sind zugericht.
Ein Mensch dem Zahl verborgen ist,
leichtlich verführet wird mit List.
Dies nimm zu Herzen, bitt ich sehr,
und jeder sein Kind rechnen lehr!
Wie sichs gegen Gott und Welt verhalt,
so werden wir in Ehren alt!

Den Damen gefiels! Die in Paarreime gefasste Mahnung des spätmittelalterlichen Rechenmeisters hatte ich mir am Tag vor unserer Anreise noch schnell eingeprägt. Ich hatte grundsätzlich etwas in petto, wenn wir auf unseren Streifzügen dem überaus verständlichen Begehren fremder Frauen ausgesetzt waren. Bevor wir zahlten, drückte mir Christin den versprochenen Schmatzer auf die Backe. Das tat sie recht amourös. Hoss bedröppelter Blick sagte alles: In diesem Moment bedauerte er, nicht selbst den Mut zu einem Dreizeiler aufgebracht zu haben. Ein paar Minuten später fielen wir tatsächlich noch einmal im Muschikantenstadl ein.

Wie zu erwarten, herrschte dort ein turbulentes Treiben. Die Mucke machte wieder die Band vom Donnerstagabend. Wir hatten Glück. Als wir kamen, wurde auf der zur Tanzfläche hin offenen Galerie ein Tisch frei. Der war groß genug, dass wir, dicht aneinandergerückt, auch zu dreizehn dranpassten. Hoss war merklich darauf bedacht, die Bettscheider dieses Mal neben sich zu haben. Vergebens! Die Schubse von Air Berlin hatte wohl anderes im Sinn, als sie sich den Stuhl zwischen Bodo und Ronny schnappte. Ich sah mich von Strapsen umzingelt. Beate Kruhse nahm rechts, Tina Thörner links von mir Platz.

Wir hatten gerade unsere Getränke bestellt, als etwas völlig Unerwartetes geschah: Der Bandleader kündigte den Spatz von Avignon an. Ach du liebe Güte! Erst wochs zuvor, in der Hexennacht, beim

Tanz in den Mai, hatte ich erleben müssen, was mir blühte, wenn meine Freunde einen von Mireille Mathieus größten Hits aus tiefster Kehle mitsangen, um beim Refrain schon einmal ein »T« gegen ein »P« zu tauschen. Vorsichtshalber ließ ich meine Führhand zwischen den Beinen verschwinden. Den meinen wohlgemerkt, nicht den depilierten von Tina! Schon nach den ersten Beats hatte ich gecheckt, welchen Titel die Musiker anstimmten. Bodo allerdings auch. Reflexartig sprang er auf und schrie:

»PING-PONG, Saardéros!«

Es fühlte sich an, als hätte Poldi einen Stromschlag abbekommen. Dann johlten sie – inbrünstiger als es die eins dreiundfünfzig kleine Französin mit der Pagenfrisur je hätte tun können:

»Taaraata-PING, Tarata-PONG ...«

Zum zweiten Mal innerhalb acht Tagen bereute ich, diesen Idioten die Zauberworte verraten zu haben. PING ... PONG, PING ... PONG, PING ... PONG, ... Poldi wurde bei soviel Topspin ganz schwindlig. Nach Bodos Startschuss musste er noch neunmal raus, um jedes Mal wieder zurückgepfiffen zu werden. Das war er von daheim so nicht gewohnt. Meine Kumpels amüsierten sich prächtig. Zwischen den Kehrreimen konnten sie sich Anspielungen wie: »Komm schon, großer Dichter, zeig uns den Schläger!«, oder: »Hand vom Sack und Finger auf'n Tisch, Finger!«, nicht verkneifen.

Ich schüttelte den Kopf und war froh, als diese Lausbüberei vorbei war. Unser Begleitschutz blickte natürlich nichts. Woher auch? Trotz aller Ausgelassenheit waren meine Freunde schlau genug, unser Geheimnis nicht aus einer Laune heraus preiszugeben. Da konnten die Damen noch soviel bohren.

Als Tina zwischen meine Beine langte, was Klose in Alarmbereitschaft versetzte, war das letzte PONG längst verklungen. Da ihr niemand verraten wollte, weshalb mich meine Kameraden ständig beim Nachnamen nannten, hatte sie sich kurz entschlossen Poldis Unterschlupf gekrallt, um den mal etwas genauer unter die Lupe zu nehmen. Dass die Geheimnistuerei mit ihm zu tun haben musste, hätte bei all den Andeutungen selbst das naivste Dummchen erfasst.

»Deine Hand fühlt sich ganz normal an, Giselher. Ich kann auch nichts Ungewöhnliches an ihr entdecken. Weiß der Geier, aber ich kann die Heiterkeit deiner Freunde nicht nachvollziehen.«

»Dann frag ihn doch mal, ob er mit dir eine Runde Pingpong spielt!«
»HUCH! ... Was war denn das?«

Zum Glück hatte dieser Megadödel von einem Cousin Pingpong blitzschnell ausgesprochen. Trotzdem, das war pure Absicht und in höchstem Maße leichtsinnig! Wegen Heins Übermut hatte sich Poldi für den Bruchteil einer Sekunde in fremder Fraus Händen befunden. Zu kurz, um die irritierte Paderbornerin realisieren zu lassen, was ihre Finger gerade gefühlt und ihre Äugelein gesehen hatten. Aber lange genug, um ihre Phantasie anzuregen. Wenn das Madame erführe – o weh, da würde Hein aber ordentlich einen auf den Deckel bekommen!

»Was das war? Das war ein Schmetterball, Frau Thörner! Bei Giselher waren die Mädels schon immer in guten Händen. Ganz besonders seit letztem Jahr!«

Mit Heins Posse war es dann gut. Die Jungs ließen die Kirche im Dorf und die einigermaßen erträgliche Musik uns alle noch ausgiebig scherbeln. Dabei kam Hoss voll auf seine Kosten. Greta Garboni brachte ihm den Quickstepp, die Müßiggang bei einem zwischendurch gespielten Bummelpeter den Rheinländer und Blondie gegen Feierabend noch die Feinheiten des Schiebers bei. Dabei muss es gefunkt haben. Als die beiden händchenhaltend zurück auf die Galerie kamen, petzte Ronny Hoss ins Bein und flüsterte: »Wehe dir!« Gegen drei Uhr morgens machte der Laden dicht.

»Und, was machen wir jetzt?«

»Jetzt gehen wir in die Heia, Tina! Denk dran, was du vorhin gesagt hast: ›Der feuchte Trieb, der Zungenkuss, die bleiben heut un ter Verschluss!‹«

»Aber es war doch grad so schön, Giselher. Außerdem war ›heut‹ gestern!«

»Hmh, da haste auch wieder recht! Dann mach mal 'nen Vorschlag!«

»Beate und ich haben ein großes Zimmer ... mit Balkon und ... einer gut gefüllten Minibar. Da könnten wir doch gemeinsam noch 'nen Absacker nehmen.«

Hoss war begeistert, fast schon euphorisch. Ronny und Bodo, die von Greta Garboni und Petra Passarella den Hof gemacht bekamen, kaum weniger. Petra machte Bodo ganz kirre. Ihrem Blick standzuhalten, ohne dabei vor Sehnsucht zu vergehen, war selbst für einen hartgesottenen Kerl wie ihn nicht einfach. Die süße Maus hatte stechend blaue Augen. Sie war mit einem aus Córdoba stammenden Gaucho, den sie in Buenos Aires bei einer Straßenfolklore kennengelernt hatte, liiert und konnte Tango. Leider hatte die lausige Combo den nicht in ihrem Repertoire. Das wäre was gewesen: Bodo beim Tango Argentino im Muschikantenstadl! Aber einer äußerte Bedenken:

»Ein Saardéro begehrt nicht seines Nächsten Weib, Männer! Die Lage spitzt sich zu. Wird das nicht zu gefährlich?« Hein formulierte seinen Argwohn geradeheraus. Ihm war es schnuppe, was die Göttinnen der Lüfte dabei dachten.

»Ach, was! Ich pass auf, dass nix passiert, Heiner! Komm, Tina hat recht. Einen Absacker sollten wir noch nehmen. Dann schläft sichs besser!«

»Also gut, Finger, aber du trägst die Verantwortung!«

Eine Kuh macht muh, viele Kühe machen Mühe! Die Rentner in Matzenbach kannten den Spruch. Obwohl man mir beinahe Unmenschliches abverlangte, knickte ich unter dem Joch der Fürsorge nicht ein. Nachdem immer offensichtlicher wurde, wer bei unserem Techtelmechtel was genau im Schilde führte, waren wir schnell nur noch zu neunt. Heiner war die Lage schon unterwegs zu brisant geworden. Die bis dahin verschlossene Elvira Tritsch – nach unserer Tour sprachen wir nur noch von der »Elwetritsch« – hatte sich ihm auf dem Weg zur Minibar als eine in zentraler Hinsicht arg vernachlässigte Ehefrau offenbart. Bestimmt war es Heins körperliche Präsenz, die Elvira zu Carpendales *Hello again* dermaßen zusetzte, dass sie in ihm die vorübergehende Lösung ihres Problems zu erkennen glaubte. Kein Wunder, ein Hosentürlreiber mit Hein hatte schon so manches Aschenputtel aus der Deckung gelockt. Aber wer meinen Cousin kannte, wusste, dass er Therapiemaßnahmen, wie die von der Elwetritsch erbetenen, nur zuhause leistete. Heins Tugendhaftigkeit setzte

Elvira so zu, dass sie seinem Beispiel folgte und sich ebenfalls verabschiedete. Agnes Wörth und Sigrid Müßiggang waren die nächsten. Nach Absacker Nummer eins zogen auch die beiden Leine.

Wie erwartet war es Hoss, der mir beim Leeren der Minibar die größten Probleme bereitete. Für meinen Geschmack trank er mit Blondie etwas zu häufig Brüderschaft. Und dann natürlich die Thörner selbst. Nach Absacker Nummer zwei nahm das Luder kein Blatt mehr vor den Mund. Tina flüsterte mir ständig ins Ohr, was sie bei Heins Posse Ungeheuerliches zu sehen geglaubt hatte. Dabei benutzte sie Vokabeln, die sich für eine züchtige Frau keinesfalls schickten. Zudem suchte sie die Art körperlicher Nähe, die sogar den Regenwald hätte entflammen können. Auch Beate stellte mich schwer auf die Probe. Oh, là, là! Das Biest testete meine Bereitschaft zu einer Liaison, indem es einen seiner Stöckelschuhe abstreifte und meinem Rücken eine Fußmassage verpasste. In den Strafraum ließ ich sie aber nicht, obwohl sie es mehrmals versuchte! Die Massage tat mir gut. Sie entspannte mich und trug sehr dazu bei, dass ich letztlich alles im Griff hatte. Bodo und Petra erlaubte ich eine Runde Tango Simulatico, Ronny und Greta etwas Verbalerotik und Hoss noch ein paar trockene Bruderschaftsküsschen. Und mir selbst?

Ich hielt mich wie so oft zurück und beschränkte mich auf meine Rolle als Wächter über Zucht und Ordnung. Vor unserem Abflug baten mich Tina und Beate noch um einen »kleinen« Gefallen. Zuerst wollte ich ja ablehnen. Aber dann entsann ich mich meiner Pflichten als Freiheitskämpfer und streifte ihnen die Nylons von den Fesseln. Damit waren die von ihrer Libido gequälten Weibsbilder wenigstens von den äußeren Zeichen der Sünde befreit.

Wenige Stunden später frühstückten wir noch gemeinsam, bevor Ronny zum Abschied einen Handstand hinlegte und damit die Tränendrüsen dieser sympathischen Weibsbilder erst richtig befeuerte. Eine unterhaltsame Herrentour ging zu Ende.

Das Erstemahl

Endlich, Sommer! Hoss lud für den Samstagabend vor Ostern zum »Erstemahl« ein. Der Gründonnerstag wäre auch in Frage gekommen. Aber als Christen konnten wir unmöglich mit dem letzten Abendmahl des Herrn Jesus konkurrieren. Der Eröffnung einer Grillsaison, anderswo als Angrillen bezeichnet, maßen wir einen besonderen Stellenwert bei. Wir grillten nicht, wir schwenkten. Selbstverständlich auf einem Original-Saarlandschwenker. Nur im absoluten Notfall kam auch ein Kugelgrill in Frage. Die dafür nötigen Erfordernisse hatten wir nach Schweregrad in unserem Kodex gelistet: Minusgrade, Hagelschlag, ein Blizzard, Wildschweine im Garten oder die Landung Außerirdischer vor der Rentnerklause in Matzenbach. Genau eine Ausnahme pro Mann. Wenn Aliens unsere Stammkneipe besucht hätten, wären wir schnell mal rübergedüst, um die Burschen aus Alpha Centauri mit ein paar Lagen Stubbis abzufüllen. Das Fleisch hätten wir solange auf kleiner Flamme ziehen lassen. Auf keinen Fall aber hätten wir einen Elektrogrill geduldet. Viel zu stillos für das Erstemahl! Gas war okay, aber nur Standgas. *»Niemohls, niemohls, dat feel dir niemohls en. Niemohls, niemohls, dat löößte besser sinn!«*, krakeelten wir in eben diesem Zustand, als sich unser bequemer Steckdosengriller Hein beim vorweihnachtlichen »Letztemahl« (die Saison musste selbstverständlich auch wieder ausgeläutet werden) für das nächste Erstemahl anbot. Wolfgang Niedecken wären bei unserem Gegröle die Ohren abgefault.

Das Wetter spielte mit. Es war trocken, überwiegend sonnig und etwas wärmer als vorhergesagt. Entsprechend gekleidet ließ es sich draußen eine Zeitlang aushalten. Ein betörendes Aroma lag in der Luft. Der Duft brennenden Buchenholzes mischte sich mit dem gar werdender Bratwürste und neckte verführerisch die Riechorgane der Anwesenden. Hoss' Nasenflügel vibrierten vor Erregung. Ein paar Spritzer Pils über das Grillgut und die Idylle war perfekt. Das sich dazugesellende Peng beim Aufplatzen einer Wurst und die zischend aus der Glut aufsteigenden Rauchsäulen waren ein sicheres Zeichen dafür, dass Hoss' Gruß aus dem Garten in Kürze servierbereit war. Bei ihm war ein »amuse geule« nie klein und mundgerecht, aber immer appetitlich. Er bediente das zweitwichtigste Handwerkszeug im Leben eines Mannes gewohnt meisterlich. Seine Wurstwendetechnik mit der Grillzange war einsame Spitze. Ein leichtes Anlupfen nur, und schon lag eines dieser formschönen Fleischereiprodukte wie gewünscht auf Bauch oder Rücken und ergab sich seinem Schicksal. Man konnte meinen, für Ingo hätte es keine Winterpause gegeben. Dem Äußeren nach zu urteilen, hatte dieser Schlawiner heimlich trainiert. Dass er so früh im Jahr schon in Topform war, verhieß viel Gutes für die Saison. Wir unterhielten uns, leise, ohne große Worte. Überwiegend belangloses Zeugs. Sogar unsere Frauen quasselten nicht wie gewöhnlich ohne Punkt und Komma. So konnte die eierlikörschwangere Lebensphilosophie eines wiederauferstandenen Hamburger Rockers aus Gittes Ghettoblaster dezent in unser Bewusstsein dringen:

> *... und ich mach mein Ding,*
> *egal was die andern labern.*
> *Was die Schwachmaten einem so raten,*
> *das ist egal, ich mach mein Ding ...*

Wenn unsre Jungs bei der WM in Brasilien ihr Spiel genauso brillant aufziehen, wie Raumpilot Udo sein Comeback im Astronautenanzug, ist nächstes Jahr der Titel drin. Das Potential dazu haben sie jedenfalls ... Während ich in Gedanken schon einmal das Halbfinale gegen die Selecao in Belo Horizonte durchspielte, wippte Heiner mit einem Bein zur Musik. Das tat er immer, leider selten im Rhythmus. Nicht nur Dante, ganz Brasilien wird ein Inferno erleben, Klose unter den Torschützen sein! Jaja, Ronaldo Fenomeno, dein Torerekord wird von Miro ins Reich der Geschichte geballert! Im Vergleich zu unserem Schützenfest war die Klatsche, die den Itakern letztes Jahr bei der EURO in Kiew verabreicht wurde, spanischer Fliegenschiss! Hach, was für angenehme Gedanken. Nach dem Finale im Estádio Maracana wird Klose Freudensalti schlagen und der deutsche Super-Mario den italienischen mit einer schwarz-rot-goldigen Most-Muscular-Pose zur Weißglut treiben. Balotelli wird vor Wut schäumen und seine Glotze mit einer Pumpgun erschießen, wenn er, längst zurück in Mailand,

Götzes Jubel nach dessen Siegtreffer gegen die Albiceleste mitansehen muss. Ja, ingleichen würde es laufen!

Gigi, die beim Grillen selbstverständlich dabei sein durfte, war ebenfalls glücklich. Sie lag zu Füßen ihres schneidigen Frauchens, die Schnauze auf ihren ausgestreckten Vorderpfoten platziert. Dabei verlieh die tief stehende Abendsonne ihrem schwarzen Fell einen reizenden Lichtkranz. Der ließ sie noch hübscher als ohnehin schon ausschauen. Gigi wähnte sich im Paradies. Wie immer bei solchen Anlässen. Ihren Frohmut teilte sie den Menschen um sie herum durch zufriedene Seufzer mit. Sie wusste aus Erfahrung, dass die nächsten Monate nicht nur für den Kaventsmann am Schwenker die schönsten des Jahres werden würden. Nur noch wenige Augenblicke und es gab auch für Gigi ein »mise en bouche«. Unserer Hündin beim Betteln zuzuschauen, war ein außerordentlich vergnügliches Erlebnis. Sie machte Sitz, ohne dass jemand das Kommando dazu gegeben hätte. Und zwar dort, wo sie meinte, das Objekt ihrer Begierde hypnotisieren zu können. Dabei konnte es vorkommen, dass sie mit der Schnauze auf die Tischplatte geriet. Das aber wurde, sehr zu ihrem Leidwesen, von Madame nicht geduldet. Ich war da weniger kleinlich. Nach so einem Anpfiff wanderte Gigis flehentlicher Blick im Zweisekundentakt zwischen Meckerziege und Fresschen hin und her. Dabei tropfte ihr der Speichel in Rinnsalen von den Lefzen. Auf dem Boden bildete sich dann schnell eine ansehnliche Pfütze. Die hätte man eher einem Bernhardiner als einer drahtigen Groenendael-Hündin zugeordnet. Vermutlich hätte man Gigi auf diese Weise bis auf den letzten Tropfen ausspeicheln lassen können. Aber sie war wohlbehütet und hatte keinen Kontakt zu so hundsgemeinen Leuten. Im Beisein von Madame oder mir brauchte sie diesen Schlag nicht zu fürchten. Außerdem musste ihr nur selten eine Diät verordnet werden. Trotz der Tatsache, dass sie beim Betteln fast immer Erfolg hatte. Um wirklich fett zu werden, war sie viel zu häufig auf Achse. Mit Frauchen, Herrchen oder Opa Alfons. Mehrmals am Tag, bei Wind und Wetter. Gigi nahm eine ihr hingehaltene Wurst behutsam mit dem Maul entgegen, um sie ein Stück weit wegzutragen und vorsichtig auf dem Boden abzulegen.

Dann begann ein kurioses Ritual, auf das man getrost jede Wette halten konnte. Der Anglizismus »Hotdog« erfuhr erst mit Gigi seine Daseinsberechtigung.

Wie einst ihr Herrchen mit seinen Füßen den Lederball, stieß sie den warmen Knubbel mit ihren Pfoten elegant vor sich her. Wenn sie davon genug hatte, lutschte sie ein Weilchen an ihm herum, bevor sie ihn langsam und mit Genuss verschlang. Diese Gepflogenheit legte sie nicht nur bei Rostwürsten an den Tag. Jedes phallusförmige Fleischröllchen machte aus unserer Gigi eine Feinschmeckerin; egal ob in XXL-Tülle gepresst oder der Gestalt eines Wienerchens. Ganz anders ihr Verhalten bei gewöhnlichen Kräckern. Die verschlang sie extrem gierig. Der Spender lief dabei jedes Mal Gefahr, Bekanntschaft mit ihren Zähnen zu machen. Eine Unsitte, die ihr nicht abzugewöhnen war. Aber beim Grillen wusste sie mit ihrem Besteck umzugehen. Da benahm sie sich wie eine feine Dame. Je größer die milde Gabe an sie ausfiel, umso länger dauerte der Akt der Liebkosung. Wenn man sie ein Weilchen beschäftigen wollte, gab man ihr am besten Lyoner. Es musste ja nicht gleich ein ganzer Ringel sein. Daisy war das krasse Gegenteil gewesen. Sie machte in jedem Phall kurzen Prozess. Nur nach Speiseeis konnten beide Hunde noch mehr gammern. Wenn es Bodo gerade passte, spekulierte er lauthals darüber, wo sich Gigi ihre raffinierte Technik wohl abgeschaut haben mag. Das war häufig dann der Fall, wenn fremde Tussis dabei waren. Manchmal musste ich seine schmutzige Phantasie zügeln und das Gespräch wieder in eine schicklichere Richtung lenken. »Spricht man so in der Gegenwart einer Dame, Herr Panzer? Gigis Vorstellung ist lediglich ein Musterbeispiel für Disziplin. Kein anderer Hund legt eine solche Selbstkontrolle an den Tag. Ich jedenfalls kenne keinen, du vielleicht?« Ja, ich war stolz auf unsere Gigi!

Ronny saß auf einem von Hoss' nagelneuen Gartenstühlen und war tief in den Blinker, ein Magazin für Angler, versunken. Die alten Plastikstühle waren im Vorjahr einer nach dem andern den gewachsenen statischen Ansprüchen ihres Besitzers zum Opfer gefallen. Ingo Kleinschmitt, Rufname Hoss, entwickelte sich immer mehr zu einem der ganz schweren Jungs. Obwohl er nicht einmal einem Borkenkäfer Leid zufügen konnte. Die wuchtigen Aluminiumstühle waren sündhaft teuer gewesen. Dafür sollten sie Männern seines Formats standhalten. Auch in den Gärten seiner Kameraden hatte er letzte Saison die ein oder andere Sitzgelegenheit in die Knie gezwungen. Was ihm ganz schön peinlich war. Zum Glück hatte er sich dabei nicht wehgetan. Weil Ronny noch immer im Blinker las, fragte ich Hein durch die Blume, ob er sich dessen seltsames Verhalten erklären könne.

»Seit wann wird bei uns geangelt, Heiner?«

»Ich weiß auch nicht, was das soll, Finger. Aber der Teich in Ronnys Garten ist riesig. Da kann man schon mal auf solche Gedanken kommen. Meinst du nicht auch?«

»Eigentlich nicht. Ich glaube, Ronny will wissen, wie man erfolgreich auf Fischzug geht.«

»Ganz genau – so ist es, Leute! Es mangelt uns an Phantasie ... und eine vernünftige Strategie haben wir auch nicht. Es muss sich was ändern, und zwar rasch! Diese albernen Börsenblättchen könnt ihr vergessen. Schon mal was von lateralem Denken gehört? ICH werde ab sofort neue Wege einschlagen und nach kreativen Denkmethoden suchen. Dazu gehört auch das Lesen mir bislang unbekannter Magazine. Der Blinker ist nur der Anfang. Schaut mal!«

Ronny hielt einen Stapel Hefte in die Höhe. Er hatte sich mit Lesematerial regelrecht eingedeckt. Scheinbar meinte er es ernst damit, den Querdenker zu mimen. Wenn wir auf unsere Aktien zu sprechen kamen, war er in letzter Zeit gewaltig angefressen. Seine Depression war nicht verwunderlich. Die Kurse waren im Keller. Land unter, wohin man auch blickte. Vielleicht würden wir schon bald ruiniert sein.

Wir hatten alle ein nettes Sümmchen in kanadische Rohstoffexplorer gesteckt. Eine hochriskante Wette! Nicht zu vergleichen mit einer Investition in die Blue Chips des DAX oder Dow-Jones-Index. Aktien von VW oder General Electric? Wie langweilig! Ne, für Kerle mit Eiern aus Stahl – »Steelballs«, wie wir, dem Hang zu Anglizismen folgend, zu sagen pflegten – gab es Prickelnderes. Einmal davon Kenntnis erhalten, konnten wir uns der Magie solch waghalsiger Wetten nicht mehr entziehen. Die Aktien dieser undurchsichtigen Zockerbuden wurden an der »Revolverbörse« in Vancouver und, wie sollte es anders sein, in Deutschland gehandelt. Dass hierzulande die Dummen so bald nicht aussterben, war den Firmenbossen in Kanada bekannt. Der Gedanke an das schnelle Geld war für deutsche Anleger scheinbar besonders verlockend, entsprechend groß deren Gier. Als Aktionär solcher Klitschen mutierte man zu einer zeitgemäßen Form des Glücksritters. Welches gestandene Mannsbild wollte nicht ähnlich clever wie Heinrich Schliemann sein? Es gab schließlich noch andere Schätze als den des Priamos zu bergen. Man machte sich als Shareholder nicht einmal die Hände schmutzig, sondern spendierte lediglich das für das Bohren von Löchern nötige Kleingeld. Wir Saardéros erwiesen uns als besonders spendabel. Unsere Devise lautete: Einmal im Leben richtig absahnen! Allerdings gab es da ein Problem: Nur in den seltensten Fällen wurden nach Auswertung der Bohrkerne Ressourcen entdeckt, deren Abbau sich rentiert hätte. Stattdessen wurde das Geld der Anleger verbrannt, oft auch seitens der Herren Direktoren in die eigenen Taschen gelenkt.

Zwar hatten wir noch andere Wetten am Laufen, aber den größten Teil der Knete auf Lemming Resources gesetzt. Lemming war unser Top-Favorit. Deren Claims in Südamerika wurden vor nicht allzu langer Zeit mit immensen Erwartungen gehandelt. Schließlich hatte das Management schon einmal das Kunststück fertiggebracht, ein Projekt günstig zu erwerben, zu entwickeln und erfolgreich weiterzuverkaufen. Die Firmenkasse war nach dem Deal mit den Chinesen prall gefüllt. Für einen popeligen Rohstoffexplorer eine Rarität. Insbesondere in Zeiten einer globalen Finanzkrise.

Wo Erich von Däniken Außerirdische am Werk sah, wähnten andere den Schlüssel zur Frührente. In Peru, südlich von Lima, nahe der Stadt Nasca, konnte man aus luftiger Höhe merkwürdige Abbildungen, sogenannte Geoglyphen, erkennen. Unweit dieser okkulten Stätten sollte sich ein riesiges Goldvorkommen unter den mächtigen Dünen befinden. Rein zufällig, beim Stöbern im Internet, war ich auf diese Perle gestoßen. In dem stark frequentierten Aktienforum »Nasdaq-offline« verbreitete der Heilsbringer »Capone« seinen Jüngern rund um die Uhr allerhand Weisheiten. Insbesondere zu Lemming Resources. Man konnte meinen, Capone leite einen Geheimdienst, so wie der informiert war. Unterstützt wurde er von einer Horde dämlicher Einpeitscher. Wir nannten sie »Loser-Boys«. Lemming ließ den Schatzsuchern über seine Botschafter ausrichten, dass die Company die Reichtümer in der mit Nuggets verseuchten Gegend mit Hilfe von speziell dafür ausgebildeten Golden Retrievern und der Ingenieurskunst des Teams heben werde. Zu diesem Zweck habe man einige Koryphäen des Bergbaus unter Vertrag genommen. Von wievielerlei Spürhunden die Rede war, weiß ich nicht mehr. Egal, auf jeden Fall sollten sich die Aktionäre schon einmal einen Platz im Altersheim reservieren. Sie würden nämlich schon bald stinkreich in Rente gehen können. Nachdem ich meinen Kameraden davon erzählt hatte, wollte keiner mehr bis Mitte sechzig arbeiten. Diesen Faulenzern ging es wie mir.

Leider entpuppten sich die großen Sprüche alle als heiße Luft. Die hätte gereicht, um mit einem Fesselballon bis zum Mond zu fliegen. Der Ausdruck »No nuggets for german boneheads« entsprang den Formulierungskünsten Gernot Finkes, Spitzname »Platon«. Platon war ein cleverer Zeitgenosse und rechtzeitig ausgestiegen. Er hatte in der Rentnerklause das Desaster vorhergesagt. Lemmings Bosse hatten zu viele Baustellen gleichzeitig aufgemacht, sich verzettelt. Nicht nur Edelmetalle, auch Kupfer, Aluminium, Zink, Blei und Eisenerz, sogar Uran und Seltene Erden, standen auf deren Speiseplan.

Ihr ehemaliger Chief Executive Officer, der Dutchman Luuk van Halen, wollte mit Gewalt hoch hinaus, aus einem Rohstoffexplorer einen Bergbauriesen zimmern.

Das gelang ihm genauso wenig, wie Bondscoach Rinus Michels 1974 der Gewinn der Fußballweltmeisterschaft. Bei diesem Vergleich musste ich unwillkürlich an die Schlagzeilen der Bildzeitung vor dem Finale in München denken. »WIR STOPFEN DEN DEUTSCHEN DAS MAUL!«, stand da zu lesen. Die vollmundige Ankündigung stammte von Arie Haan, dem Libero der in Orange gekleideten Elftal. Als Jugendlicher wusste ich noch nicht, dass Kuki Krol, Vater des holländischen Verteidigers Ruud Krol, in Zeiten deutscher Besatzung für den

Widerstand kämpfte. Mit seinem Heldenmut hatte Kuki vielen Juden das Leben gerettet. Mit diesem Wissen behaftet, hätte ich während des Endspiels womöglich noch den Holländern die Daumen gedrückt. »We were a little bit arrogant on the pitsch«, meinte Ruud Jahre später. Womit er recht hatte. »Clockwork Orange«, die mit Abstand beste Mannschaft des Turniers, verlor 2:1. Nicht zuletzt auf Grund ihrer Arroganz. Der Bomber der Nation hatte auf eine Hereingabe Bonhofs kurz vor der Halbzeit das entscheidende Tor gemüllert. Ein Gladbacher leitete mit einem Flankenlauf ein, was ein Münchner mit einem Rechtsschuss nach einer schnellen Drehung vollendete. Deutschland wurde am 7. Juli 1974 zum zweiten Mal Fußballweltmeister. Heiner und ich waren im Freudentaumel.

Bei Lemming Resources überschlugen sich derweil die Ereignisse. Ein arrivierter Jäger hatte mit ungeheurer List van Halens Platz eingenommen. Leider entpuppte er sich als heimtückischer Wildschütz. Kein Vergleich zu dem loyalen Exemplar, welches einst im Forêt de Paimpont für König Artus durch die Gegend streifte. Nachdem der Ganove das Ruder übernommen hatte, versuchte man bei Lemming Kohle mit Kohle zu machen. Ausgerechnet Kohle, eine Schmähung in den Augen von uns Saarländern. Hatte man doch hierzulande erst jüngst die letzte Zeche geschlossen. Statt Silber aus Mexiko, Kupfer aus Argentinien oder Gold aus Peru, sollte uns nun Kohle aus Kolumbien in Frührente schicken. Oje, Schicht im Schacht! Der hinterfotzige Weidmann wurde schließlich ebenfalls gejagt, nämlich vom Acker! Aber zuvor hatte er sich mit seinem Coup ein kohlenes Näschen verdient.

Mangels Alternativen stand ab sofort wieder Luuk auf der Kommandobrücke. Dieses Mal mit leeren Taschen. Die noch vorhandene Kohle reichte nicht einmal für das Nötigste. Luuk war gezwungen frisches Geld aufzutreiben. Zu Konditionen, welche Lemmings Altaktionäre alt aussehen ließen. So betrachtet, war die Prognose des frühzeitigen Renteneintritts wiederum aufgegangen. Einen Funken Hoffnung auf eine Wende gab es noch: Im Süden Ghanas, in der Region Ashanti, hatte die Company eine Ausschreibung zur Entwicklung eines Goldvorkommens mit Hilfe eines dubiosen Partners für sich entscheiden können. Alle anderen ehemals so hoch gehandelten Claims musste man abschreiben. Es kam wie befürchtet. Auch Lemmings letzter Silberstreif verschwand sang- und klanglos am afrikanischen Horizont.

Wir ahnten an diesem denkwürdigen Erstemahltag noch nicht, dass wir schon bald in gänzlich anderer Mission mit Ghana zu tun haben würden. Hoffentlich hat keiner der Gelackmeierten den Flown Dutchman verflucht, reflektierte ich. Nicht, dass er mit seiner Gespenster-Company bis zur Wiederkunft des Herrn Jesus auf dem Meer der Sprücheklopfer umherirren muss. Es wäre schlimm, wenn ausgerechnet Richard Wagner die Partitur zu van Halens Schicksal geschrieben hätte:

Nur eine Hoffnung soll mir bleiben,
nur eine unerschüttert stehn:
So lang der Erde Keime treiben,
so muss sie doch zugrunde gehen.
Tag des Gerichtes! Jüngster Tag!
Wann brichst du an in meiner Nacht?
Wann dröhnt er, der Vernichtungsschlag,
mit dem die Welt zusammenkracht?
Wann alle Toten auferstehn,
dann werde ich in Nichts vergehn, in Nichts vergehn ...
Ihr Welten, endet euren Lauf!
Ew'ge Vernichtung, nimm mich auf!

»Was ihr davon haltet, ist mir egal. Um auf neue Ideen zu kommen, lese ich jedenfalls erst einmal diese Heftchen da!« Ronny konnte einem Sorgen bereiten. In einer Zeitschrift für Angler ein Rezept gegen die große Depression zu suchen, schien uns leicht hirnrissig zu sein.

»Mensch, Ronny, was soll denn da schon Großartiges drinstehen? Hör auf mit dem Quatsch, trink lieber ein Bier mit uns!« Während er das Verhalten seines Kumpels kommentierte, legte Hoss schon einmal große Batzen Fleisch auf den Schwenker.

»Richtig, Hoss! Hat vom Angeln keinen Schimmer, kauft sich aber den Blinker. Der spinnt doch. Ich bin mal gespannt, mit was er uns als nächstes kommt. Ich tippe auf 'nen Kurs in Feng Shui.« Jetzt hatte auch Bodo Ronnys Leseeifer bewertet.

Trotz vorsommerlicher sieben Grad wurde es uns im Freien nun doch langsam kalt. Unsere Frauen waren schon längst in Hoss' Sofalandschaft eingetaucht. Dort schienen sie sich wegen ihrer Weitsicht bei der Partnerwahl wieder einmal gegenseitig zu beglückwünschen. Jedenfalls wollte uns der Dicke das weismachen. Er schaute alle Furz lang im Wohnzimmer nach dem Rechten.

»Noch ein Likörchen, ihr Lieben? Für Madame vielleicht ein Pastis? Oder doch lieber ein Gläschen Crémant? Ich hab ein wunderbares Tröpfchen aus Ingersheim kaltgestellt. Die Cuvée von Jean Geiler macht müde Frauen ... Ach, was seh ich da? Die Nüsse sind all! Keine Sorge, ich bring euch gleich noch welche.«

Wir hatten sein Geschleime genau mitbekommen. Hoss hatte die Terrassentür offen stehen lassen. Wenn es um das leibliche Wohl seiner weiblichen Gäste ging, war er schwer bemüht. Glattzüngig in Worte gekleidete Fürsorglichkeit war Teil seiner Natur. Der Hausherr war nicht mundfaul, wenn es galt, einem Weibsbild mit Worten zu schmeicheln.

»Zwei Bananen- und drei Eierlikörchen, Schatz. Und zieh dir bitte was Warmes an. Nicht dass der Schneekönig doch noch mal sein Bettchen ausschüttelt und sich mein Teddybär untenrum erkältet!«

Sich mein Teddybär untenrum erkältet! Gitte tat die Sorge um ihren kurze Hosen tragenden Kauboy offen kund. Peinlich klingende Schmusewörtchen waren auch ihr nicht fremd. Wie auch das Zubereiten lecker schmeckender Sahnetörtchen. Kein Wunder, dass im Hause Kleinschmitt ständig neue Gartenstühle angeschafft werden mussten.

»Ist gebongt, Schatzibussi!«

Hoss tat wie verlangt, ehe er sich in einer bequemen Jogginghose wieder an den Schwenker machte.

»Pass auf, dass du bei der nächsten Kontrolle nicht auf deiner eigenen Schleimspur ausrutschst! Man sollte dein Gesülze mal aufnehmen und den Loser-Boys vorspielen. Schäm dich!«

Hoss kam nicht mehr dazu, Heiners Anschiss zu kontern. Denn jetzt machte Ronny ein ganz anderes Fass auf:

»He, Saardéros, in der Flaschen & Bier steht, dass man alles Dingszeugs genauestens vermessen habe. Dabei sei der wissenschaftliche Maßstab angelegt worden. Die Ergebnisse wären erstaunlich. Auf miss-dein-dings.com könnten mutige Männer einen äußerst interessanten Erdkundeunterricht nehmen.«

»Die Flaschen & Bier? Sag nur, jetzt liest du auch noch dieses Idiotenblatt?«

»Nix Idiotenblatt – Laptop her, Ilsebill! Dein Vater ist ein furchtloser Mann!«

Ronnys Order war viel zu barsch, im Ton unangemessen. Schließlich machte seine schwer pubertierende Tochter ausnahmsweise mal keinen Stress. Die in eine Wolldecke gehüllte Zicke lümmelte friedlich auf der Hollywoodschaukel. Ich nahm an, sie posaunte gerade über Facebook hinaus, was sich fünf alte Böcke für ein dummes Gespräch hielten. Umso erstaunlicher war es, dass sie auf der Stelle gehorchte. Jetzt hieb ihr Alter auf die Tasten. Schnell hatte der die fragliche Seite aufgerufen. Während Ronnys Augen groß und größer wurden ... schwiegen wir. Nur Woddy Wodka gab keine Ruhe und erzählte via Ghettoblaster vom Fluten seiner Tanks:

... Zu den fernen, zu den Sternen,
in das kosmisch helle Licht,
wo das Weltall ihn erleuchtet,
und der Wahnsinn zu ihm spricht ...

Eine Weltkarte wie diese hatte Ronny gerade noch gefehlt. Nach der Sondierung ihrer ganz speziellen Längen- und Breitengrade schaute er bedripst drein. So hatte ich ihn noch nicht erlebt, zitternd und puterrot im Gesicht. Der Wurm war vollkommen außer sich!

»Sind wir jetzt die Größten, JA ODER NEIN?«

Er schrie wie ein Irrer und riss sich die Kappe vom Kopf. Jeder von uns trug so ein Teil, das Logo handgestickt.

»Spinnst du, Papa?«

Ilsebill erschrak sich bei dem Koller ihres Vaters. Ronnys Tobsuchtsanfall kam auch für sie unverhofft. Bevor sie zu Heins Zwillingen Paul und Paula ins Wohnzimmer flüchtete, zeigte sie ihrem Vater den Vogel und verlangte den Laptop zurück.

»Schieß schon los! Was liegt dir auf'm Herzen, Ronny?«

Zeitgleich mit seiner Direktive machte der Frauenversteher den Verträglichkeitstest. Die erste Grillwurst der Saison landete mit zwei, drei kernigen Bissen dort, wo schon Tausende ihrer Artgenossen verdaut wurden. Ingo Kleinschmitt war unsere Antwort auf Bernd Pavian. Sein Magen konnte (fast) alles vertragen. Sogar diese in Plastik verpackten Bruzzelwürste, für die neuerdings der Titan die Werbetrommel schlug.

»Du verdirbst uns noch die Stimmung, Ronny!«

»Was ist denn eigentlich los, verdammt nochmal? Raus mit der Sprache! Sonst gibts kein Malzbier zum Schwenker!«

Das saß. Ronny trank in der Fastenzeit außer Wasser und Tee nur Malzbier. Volle vierzig Tage lang verzichtete er auf Wein, Pils und Schnaps. Sogar auf Kaffee. Da war er konsequent. Anders als ich. Noch war nicht Ostersonntag und mit alkoholfreiem Bier brauchte man ihm erst gar nicht zu kommen. Mir übrigens auch nicht. Er wusste, dass zum Finale seiner diesjährigen Passionszeit etwas besonders Leckeres auf ihn wartete. Hoss hatte sich eine Andeutung dessen, was ich Ronny als Lohn für sein Durchhaltevermögen besorgt hatte, nicht verkneifen können. Geheimnisse vertraute man Hoss besser nicht an. Außer natürlich, sie waren ihrem Wesen nach wirklich top secret.

»Braunschweiger Mumme? Eine echte Rarität. Klasse, Finger, endlich mal kein Kara- oder Vitamalz!« Ronny war begeistert. Er hatte zwar schon von dieser über fünfhundert Jahre alten Spezialität gehört, sie aber noch nie probiert. Der zähflüssige Trank war teuer und sollte mit Wasser verdünnt getrunken werden. Wasser kann ich auch zu Hause trinken, wird er sich gedacht haben und fing endlich an zu reden ...

Als er mit seinen Erklärungen fertig war, hatte das Selbstbewusstsein meiner Kameraden einen gehörigen Knacks erlitten. Glücklicherweise waren die Würstchen gar. Die leckere – optisch zum Thema passende – Vorspeise ließ unsere Stimmung schnell wieder steigen.

Als Hauptgang gab es Schwenker vom Schwenker. Zwei Stück pro Mann, je einen für Frauen und Kinder und ein paar als Reserve für schlechte Zeiten. Womöglich konnte schon morgen ein neuer Krieg losbrechen. Hatte nicht dieser Kim Jong-un gerade erst wieder gezündelt und mit seinen Böllern gedroht? Der pausbäckige, kurz geratene, in dritter Generation größenwahnsinnige Mops aus Pjöngjang war scheinbar keinen Deut besser als sein Vater und Großvater. Und so einer soll in der Schweiz zur Schule gegangen sein? Kaum zu glauben!

Das Fleisch war nach einem Geheimrezept eingelegt. Eines der wenigen Geheimnisse, die Hoss zu wahren wusste. Für den Beichtstuhl hätte Pfarrer Kleinschmitt trotzdem nicht getaugt. Als Beilage servierte sein »Schatzibussi« selbstgemachten Nudel- und Kartoffelsalat. Letzterer war ein Mitbringsel von Bodos besserer Hälfte: hellgelbes Bintjefleisch, mit Speck und knusprigen Grieben perfekt zubereitet. Hmmh, niemand konnte Karoline in dieser Disziplin das Wasser reichen. Mit ihr konnte ich mich hin und wieder herrlich fetzen. Dieses beherzte Weibsbild war nicht nur in der Lage, seinen Gästen einen verdammt guten Sauerbraten aufzutischen, sondern ihnen auch klipp und klar die Meinung zu sagen. Während wir Männer zum Essen Stubbis (und Braunschweiger Mumme) tranken, süffelten die Damen Wein. Madame bewies mit der Wahl der von ihr spendierten Flasche Geschmack.

»Die Rebsorte Mourvèdre ist bei uns relativ unbekannt. Riecht mal! Das Bouquet erinnert mich an den Duft der sonnengebadeten Garrigue ... und natürlich die erotischen Stunden mit meinem Spatz. Gell, Giselher?«

»Oui, Madame! Aber du solltest auch erwähnen, dass du die Trauben während unseres Urlaubs am Canal du midi schon vor der Lese durch die Winzer von Les Jamelles ausgiebig gekostet hast.«

»Stimmt. Madame Traubenklau hat er mich fortan genannt. Ist er nicht süß?«

»Madame Traubenklau? Du bist wirklich zu beneiden, Maria!«

»Wie nennt er dich noch mal in der Bretagne?«

»Frau Tidenhub, Mathilde.« ...
»À votre santé, Mesdames!«
»À votre santé, Saardéros!«

Nach dem üppigen Essen tranken wir gemeinsam einen Verdauungsschnaps. Noch war Ronny standhaft und lutschte an seinem Glas Mumme für Dumme.
»Ein starkes Mannsbild wird, wie alle Völker sagen, nie schmal in Schulter sein und schlappe Lenden tragen. Fragt einer, welches denn die Ursach dessen sei? Er isset Fleisch und trinket Mumm dabei.«
»Bravo, Finger, bravo!«
»Das haste wieder mal schön gesagt, Giselher.«
»Danke für den Applaus, Leute! Und, Ronny, schmeckts?«
»Granatenmäßig, da kann man glatt süchtig von werden!«
Die paar Zeilen hatte ich mittags noch schnell auswendig gelernt. Keine schlappen Lenden mehr? Der Wurm war zufrieden.

Mit vollen Mägen verdrückten wir uns wieder nach draußen ans Feuer. Es war klar, dass nach Ronnys furchtbarer Entdeckung ein Masterplan her musste. Was es jetzt zu besprechen galt, war für weibliche Ohren tabu und von einer Bedeutung, die auch in der Fastenzeit einen Regelbruch rechtfertigte.
»Prost, Saardéros!«
Der aus heimischen Birnen gebrannte Klare, den Hoss am Schwenker verkosten ließ, beendete Ronnys Fastenzeit. Dem Geschmack nach zu urteilen stammte das Obst aus Niedergailbach. Wir schüttelten uns nach jedem Glas. Ganz so, als hätte jemand Es gibt Reis von Helge Schneider aufgelegt. Bei so viel Haareschütteln wurde uns ordentlich warm. Auch Bodo, der sich den Kopf regelmäßig kahl schor. Bei diesen Außentemperaturen und der Konkurrenz im Fernsehen stellte das Jungvolk keine Gefahr für die Geheimhaltung dar. Eine verwöhnte Generation schien da heranzuwachsen.
»Siebzehndreiundneunzig ... im Schnitt! Mein lieber Scholli, von solchen Weiten hört man sonst nur beim Dreisprung!«
»Aber Jonathan Edwards ist doch Brite. Oder gehört der Kongo

noch zum Empire?«

»Das ist der springende Punkt, Heiner. Eher zu Frankreich. Zumindest die Amtssprache dort ist Französisch, nicht wahr? Beispiel gefällig? ›Quelque chose in der Hose? Mais oui, Madame: Klose!«‹

»Quatsch keinen Quatsch, Finger! Aber du hast recht. Die Franzosen liegen gut im Rennen, genau wie die Belgier. Du bist doch selbst fast Franzose, hast einen belgischen Schäferhund, Klose in der Hose und sogar Poldi an der Hand. Du musst uns helfen. Sag du uns, wie's lang geht. Bitte!!!«

Meine Güte, so verunsichert hatte ich Bodo ja noch nie erlebt.

»Vierschzehnachtundvierschzich ... dasch sinn faschd dreieenhalb Zennimeder. Wir müschen unbeding etwasch unnerneeehme ... irjendwasch ... Haupschasche, wir verkürzsche dee Abschdand ... esch musch e Löschung gewenn!« Ronnys Genuschel geriet zu einem kaum mehr verständlichen Kauderwelsch. Die paar Schnäpse zeigten nach seiner vierzigtägigen Abstinenz im Nullkommanichts Wirkung.

»Wir müssen uns an den Bierbudentester ranmachen und rausbekommen, wie er es geschafft hat, aus seinem mickrigen Chihuahua einen mannscharfen Terrier zu machen!«

»Bernd um Rat fragen? Gute Idee, Hoss. Neulich Abend, beim Bubi an der Wurstbude, war er mir gegenüber erstaunlich redselig. Offenbar hatte er den Tag über schwer geschuftet. ›Finger‹, lallte er, ›wenn du wüsstest, wie klein ich angefangen habe.‹ ›Dann mal raus mit der Sprache, Bernd! Gib mal Butter bei die Fische!‹, erwiderte ich. Aber so besoffen war er dann doch nicht. Wie klein genau, wollte er mir partout nicht verraten. Nur soviel: ›Zu klein, Finger, viel zu klein. Mehr sag ich nicht!‹ Das ›viel zu klein‹ hätte sich dann auf seiner Afrikatour ›Prinz sei Dank‹ geändert. In irgendeinem Provinznest in Ghana will er einen schwarzen Prinzen in einer Disco kennengelernt haben. ›Brauchst gar nicht so blöd zu gucken, Finger, hast richtig gehört: Disco! Die nennen ihre Kneipen dort Disco‹, hat er gesagt. Zufälligerweise hätten er und der Prinz zur gleichen Zeit mal gemusst. In Ghana sei es Usus, beim Pipi machen seinem Nachbarn ein Schwätzchen zu halten. ›Nicht so verklemmt wie bei uns, wo beim Pissen alle nur stur geradeaus glotzen, Finger.‹ Dabei muss etwas Gigantisches in Bernds Blickfeld geraten sein. ›Glaub mir‹, sagte er, ›diesen Anblick werde ich nie vergessen. Meine Augen sahen den fleischgewordenen Verstoß gegen das Kriegswaffenkontrollgesetz!‹ Bernd war trotz seines bierseligen Zustands in der Lage, die Dinge gewohnt plastisch zu schildern. ›Ich hab mich mit dem Prinzen noch lange unterhalten. Wir hatten Durst und legten eine ordentliche Schlagzahl an den Tag. Die Verständigung stellte kein Problem dar. Prinz Long Dong sprach fließend Englisch.‹ Mit den Bierchen in der Birne muss Bernd die Gunst der Stunde genutzt und kühn um Rat gefragt haben. Wie ihr wisst, hat sich sein Mut ausgezahlt. Der Prinz muss ihn in etwas eingeweiht haben, von dem unsereins noch nie gehört hat. Etwas eigentlich streng Geheimes, irgendeine Spezialtechnik. Die hat er mir natürlich nicht verraten. Nicht einmal eine Andeutung hat er gemacht.«

»Eischendlisch isch de Bierbudendeschder een chlorer Tyyyb. Hält gleischzeitisch sei kleinesch Schwänschschen und scheinem Naschbar een kleinesch Schwätzschen. Für zschwei Dosche Mumme gibd der uns beschdimmt een Hinweisch.«

»Von wegen chlorer Typ! Meinst du wirklich, dieser Saftsack ist scharf auf Konkurrenz? Vergiss es, Ronny. So, wie ich den einschätze, behält er sein Geheimnis mal schön für sich. Der würde eher sterben, als ausgerechnet uns zu sagen, wie's lang geht.«

»Ich kenn ihn besser, Bodo. Wartets ab, ich überleg mir was. Und jetzt ist Schluss mit dem Gejammer! Wir sind die Saardéros ... wir sind die Größten ... PING!«

Bei meiner Ermunterung reckte ich demonstrativ Poldi in die Luft.

»PONG!«

»Du hast gut reden, spielst schon seit zehn Jahren in der Champions-League. Ich will auch einen wie Poldi. Wir sollten nochmal nach Wertach fahren. Dann spendiere ICH den Schlampen den Zickentöter und bekomme vom Schneekönig Gomez geschenkt!«

»Oder Marin, Heiner! Aber zuvor sollten wir in Jungholz kneippen und den Blitz bei dir einschlagen lassen. Glaub ja nicht, dass ich für euch den Lockvogel spiele. Das wäre mir dann doch zu gefährlich. Wer weiß, wie der Schneekönig auf eine solche Ungebührlichkeit reagieren würde. Zum bösen Schluss wäre ich Poldi los und Madame untröstlich.«

Ronnys Gesichtsausdruck nach meinen Kalauer sprach Bände.

»Prost, Saardéros – auf Bernd Pavian!« Bevor es uns wieder nach drinnen verschlug, plärrten wir unser Wohl auf den Bierbudentester in den Erbacher Nachthimmel. Wir wollten uns nicht erkälten. In wenigen Wochen stand unsere Tour an. Zu diesem Zeitpunkt ahnte noch keiner, wohin die uns führen sollte.

Der Mumme-Köder

Manche meinten, Bernd Pavian trüge seinen Namen zu Recht. Andere wiederum vertraten die Ansicht, er sei gar kein Arsch, sondern ein ganz umgänglicher Typ: »Man muss schon einmal ein Bierchen mit ihm getrunken haben, um sich ein Urteil erlauben zu können. Im Übrigen soll man nicht alles glauben, was einem die Leute erzählen.« Ich hatte mit Bernd schon häufiger einen gebechert und wusste, wie man ihn zu nehmen hatte. Auch, dass er kleinen Gefälligkeiten gegenüber wohlgesonnen war. Dieses Mal würde ein Allerweltsmitbringsel freilich nicht reichen, ihm die gewünschte Auskunft zu entlocken. Dazu bedurfte es einigen Geschicks. Soviel war mir von vornherein klar. Mit den Informationen, die ich heute von ihm wollte, würde Bernd, wenn überhaupt, nur mit viel Überredungskunst und starken Argumenten herausrücken. Ronnys schwärmerische Reaktion letzten Samstag hatte mich auf eine Idee gebracht. Mit Unterstützung aus Braunschweig könnte es klappen. Die Aussicht auf zwei Dosen Segelschiff-Mumme, eine Dreiviertelliter-Tonflasche Mumme-Jahrgangsbier und einen Original-Mumme-Schnabelbecher aus mundgeblasenem Plexiglas, den Schriftzug »Bernd Pavian - König der Bierbudentester« auf dem Becherboden eingraviert, würde ihn vielleicht weichkochen. Das Ganze mit einer Prise Seemannsgarn verpackt und, als Bonbon, eine Bommelmütze von Lemming Resources zum Überstehen des Kurswinters. Wenn das nicht überzeugte! Schließlich war Bernd nicht nur ein ausgewiesener Schluckspecht, sondern auch fett in Luuks Frührentnerproduktionsanstalt investiert. Das Geschenkpaket wurde mir vormittags zugestellt. Die Bommelkappe hatte ich über. Sie war ein Mitbringsel von einem Aktionärstreffen während der Edelmetall- und Rohstoffmesse in München. Ich war optimistisch, aber beileibe nicht sicher, dass Bernd mein Köder schmecken würde. Wenn er mit allem gerechnet hätte, aber bestimmt nicht mit einem Anruf von mir.

»Hallo, Bernd, Finger am Apparat. Wir sollten mal wieder zusammen ein Bierchen trinken. Meinst du nicht auch?«

Dass sich einer seiner ärgsten Rivalen mit ihm treffen wollte, wird ihm suspekt vorgekommen sein. Zumal ich ihm den Grund meiner

Initiative am Telefon beharrlich verschwieg. Da konnte er noch soviel bohren. Vorab sollte er lediglich wissen, dass es sich für ihn lohnen würde, seinen Arsch in Bewegung zu setzen.

»Honeckers kleine Trinkhalle? Keine schlechte Idee. Ich wusste gar nicht, dass Kalle schon wieder geöffnet hat. Du hast recht, Finger. Es wird Zeit, dort mal wieder nach dem Rechten zu schauen. Bis nachher!«

Wir hatten uns für den späten Nachmittag verabredet. Die heruntergekommene Frittenbude am Ufer des Klitflitzer Weihers war seit Bernds Amtsantritt beim Guide der ewig Durstigen eine seiner Lieblingsadressen. Seitdem er aus Afrika zurück war, passte er sich sogar der allgemeinen Kleiderordnung am Badestrand an. »Ein Pavian hat nichts zu verbergen!«, hieß es plötzlich. Der Bierbudentester zeigte den Leuten nun auch die Kehrseite seines rosigen Hinterns. Zuvor war das lange Zeit anders gewesen. Bei seinem Debüt in »Klitflitz«, wie dieses Sahnestück natürlichen Miteinanders von Insidern genannt wurde, hatte sich ein Knirps mit ihm gemessen und lauthals als Gewinner ihrer Dingsvergleiche erklärt. Der Elfjährige war stolz wie ein Spanier. Hatte er doch einem Erwachsenen gezeigt, wo der Hammer hängt. Was die Anwesenden amüsierte, nagte an Bernds Ego. Fortan fand er auf die Frage: »He, Bernd, altes Haus, warum läufst du bei dieser Affenhitze in langen Hosen rum?«, die hanebüchensten Ausreden. Aber mittlerweile genoss er die neidischen Blicke der Konkurrenz genauso, wie die lüsternen der am feuchten Trieb laborierenden Nackedonierinnen. Nicht nur sein Selbstvertrauen war mächtig expandiert. »Auferstanden aus Ruinen und der Zukunft zugewandt« lautete das Motto des gebürtigen Brandenburgers. Wie damals zu Ulbricht-Zeiten, als er die Hymne des neuen Deutschland in der Schule lernte. Wassertemperaturen, bei denen Klose zusammengezuckt wäre, konnten Bernd nicht mehr schrecken. Wenn was los war, ging er schwimmen. Nur, um als Mixtum compositum von Daniel Craig und Richard Burton wieder an Land schreiten zu können. Von wegen: *Der Spion, der aus der Kälte kam!* Niemand konnte mehr ernsthaft behaupten, Bernd zöge den Schwanz ein. Selbst dann nicht, wenn das Wasser arschkalt war. Bei schönem Wetter gab es allerhand zu sehen. Insbesondere, seitdem auch im Saarland nicht nur die Kufen der Rodelschlitten »gewaxt« wurden. Freie Sicht für Alle! Am Klitflitzer-Weiher huldigte man einem Volkssport der ehemaligen Deutschen Demokratischen Republik in Scharen.

Daran waren die Umstände eines bemerkenswerten Sportwettkampfes schuld. Und natürlich dessen Koordinaten. Nur einen Katzensprung entfernt lag Wiebelskirchen. Die Einheimischen wussten, dass im Arbeiter- und Bauernstaat nicht alles schlecht gewesen war. Der Spreewaldgurken Way of Life gehörte unbedingt erhalten. Honi hätte seinen Spaß gehabt. Zumal er mit dem Besitzer der Trinkhalle über ein paar Ecken verwandt war. Karl-Heinz Honecker, der unter dem Namen »Flitzer-Kalle« einen zweifelhaften Ruf genoss, empfing seine Stammgäste mit dem sozialistischen Bruderkuss. Dieses Gebaren hatte er von seinem Vater Siegfried, der das Familienunternehmen 1968 gegründet und ein Vierteljahrhundert später seinem einzigen Sohn überschrieben hatte. Was für eine idiotische Idee von Margot, nach dem Fall der Mauer ins Exil zu gehen! Die wäre besser mal mit ihrem Mann in dessen Heimat gezogen, statt zu ihrer Tochter nach Chile zu flüchten. Aber konnte man wissen, was die Knackis Erich während seiner Zeit in Moabit alles ins Ohr geflüstert hatten? Dass Honi bei seinem Staatsbesuch im September 1987 mit Oskar am Zwiebelweiher, wie die naturbelassene Badeoase damals noch hieß, einen textilfreien Verdauungsspaziergang gemacht haben soll, hielt ich für ein Märchen. Zu jener Zeit war man hierzulande noch deutlich genanter. Auch wenn man von dem jungen Ministerpräsidenten das Gegenteil behauptete. Da schenkte ich schon eher dem Gerücht Glauben, Oskar habe Erich überreden wollen, sich im Studio Cascade einen Prinz-Albert piercen zu lassen. »Die Schmerzen lohnen sich, Erich. Margot wird sich wie Queen Victoria fühlen! Glaub mir, ich weiß, wovon ich rede. Wer zu schnell kommt, den bestraft die Mutti!«, soll der Staatsratsvorsitzende nach ein paar Bierchen zu hören bekommen haben. Ich nahm mir vor, Kalle in dieser Sache bei Gelegenheit mal etwas genauer zu interviewen. Wenn Honi am Zwiebelweiher tatsächlich die

Vorteile einer mit einem Kugelverschluss veredelten Bonsaihaubitze Glasnost gemacht worden waren, sollte Kalle von Oskars Perestroika eigentlich wissen.

So früh in der Saison war es noch zu kalt, dass man ernsthaft erwarten konnte, einen Blick auf die Umstände werfen zu können, für die der Klitflitzer Weiher seit den frühen Neunzigern stand. Selbst Bernd machte keinerlei Anstalten, aus den Klamotten zu steigen. Bevor die Naturverbundenen ihren frivolen Siegeszug antraten, hatte an dieser idyllischen Stätte zwanzig Jahre lang ein beliebter Sportwettkampf stattgefunden: der »Zwiebelweiher-Sprint«. Zum letzten Mal im Sommer 1993. Im Vollgas um den Weiher hieß die Devise. Die Läufer und Läuferinnen wurden in Altersklassen und nach Geschlecht eingeteilt. Glanzvoller Höhepunkt der mit allerlei Tamtam begleiteten Veranstaltung war die Entscheidung im gemischten Triple der Aktiven. Teams aus allen Ecken der Republik waren am Start. Bei der finalen Veranstaltung sorgte eine Mannschaft aus den neuen Ländern für Furore. Clenbuterol Magdeburg ging als Favorit und somit zuletzt ins Rennen. Die Startaufstellung lautete: Katrin Krebs, Fritz Hopsfels, Grit Brauer. Die Regeln schrieben vor, dass der männliche Part jedes Staffeltrios in der Mitte zu laufen hatte. Der Zufall wollte es, dass sich unter den Zuschauern auch eine Gruppe begeisterter Chinesen befand. Denen brachte man im benachbarten Heiligenwald die Woche über bei, wie man zu den goldenen Zeiten des saarländischen Steinkohlebergbaus in der Grube Itzenplitz Kohle gemacht hatte. Nachdem die gazellenhafte Krebs den Staffelstab mit neuer Zwischenbestzeit an Hopsfels' Fritze übergeben hatte, waren die Gelben nicht mehr zu halten.

»Flitz, Flitz … flitz, Flitz … flitz, Flitz …!«

Durch die Anfeuerungsrufe beflügelt, baute der athletische Flitzer den Vorsprung aus. Als er seine Grit (die beiden hatten was miteinander) auf die Schlussrunde schickte, war abzusehen, dass der bisherige Meeting-Rekord dramatisch unterboten werden würde. Die aktuelle Zeit wurde im Start-Ziel-Bereich neben Honeckers kleiner Trinkhalle auf einer mobilen Anzeigetafel eingeblendet. Während sich Grit auf den letzten Metern total verausgabte, nahm sich das Publikum an den

Chinesen ein Beispiel.

»Flitz, Glit ... flitz, Glit ... flitz, Glit ...!«,

dröhnte es bis nach Heiligenwald. Grit flitzte, und wie: vier Minuten und dreiundfünfzig Komma vier Sekunden – eine absolute Fabelzeit! Die hatte leider nicht lange Bestand. Wie man am darauffolgenden Wochenende in der Saarbrücker Zeitung lesen konnte, war es bei der Jubiläumsveranstaltung zu einem Eklat gekommen:

CLENBUTEROL MAGDEBURG GEDOPT! Die deutsche Leichtathletik wird eine Woche vor der Weltmeisterschaft in Stuttgart von einem Dopingskandal erschüttert. Am vergangenen Sonntag lief die Mannschaft von Clenbuterol Magdeburg in der Aufstellung Katrin Krebs, Fritz Hopsfels, Grit Brauer bei der zwanzigsten Auflage des Zwiebelsee-Teamsprints eine sensationelle Zeit. Das Trio aus Magdeburg absolvierte die drei Runden um den Weiher als erstes Team überhaupt unter fünf Minuten und unterbot die alte Bestleistung von Stanozolol Neubrandenburg um mehr als vierzehn Sekunden. Wie sich im Rahmen der Dopingkontrolle herausstellte, hatten Katrin Krebs und Grit Brauer ein auf der Dopingliste stehendes Mittel zur Behandlung von Asthma eingenommen. Die beiden Weltklasse-Athletinnen gaben den Verstoß gegen die Dopingregeln nach dem Ergebnis der A-Probe geradeheraus zu. Obwohl selbst ebenfalls positiv getestet, bestreitet Hopsfels die Einnahme eines verbotenen Medikaments vehement. Der Magdeburger besteht auf die Öffnung seiner B-Probe. Der Gemeinderat von Schiffweiler hat umgehend auf diesen Skandal reagiert. Er folgte einer Petition des Ratsmitglieds Doris Wagner-de Klit und beschloss mit großer Mehrheit, das traditionsreiche Sportfest künftig nicht mehr auszutragen. Schade, hatte sich doch der Zwiebelweiher-Sprint seit seiner Premiere im Jahr 1974, nicht zuletzt durch die Teilnahme zahlreicher Spitzensportler, zu einem wahren Publikumsmagneten entwickelt.

Von da an war nix wie bisher. Die Vokabel »Klitflitz«, zurückzuführen auf den Familiennamen des Grafen Heinrich Friedrich August von Itzenplitz und eine Sprachschwäche asiatischer Menschen, wurde von einer kommunalen Politemanze nach Bekanntwerden des Dopingskandals in den Ring geworfen. Doris Wagner-de Klit, scharfzüngige Gattin eines niederländischen Bibliothekars, genoss als Frauenbeauftragte im Gemeinderat erheblichen Einfluss. Die exzentrische Deutsch- und Kunstlehrerin setzte die künftige Nutzung des Zwiebelweihers als Freizeitrefugium für naturverbundene Anarchos genauso durch, wie dessen Umbenennung zum Klitflitzer Weiher.

> *Ein Geschenk von Doris,*
> *Frau Wagner-de Klit,*
> *entjungfert in Holland,*
> *die Wollust im Schritt!*

Vermutlich war es ein von ihr gemaßregelter Oberstufler gewesen, der wenig später diesen bemerkenswerten Vierzeiler in den Stamm einer Eiche gegenüber Honeckers kleiner Trinkhalle geritzt hatte.

Bernd hatte in Flitzer-Kalle, es gab jede Menge Zecher und Voyeure an dieser Schöpfung frauenhafter Kommunalpolitik, einen Seelenverwandten. Auch Edgar, Kalles siebenjähriger Sohn, lag ihm am Herzen. Der Bub war auf Zack, kam ganz nach seinem Alten. Nur die wüsten Tattoos auf den Armen und im Gesicht fehlten ihm noch. Seine Mutter hatte wenig zu Edgars Erziehung beitragen können. Ihr Kind war noch keine zwei Jahre alt, als sie eines Morgens tot im Bett lag. Ihr Herz war stehengeblieben – einfach so. Bei den Dampfwalzen war der Knabe gefürchtet. »Edgar the Kettcar«, wie ihn Kalle mit dem Stolz eines Kunstschaffenden hieß, war ein begeisterter Tretauto-Pilot. Rücksichtslos, in der Manier eines Kart Racers, brauste er den Schwergewichten weiblicher Libertinage mit seinem Indianapolis-Air über die in Flip-Flops steckenden Käsefüße. Edgar nutzte die Freiheiten seiner liberalen Erziehung mit Karacho.

Im Vergleich zu ihm ließ es der Bierbudentester gemütlich angehen. Nicht nur bei Flitzer-Kalle übte Bernd sein Schaffen am liebsten im Stehen aus. Da konnte wenigstens keiner behaupten, er würde den ganzen Tag nur faul rumsitzen und Bier saufen. Diese Marotte war auch der Grund dafür, weshalb ihn einige »Stehbierhallentester« riefen. Bernd arbeitete als einer der wenigen seiner Zunft in Festanstellung. Jeden Monat gesellte sich zu seinem stattlichen Fixgehalt eine ansehnliche Provision. Er war ein fleißiger Arbeiter – ein Schaffer vor dem Herrn, wie er sich selbst einmal bezeichnete – und obendrein ein pflichtbewusster Ehemann und fürsorglicher Vater. Seine Frau und die beiden zwölf- und siebzehnjährigen Kinder konnten sich glücklich schätzen. Ihr Familienoberhaupt übte seinen Beruf aus Berufung aus und kümmerte sich um seine Schutzbefohlenen. In dieser Beziehung waren wir ähnlich gestrickt. Aber bestimmt nicht beim Urlaub. Den machte Bernd nur im Ausnahmefall. Was in seiner Position wenig verwunderlich war. Als Prüfer im Außendienst trank er für gewöhnlich Freibier. Eine positive Erwähnung im Guide Schluckspecht war begehrt. Wer in der Bibel der Suffköppe mit Triple-A bewertet wurde, brauchte sich um seine Liquidität keine Sorgen zu machen. Die rußgeschwärzten Kumpels zahlten ihre Zeche. Zumindest, solange es noch Zechen in der Region gab. Ganz im Gegensatz zu diesem Wichtigtuer, der bei offiziellen Anlässen gerne als »Chief Controller« einer bedeutenden Ratingagentur der freien Gastwirtschaft auftrat. Vor zwei Tagen hatte ich einen Plan gestrickt, genauer gesagt einen Masterplan. Jetzt lag es an mir, ob er funktionieren würde. Einen Plan B hatte ich nicht.

»Prost, Bernd, altes Haus!«

»Prost, Finger, mein Feind! Raus mit der Sprache, du bist durchschaut, was haste auf'm Herzen?«

»Ronny gehts schlecht, Bernd. Bodo und Hoss auch. Die wollen nicht mehr nur Durchschnitt sein.«

»Und Heiner?«

»Wie kommste denn auf Heiner? Den nennen sie nur Kurzer weil er elektrisch grillt. So kurz gekommen ist der gar nicht. Das liegt in der Familie!«

Bernd war einer der wenigen, die Poldi je zu Gesicht bekamen. Vor Jahren hatte ich mich mit ihm wegen einer Lapalie gefetzt. Der Stinkefinger, den er dabei zu sehen bekommen hatte, verschlug ihm die Sprache. Aus verschiedenen Gründen war ich mir sicher, dass er keiner Menschenseele davon erzählen würde. Seitdem hatte ihm Poldi häufiger guten Tag sagen dürfen. Wie auch heute, als ich meinen Linksaußen bei unserer Hanswurstiade provokativ auf den Stehtisch legte. Wir waren alleine.

»Oh ja, da scheint einer gut in Form zu sein!«, meinte er anerkennend. »Aber ... komm zur Sache, Finger!«

»Nächstes Jahr ist WM, Bernd. Du und ich, die Saardéros und die Loser-Boys, ja die ganze Nation – wir müssen zusammenhalten – im Dienste einer höheren Sache! Du weißt es doch auch: Das kollektive Unterbewusstsein bestimmt, wos langgeht. Wenn wir fest zusammenstehn, einer dem andern unter die Arme greift, werden wir Weltmeister. Ronny hat in der Flaschen & Bier gelesen, dass meine Jungs nur Durchschnitt sind. Die wollen einen Tipp von dir, Bernd. Sie meinen, nur wenn sie seelisch im Gleichgewicht wären, könnten sie das Ihre zum Titel beitragen. Du könntest ihnen helfen, dass bei der nächsten Dingsvergleiche die Richtung wieder stimmt. Ich hab ihnen letzten Samstag beim Erstemahl von diesem Prinzen aus Ghana und deinem Durchbruch zur Spitze erzählt. Wie schauts aus, Bernd, lüftest du den Schleier?«

»Niemals, ich schieß mir doch nicht selbst ins Bein, Finger! Jetzt, wo ich oben mitspiele. Was gabs denn bei euch zu futtern?«

»Schwenker natürlich, wie immer beim Erstemahl. Komm, gib dir 'nen Ruck ... sei nicht so egoistisch! Wenn du schweigst, wirst du DAS HIER garantiert nicht testen. Ich schwör dir, Bernd, das würdest du bereuen. Das Päckchen kam heute Morgen aus Braunschweig. Per Express ... extra für dich ... Fingerehrenwort!«

»Aus Braunschweig? Extra für mich? Fingerehrenwort?«

Bernd überlegte, wägte ab. Dabei zog er die Augenbrauen hoch und rieb sich den Schnurrbart.

»Das ändert natürlich alles, Finger!«

Zwei Stunden später trafen wir uns zu einer spontan einberufenen Dringlichkeitssitzung in der Matzenbacher Rentnerklause.

»Saardéros, der Mumme-Köder hat volle Kanne gefunzt. Bernd ist der Speichel regelrecht in den Mund geschossen. Ähnlich wie Gigi letzten Samstag bei Hoss. Angesichts der verlockenden Aussichten hat er mir ausführlich von seiner Begegnung mit dem Prinzen aus Ghana erzählt. Die Bommelkappe steht ihm übrigens gut. Besser noch als uns. Das muss man neidlos anerkennen. Wenn er sie tief genug zieht, ist von seinen Segelohren kaum noch was auszumachen.«

»Wenn dieses Arschgesicht schlau ist, benutzt er sie im Sommer als Badekappe!«

Bodo musste unbedingt dazwischenquaken. Er machte keinen Hehl daraus, dass er Bernd nicht leiden konnte, und spöttelte mit Vorliebe über dessen abstehende Ohren.

»Klappe, Bodo! ... Originalzitat Bernd Pavian: ›Wenn sich der Kurs von Lemming nicht bald erholt, schneide ich Sehschlitze rein und überfalle die Volksbank in Kusel!‹ Originalreplik Giselher Finger: ›Mit Revolver oder Maschinenpistole?‹« Originalzitat Bernd Pavian auf die Originalreplik Giselher Fingers: ›Mit Handgranaten! Stell dir vor, Finger, fast meine komplette Altersvorsorge steckt in dieser Scheißbude.‹«

»Geschieht dem Großmaul recht!«

»Komm, Bodo, es reicht, sei nicht so schadenfroh! Dazu gibt es keinen Grund. Schließlich stecken auch wir ganz schön im Schlamassel. ›Hoffentlich merkt meine Prinzessin nichts davon‹, hat er gejammert. ›Versprich mir, Edeltraut kein Sterbenswörtchen von meiner Schieflage zu erzählen!‹ ›Auf gar keinen Fall, Bernd. Von mir wird deine Frau nichts erfahren, Fingerehrenwort!‹, bekam er zu hören. Dann kam er zur Sache. Nicht ein einziges Mal musste ich nachhaken. Da habt ihr echt was verpasst. Er hat gequasselt wie Eddie Murphy.«

»Erzähl uns erst mal, obs was zu lugen gab!«

Ronny sprach aus, was den andern bestimmt auch auf der Zunge lag. Als Hobby-Ethnologe machte er es sich im Sommer gerne auf seiner graublau karierten Schmusedecke unter einer der Eichen am Weiher bequem. Von dort aus konnte er das frivole Treiben diskret beobachten. Der Baum spendete ihm Schutz vor der prallen Sonne und, was viel wichtiger war, Tarnung. Im Schatten der mächtigen Stieleiche fielen seine Stielaugen nicht auf. Die kultige FAT BOY Doggy Biker, die er bei seinen Analysen stets auf der Nase trug (den Irischen Wolfshund dazu hatte er trotz jahrelanger Ansage nie gekauft), machten seine hinter schwarzen Gläsern rackernden Augen unsichtbar. Allerdings war er, anders als Bernd oder Kalle, kein Voyeur im klassischen Sinne. Das konnte niemand ernsthaft behaupten. Ronny war lediglich mehr als der Normbürger an seinen Mitmenschen interessiert. Er wollte möglichst viel über sie in Erfahrung bringen. Und zwar an der Front! Eine Eigenschaft, die im Zeitalter moderner Kommunikationstechniken den meisten Menschen abhanden gekommen war. Statt sich, wie die verblödete Masse, ein Bild seines Nächsten aus virtueller Sicht zu machen, bevorzugte Ronny den empirischen Ansatz. Ohne einen Feldstecher zu gebrauchen, betrieb er lupenreine Feldforschung. Ein Fernglas wäre zu auffällig gewesen und hätte seine Studiensubjekte in ihrem Tun und Lassen womöglich beeinflusst. Was aus wissenschaftlicher Sicht unerwünscht war und darüber hinaus falsch interpretiert werden konnte. Außerdem konnte er auch so die bedeutsamen Fakten erkennen. Bis zu einem gewissen Grad wohlgemerkt. Das hing von der Distanz ab. Und natürlich der Beschaffenheit des von ihm ins Visier genommenen Charakteristikums. Mit seiner Art zu werkeln lief er kaum einmal Gefahr, sich eine Tracht Prügel einzuhandeln. Vorsicht war durchaus angebracht. Mitunter streunten am Strand ein paar gefährlich ausschauende Typen herum. Besonders bei gutem Wetter. Mit denen spaßte man besser nicht. Die meisten Nackedonier waren allerdings harmlos. Viele nur von ihren Frauen grob vernachlässigt. Diese Sorte suchte, was verständlich war, lediglich etwas Abwechslung zu ihrem eintönigen Zuhause.

»Mensch, Ronny, bei diesen Temperaturen! Streng mal dein Köpfchen an! Wahrscheinlich trug Bernd sogar lange Unterhosen. Aber für ihn gabs tatsächlich was zu lugen. Poldi hat ihm aus kurzer Distanz klargemacht, dass … in der richtigen Gesellschaft … auch ein großer Mann ein Zwerg sein kann. Paarreim, Leute!«

Bodo, der gerade an seinem Stubbi gezogen, aber noch nicht zu Ende geschluckt hatte, fand das ungemein lustig. Bei seinem albernen Lachanfall spendierte er Hein eine Bierdusche, die sich gewaschen hatte.

»Pass doch auf, du Idiot! Muss das sein?«
»Stell dich nicht so an, das trocknet wieder!«
Die Alten um uns herum spitzten die Ohren.

»Ich zitiere, so gut es geht wörtlich: ›Meine Chefs hatten spitzgekriegt, dass ich einmal im Leben nach Afrika wollte. Also haben Mario und René in die prall gefüllte Firmenkasse gegriffen und ihrem besten Pferd im Stall eine Reise spendiert. Das brachte mich in eine Zwickmühle, Finger. Du weißt ja, dass ich nicht gern Urlaub mache. Ich hab das Angebot nur angenommen, weil mir René und Mario glaubhaft versicherten, auch einmal zehn Tage ohne mich auszukommen. Allerdings hab ich darauf bestanden, allein zu fliegen und den kompletten Ablauf der Reise selbst zu bestimmen.‹ Mannomann, hat der Kerl angegeben. Bodo wäre ausgeflippt. ›Pauschalreisen sind nichts für mich, viel zu langweilig!‹, prahlte er. ›Eine Woche Türkei all-inclusive? Pah, das ist was für Weicheier. Ein Pavian sucht das Abenteuer, braucht den Nervenkitzel! Aber meine Familie wollte ich nicht dabei haben. Das war mir dann doch zu riskant!‹ Die einwöchige Flugreise führte ihn nach Ghana. Dort hat er unter anderem die als Sitz der Könige von Dagomba bekannte Stadt Yendi im Norden des Landes besucht. Wenn ich ihn richtig verstanden habe, hat das Königtum Dagomba fast fünfhundert Jahre lang existiert, bevor es Ende des 19. Jahrhunderts unter deutsche-britische Kolonialherrschaft fiel. Als ›Dagbon Traditional Kingdom‹ sei es im heutigen Ghana noch immer offiziell anerkannt. Praktisch ein Staat im Staate, eine parallele Gesellschaftsstruktur islamischer Prägung. Sein König, der ›Ya Na‹, sei eine allenthalben Wertschätzung genießende Respektsperson in einer ziemlich gefährlichen Gegend. Da könne es schon einmal vorkommen, dass bewaffnete Krieger den Palast stürmen, den König köpfen und ihm, als wäre er noch nicht tot genug, eine Hand abschneiden. So jedenfalls muss es dem bisher letzten Ya Na, Yakubu Andani II, vor über zehn Jahren ergangen sein. Ein Nachfolger sei immer noch nicht in Amt und Würden. Ihr habt ja gehört: Bernd liebt das Risiko, aber ein Ya Na möchte auch er nicht sein. Gelandet ist er in Accra, Ghanas Hauptstadt. Dort muss er in einem noblen Schuppen logiert haben. ›Das Hotel war spitze. Da musst du auch mal hin, Finger‹, meinte er. ›Die Hostessen dort würden an Poldi ganz bestimmt den Narren fressen! Achtung, Finger, kein Wort davon zu meiner Frau, verstanden!‹ Von Accra aus will er dann mit einem Propellerflugzeug nach Yendi geflogen sein. Diesen Abstecher wollte er unbedingt gemacht haben, bevor er am nächsten Tag mit dem Mietwagen über die Bezirkshauptstadt Tamale zum Mole Nationalpark, dem wichtigsten Ziel seiner Reise, fahren würde. Ich nehme an, er hatte vor, auf einer Safari Fotos seiner dort frei lebenden Verwandtschaft für das Familienalbum zu schießen.«

»Pavian knipst Pavian. Mensch, Bodo, du bist scheinbar nicht der einzige Schnappschütze unter den Aktionären von Lemming Resources.«

Heins Ärger über die zuvor etwas feuchte Aussprache Bodos war wieder verflogen.

»Unterbrecht mich nicht ständig! Als ich Bernd fragte, ob er denn keine Angst hatte, ausgerechnet in Ghana, wo die Sicherheitsstandards im Luftverkehr bestimmt unter aller Sau sind, in ein gechartertes Propellerflugzeug zu steigen, meinte er lapidar: ›Jetzt aber, Finger, mit Charts kenne ich mich aus. Das sollte ein Zocker wie du doch am besten wissen. Da reicht mir so schnell keiner das Wasser. Außerdem wollte ich schon immer mal mit Tante Anna in die Luft. Dass der Pilot eine Granate ist, hab ich auf den ersten Blick erkannt. Na, Finger, ich seh schon. Du weißt nicht wer Tanate Anna ist. Gibs zu! Als Tante Anna bezeichnet der Volksmund die Antonov AN2, den größten Doppeldecker der Welt. Für den unwahrscheinlichen Fall, dass unterwegs der Motor verrecken würde, hatten wir Fallschirme. Was sollte da schon schiefgehen?‹ Und jetzt haltet euch fest! Kurz vor Yendi-Airport hätte Quax – ja, Leute, Bernd behauptete tatsächlich, den jungen Schwarzafrikaner am Höhenruder Quax genannt zu haben! – auf seinen ausdrücklichen Wunsch hin ein paar Loopings geflogen. ›Wie vor hundert Jahren Pjotr Nikolajewitsch Nesterow, Finger. Das war oberaffengeil. Hätte dir bestimmt auch gefallen.‹ ›Ein Pavian kennt keine Furcht! Auch wenn die Mühle schlimmer verrostet war als dein klappriger Corsa‹, konterte er, als ich ihn wegen der gefährlichen Flugmanöver tadelte. Außerdem habe er mit seinem Wagemut schon bei seiner Ankunft in Yendi demonstrieren können, dass mit ihm kein gewöhnlicher Gast dem stolzen Königreich seine Reverenz erwies.«

»Mensch, Finger, du willst uns wohl verarschen, was?«

»Keineswegs, Hoss, ich berichte nur möglichst präzise. Ich glaube nicht, dass mir Bernd einen Knopf an die Backe genäht hat. Also weiter im Text: Quax muss Bernds Neugier geweckt haben, als er ihm unvermittelt von einer uralten Tradition erzählte: dem freihändigen Fischen bei Mondlicht im Lake Bosumtwe. ›Da könne weißer Mann was erleben. Weißer Mann müsse auf seiner Fahrt zum Nationalpark lediglich einen Abstecher nach Daboya machen und dort nach Prince Bawa Abudu – nicht Prince Boateng! – fragen.‹ Bernd muss sich bei dem Piloten in allen Einzelheiten über den Prinzen und diese spezielle Form der Binnenseefischerei erkundigt haben: ›Quax erklärte mir, dass Bawa Abudu zwar kein Ya Na, dafür aber Buschtrommler und mordsmäßig beschlagen sei. Auch andere Mannsbilder in der Gegend wären in der Lage, ohne Schläger Golf zu spielen. Der Grund dafür sei an einer schwer zugänglichen Stelle am Westufer des Kratersees zu suchen. Dort habe sich im Laufe der Zeit eine gespenstische Höhle ausgebildet. Und in eben dieser Höhle würde der *Hemichromis frempongi* am mutigen Manne Ungewöhnliches leisten.‹ Statt sich gleich klar auszudrücken und einfach nur Buntbarsch zu sagen, musste ich mir von diesem Aufschneider das Fachchinesisch erklären lassen.«

»*Hemichromis frempongi*? Cool, von dem hab ich im Blinker noch gar nichts gelesen. Was ist'n das eigentlich, freihändiges Buntbarschefischen?«

»Warts ab, Jungspund, ich bin noch nicht fertig. Was jetzt kommt, glaubst du mir nicht, wetten?«

»Spann uns nicht auf die Folter, gib Butter bei die Fische, Finger!«

Mittlerweile war es in der gut besuchten Rentnerklause seltsam leise geworden. Selbst der altersgraue Manuel aus Kusel, pensionierter Pferdekutscher und, wie die meisten Klausenzecher, Mitglied des Pfälzer Waldvereins, hielt seine Klappe. Üblicherweise riss diese sympathische Stimmungskanone einen Witz nach dem anderen, bevorzugt dreckige. Damit unterhielt er den Laden. In erster Linie seine Kumpels Alois, Wilhelm und Rudolf, allesamt stramm in den Siebzigern, und, wie auch Manuel, noch ziemlich gut in Schuss. Das agile Väterchen war mit knapp neunzig ihr Capitano. Allerdings hatte »Manuschätzchen«, wie er von seinen Groupies (schamlose Dinger auf der Suche nach dem gutsituierten älteren Herrn) aalglatt genannt wurde, nicht gleich die Revolte eines überehrgeizigen Rivalen zu fürchten, wenn er wegen seiner altersschwachen Blase wieder mal aufs Klo musste. Da ging es ihm besser als Michael Ballack.

Das pfiffige Quartett war unzertrennlich und gab uns Anschauungsunterricht für eine gelungene Männerfreundschaft. Nicht zuletzt auf Grund der Tatsache, dass die vier bodenständig blieben. Und das, obwohl sie schon in den Achtzigern an der Börse ein kleines Vermögen gemacht hatten. Für kein Silikon der Welt wäre einer von denen auf die Idee gekommen, seine Frau, mochte sie es noch so verdient haben, gegen eine Jüngere einzutauschen. Manuschätzchen & Friends waren keine Beamte, sondern Ehemänner auf Lebenszeit. Ende des letzten Jahrtausends hatten sie allen nochmal gezeigt, wie der Hase läuft. Aus ihren kleinen Vermögen wurden mit Aktien des Neuen Marktes und der Nasdaq große. Manu hatte Anfang 2000 rechtzeitig zum Ausstieg geblasen. Während die gierige Meute den Sturz ins Bodenlose mitmachte und enorm viel Lehrgeld bezahlte, hatten diese ausgebufften Dritte-Zähne-Träger den Sack zugemacht. Knapp anderthalb Jahre hatten ihnen genügt, ihren ohnehin schon beträchtlichen Einsatz beinahe zu verzehnfachen. Ein Tenbagger unter Manus Regie! In der Gesellschaft dieser Männer fühlten wir uns wie Lehrbuben. Alois hatte einen Mordsspaß dabei, den Nachwuchs wegen seiner Naivität zu piesacken.

»Wozu hat man einen Kopf, Hoss?«

»Sag schon, Alois!«

»Für 'nen Köpper ins Planschbecken!«

»Hahaha! Witz komm raus, du bist umzingelt!«

Insbesondere Manuel hatte uns immer wieder vor diesen Explorerbuden gewarnt. Statt ex- würden deren Aktienkurse implodieren, meinte er. Aber wir hatten nicht hören wollen, mussten unbedingt mit dem Kopf durch die Wand. Egal – Explosion hin, Implosion her. Heute gehörte die Bühne uns, einer Boy-Group. Die Alten waren dabei nur faustische Staffage.

»Aufgepasst! Was ihr gleich hören werdet, darf nicht in die falschen

Ohren gelangen. Das gilt natürlich auch für euch neugierigen Tattergreise!«

Wohlwissend, dass alle im Raum angestrengt mitlauschten, hatte ich mich vom Stuhl erhoben und den Schluss meiner Ansage in die Klause geschmettert.

»Also, Herrschaften ... Alois, Rudi, Willi, Manu, Egbert, Gottfried, Pirmin ... Ihr müsst mir absolutes Stillschweigen versprechen. Hab ich euer Wort?«

»Klar, Finger, hast du! Ich bin zwar nicht der Ya Na, aber mein Status sollte dem eines Königs entsprechen – oder etwa nicht, Männer?«

»Jawohl, Manu, wir werden schweigen bis ins Grab!«, war unisono die Reaktion auf Manuschätzchens Gelöbnis. Was in den meisten Fällen bedeutete, dass es vermutlich nicht mehr lange dauern würde, bis sie von ihrem Schweigegelübde entbunden wären ...

Kofi Addo

»Ausweise bitte, aber hopphopp!« Wenn sich dieser blasierte, rotznasige Zöllner am Grenzübergang Secovlje/Plovanija bei unserer Einreise nach Kroatien wenigstens mal auf die nassforsche Art geäußert hätte. Dafür hätten wir ja noch Verständnis aufbringen können. Das wäre zumindest eine klare Ansage gewesen – kurz und knackig. Aber dieses flaumbebartete Bürschchen vor der Zollschranke musste den Herrschaften in der süddeutschen Nobelkarosse arrogant demonstrieren, wer hier, und wie genau, das Sagen hat. Das Stückchen Boden, auf dem der protzige Cayenne gerade stand, war schließlich slowenische Erde. Was bedurfte es da noch irgendwelcher erläuternder Worte? Waren die demonstrativ über der Wampe verschränkten Arme und die schnittige Sonnenbrille, die wohl von den rosigen Knabenbäckchen ablenken sollte, nicht eindeutig und der Rede genug? »Sind wir etwa schwerhörig?« Ich verspürte in diesen Augenblicken ein seltenes Bedürfnis: Gerne wäre ich ausgestiegen und hätte diesem überheblichen Kerl, dem der Neid wegen des Porsche aus allen Poren drang, eine Portion Anstand eingebläut. Das Jucken in meinen Händen entsprang keiner frommen Quelle. Auch bei Bodo, unserem Chauffeur, schien sich eine fette Zornesader auf der Stirn entwickeln zu wollen. Aber wir hatten den Beelzebub gleich wieder im Griff. Das Gebot der Nächstenliebe galt selbstverständlich auch in Slowenien. Letztlich konnten wir passieren, ohne dass dieser wichtigtuerische Faulenzer die Karre auf den Kopf gestellt hatte. Mein explosives Gepäck blieb unangetastet.

»Endlich, wir fahren ans Meer, nach Kroatien, juhu!« Nicht nur Klose und Poldi waren schon seit Wochen in freudiger Erwartung. Seitdem feststand, wo meine Freunde ihre Ruten ins Wasser halten sollten, war die Begeisterung groß. Bernd Pavians Auskünfte waren von unschätzbarem Wert gewesen. Der alte Gauner hatte aber auch unmöglich ahnen können, welche Schlussfolgerungen sein schlitzohriger Rivale aus seinen gezinkten Informationen ziehen würde. Von wegen *Hemichromis frempongi!* Der *Eurycea rathbuni*, besser als »Texanischer

Brunnenmolch« bekannt, und nicht etwa ein schnöder Buntbarsch, wie von Bernd behauptet, hatte in dessen Strafraum gewütet und aus einem armseligen Affenpinscher einen respektablen Terrier gezaubert.

Nach unserem Gespräch am Klitflitzer Weiher hatte ich auf eigene Faust zahlreiche Globetrotts im World Wide Web unternommen. Es war mir unerträglich mitanzusehen, wie gerade unser Jüngster unter der Tatsache litt, dass seine Sturmspitze nur durchschnittlichen Ansprüchen genügen sollte. Wo er doch bislang vom Gegenteil überzeugt war. Ich musste unbedingt etwas unternehmen. Wenn man Ronny seinerzeit ins Gesicht blickte, konnte man depressiv werden. Aber auch das Selbstvertrauen der andern drei hatte Schaden genommen.

Die Ausflüge im Internet hatten mich viel Zeit und Schlaf gekostet. Ja, sogar Nachtschichten hatte ich eingelegt. Ein neutraler Beobachter hätte behauptet: »Giselher Finger hat für das seelische Wohlergehen seiner Kameraden weder Kosten noch Mühen gescheut!« Aber wenigstens die Spesen hatte ich mir erstatten lassen. Da waren sie wieder einmal billig davongekommen. Selbst Hoss sah keinen Grund zu meckern. Meine Auslagen für Pizzen, Erdnüsse und Stubbis wurden in diesem sehr speziellen Fall ohne zu motzen übernommen. Jedem war klar, dass auch ein drahtiger Frauenschinder beim Marathon-Surfen viel essen und trinken musste, wollte er nicht irgendwann erschöpft aufgeben müssen.

Sogar einen Veggie-Gedenk-Day in Ronnys Garten, statt der üblichen Wiener mit Kartoffelsalat an Bubis Imbiss, hatten sie mir spendiert. Einige Monate zuvor hatten wir einen Ausflug ins Elsass unternommen. Der war große Klasse gewesen. Genau das Richtige für einen Bonvivant wie mich. Für meine originellen Kollegen vom Vienna Vegetable Orchestra war frisches Gemüse die melodische Alternative zu Lyoner und Grillschinken. In beeindruckender Manier traten sie den Beweis dafür an, dass man beim Blasen einer Monstergurke hohen Genuss empfinden kann. Nach dem Konzert in Ostwald konnte sich auch ein Fleischpaket wie Hoss ausmalen, welchen Sinnenfreuden Herr Trittin entgegensah, wenn ihm die grüne Renate auf Joschkas Gurkophon ein Geburtstagsständchen brachte. In der Rentnerklause wurden wir für unsere Schilderungen verspottet, als abgedrehte Spinner bezeichnet. Selbst Platon, einem ausgesprochen gebildeten Menschen Freiburger Schule, entwichen überwiegend höhnische Kommentare:

»Wenn du meinst, ich kaufe dir Karottenflöte, Paprikatröte oder Lauchgeige ab, bist du schief gewickelt, Heiner. Ich heiße ja nicht Pavian!«

»Stravinskys Sacre du printemps aus Kohlköpfen? Mensch, Finger, so einen Käse frisst doch nicht einmal ein Hohlkopf wie der Zahlenzwerg.«

»Ich glaub dir ja viel, Hoss. Aber dass die Musiker ihre Instrumente morgens auf dem Straßburger Biomarkt als Gemüserohlinge gekauft und anschließend mit Bohrmaschine und Messer funktionstüchtig gemacht haben sollen, bevor euch ein Koch zum Abschluss ein Süppchen daraus gezaubert hat, halte ich für ein Märchen. Seit wann löffelst du Gemüsesuppe?«

Hoss und Gemüsesuppe? Klar, das passte nicht zusammen, zumindest wenn die Fleischeinlage fehlte. Da hatte Platon recht. Aber wir mussten den spottenden Klausenzechern ja nicht unbedingt auf die Nase binden, dass dem Süppchen ein kulinarischer Absacker in einer urigen »Winstub« folgte.

Die virtuellen Abstecher nach Ghana hatten gedauert. Es brauchte Zeit, bis alle relevanten Informationen gewonnen und Bernd Pavians Finten restlos durchschaut waren. Mein Agent vor Ort, der Journalist und Blogger Kofi Addo, war für einige Tage »on the Saardéros Secret Service« gewesen. Den Kontakt zu Addo hatte ich über das Internet hergestellt. Der für seine investigativen Ermittlungen mehrfach ausgezeichnete junge Schreiberling aus Tamale, der Hauptstadt der Northern Region Ghanas, hatte tolle Arbeit geleistet und wichtige Hinweise geliefert. Von ihm erfuhr ich, dass der von Bernd zitierte Prince Bawa Abudu als Sohn des mittlerweile verstorbenen Königs der Busanga, Haltilaw Abudu III., zwar in Tamale zur Welt kam, aber schon seit Jahrzehnten im Münsterland lebte.

»Bawa Abudu ist Anfang der Achtziger nach Deutschland geflogen, um ein paar Landmaschinen für die heimische Farm zu kaufen, dann aber der Liebe wegen hängengeblieben. Er wohnt mit seiner Familie in Hiltrup und besucht regelmäßig seine alte Heimat. Dort ist er ein Popstar. Seine Lieder kennt in Ghana jeder. Die Buschtrommel spielt er tatsächlich. Aber die Geschichte mit den Barschen im Lake Bosumtwe ist garantiert ein Fake. Allerdings ist mir etwas zu Ohren gekommen, was ihnen weiterhelfen könnte, Herr Finger. Ich melde mich wieder, sobald ich mit einem anderen Prinzen gesprochen habe.«

Addos Kontakt zu diesem anderen Prinzen erwies sich als unbezahlbar. Von ihm hatte er am Telefon erfahren, dass Ripper, der brutalste der bis zu dreizehneinhalb Zentimeter lang werdenden Schwanzlurche in Prince Tutu Kwakus Privatgrotte, Bernds Affenpinscher bei einer Privataudienz hart aber fair attackiert hatte. Addo hatte das Gespräch mit dem Einverständnis Tutu Kwakus aufgezeichnet und mir die Datei gemailt:

»Hi, Kofi, junger Freund. Selbstverständlich helfe ich dir. Also, die Sache lief folgendermaßen ab: Vor einigen Jahren hat mich Schorsch Dabbelju, ein ehemaliger Politiker und Revolverheld, während einer Konferenz in Dallas auf ein erstaunliches Lebewesen aufmerksam gemacht: den Texanischen Brunnenmolch. Mister Dabbelju informierte mich detailliert über diese merkwürdigen Tierchen, die man nur in den Höhlengewässern des Edwards Aquifer, einem einzigartigen Grundwassersystem im US-Bundesstaat Texas, findet. Die kleinen Biester haben es faustdick hinter den Kiemen, glaub mir! Zu was sie besonders nützlich sein können, sei vor Jahrzehnten nur durch Zufall von einem hohen amerikanischen Würdenträger entdeckt worden und top secret. Nicht einmal die NSA wisse davon. Ein ersprießliches Bad an einer ganz bestimmten Stelle des San-Marcos-Pools sei nur wenigen Auserwählten möglich: Männern mit ungeheurer Macht und großem Einfluss. Die hinter dichtem Buschwerk versteckt gelegene Grotte würde rund um die Uhr von Kampftauchern und zu Scharfschützen ausgebildeten Knights of the Ku-Klux-Clan bewacht.«

»Ku-Klux-Clan? Das hört sich aber nicht gut an, Prince Tutu!«

»Ich weiß, Kofi! Mister Dabbelju meinte, Schwarze sollten auf keinen Fall davon erfahren. Deshalb wohl Ku-Klux-Clan, statt regulärer Armee. Warum er ausgerechnet bei mir eine Ausnahme machte, kann ich nur seiner Bierlaune zuschreiben. Und der Vermutung, dass ich ihm sympathisch war. Er vertrat die Ansicht, in Positionen wie der seinen, oder früher der seines Vaters, sei es unabdingbar, dass man in jeder Lebenslage Dominanz verkörpere. Dies gelte selbstverständlich auch dann, wenn man mit seinem russischen Amtskollegen in der Sauna schwitze. Seitdem er zum ersten Mal im San-Marcos-Pool ohne Badehose schwimmen gewesen sei, hätte sich für ihn und seine Frau Laureen das Leben entscheidend geändert. An dieser Stelle musste ich ihn bitten, nicht zu sehr ins Detail zu gehen. Schließlich unterhielt sich Mrs Dabbelju ganz in unserer Nähe gerade angeregt mit der Frau des Gouverneurs. Aber Schorsch war in seinem Element und nicht mehr zu bremsen. Er behauptete, aus eigener Erfahrung zu wissen, zu welch außergewöhnlichen Leistungen die Texanischen Brunnenmolche beim harten Manne fähig sind. Seitdem er sich dieses sehr praktische Wissen bei zahlreichen Fischzügen erworben habe, wisse er den Ausdruck ›pralles Füllhorn‹ auch außerhalb des Finanzsektors richtig zu deuten.«

»Pralles Füllhorn? Dieser Mister Dabbelju scheint ja ein lustiger Geselle zu sein.«

»Das kann man wohl sagen, Kofi! Er meinte: ›Ein schwarzer Haudegen wie Sie, lieber Prince Tutu Kwaku, schießt bestimmt von Natur aus mit einer großkalibrigen Waffe und hat den Besuch texanischer Badeanstalten gar nicht erst nötig.‹ Ich gab ihm zu verstehen, dass auch in Schwarzafrika nicht jeder Schlagzeuger die Bushtrommel spielt. Über meine Replik musste er herzhaft lachen. Dann begann er, mir seinen Colt begreiflich zu machen. Zuerst wollte ich Texas-Schorsch, wie er in seiner Heimat von den einfachen Leuten respektvoll genannt wird, die Beschreibung seiner selbst nicht abkaufen. Schließlich hatten wir zu diesem Zeitpunkt in der Bar des Four Seasons schon ordentlich einen getankt gehabt: Präsidenten-Schorle im Bierkrug – Budweiser gemischt mit einem Drittel Ginger Ale und fünf Schuss Jack Daniel's.«

»Bier mit Limo und Whiskey, pfui Teufel!«

»Von wegen pfui Teufel! Das Zeug hat gar nicht so übel geschmeckt. Aber lass mich weitererzählen, Kofi! Die Maße, die zu besitzen Schorsch behauptete, schienen mir keineswegs frauenfreundlich zu sein. Wobei, Kofi, man lernt ja nie aus. Wenn man heutzutage durchs Internet zappt ... Eieiei, ich sag dir, da gibt es welche, die kriegen den Hals nicht voll genug. Deep Throat, mein Freund!«

»Ich weiß, Prince Tutu Kwaku, ich habe auch einen Internetanschluss!«

»Ja, natürlich, Kofi. Egal ... Mister Dabbelju ist in Texas für seinen Durst und den Hang zu makabren Späßen bekannt. Ich dachte, der schießwütige Cowboy übertreibt mal wieder. Als er meine Skepsis bemerkte, zog er blitzschnell blank. Billy the Klit hätte bei diesem Revolverduell alt ausgesehen. Wir standen zwar in einer sichtgeschützten Ecke, aber seine Laureen hatte die Aktion sehr wohl mitbekommen. Und nicht nur sie! Furchtbar geschämt hat sich die Arme. Aber weißt du, was der Hammer ist, Kofi? ... Schorsch hatte beileibe nicht übertrieben. Glaub mir, der Kerl ist beschlagen wie ein Quarter-Horse-Stallion. Da kommt unsereiner nicht ran, jedenfalls nicht ohne nachzuhelfen. Ein Schießeisen wie das von Schorsch bekommst du nur mit dem Brunnenmolch. Dagegen ist Dirty Harrys 357er Magnum eine Erbsenpistole. Mister Dabbelju waren bei seiner anschaulichen Beweisführung die Bauklötze in meinen staunenden Augen nicht verborgen geblieben. Tags darauf, bei meiner Abreise, sah ich mich großzügig beschenkt. Ripper und Flipper haben den Flug nach Ghana in einem Panzerglasaquarium gut überstanden und sich anschließend schnell an ihre neue Umgebung in meinem Palast gewöhnt.«

»Ich nehme an, Ripper und Flipper sind keine Delfine.«

»Deine Annahme ist richtig, Kofi. ›Little Texas‹ steht über dem Eingang meiner Grotte.«

»So einen wie Schorsch bezeichnet man als Elder Statesman, Prince Tutu!«

»Genau, Kofi, ein Elder Statesman, so einer ist er! Mittlerweile haben Ripper und Flipper eifrig Nachwuchs gezeugt. Soviel ich weiß, sind sie jetzt schon zu vierzehnt. Insbesondere die Kleinen sind ganz spitz auf Lakritz. Abena Ata Boateng, meine Kammerzofe, raspelt

jede Woche eine Portion Süßholz für die Rasselbande. Die in der Lakritze enthaltene Glycyrrhizinsäure, ein Gemisch aus Kalium- und Calziumsalzen, besitzt die zigfache Süßkraft von Rohrzucker und ist essentiell für das Gelingen einer Schönheits-OP beim kleinen Mann.«
»Was du mir da erzählst ist kaum zu glauben, Prince Tutu.«
»Ich weiß, Kofi. Aber trotzdem ist es wahr! Jetzt zu Herrn Pavian: Der war auf einem Trip durch Afrika und gerade auf dem Weg zum Mole-Nationalpark, als wir uns abends in Tamale zufälligerweise kennenlernen sollten. Ich hatte mit zwei Klerikern tagsüber im TICCS, einer Forschungs- und Lehreinrichtung der Katholischen Kirche, zu tun und dort auch übernachtet. Herr Pavian hatte nebenan im Hotel Mariam Quartier bezogen und beim Abendessen von der beliebten Jungle-Bar auf der Dachterrasse des TICCS erfahren. Etwas Gesellschaft zum Ausklang eines anstrengenden Tages kam ihm gerade zupasse. Er fragte höflich, ob er sich zu uns setzen dürfe. ›Aber natürlich, nehmen Sie Platz!‹, antwortete ich ihm. Bei einem Bierchen entwickelte sich schnell ein nettes Gespräch. Herr Pavian war sehr redselig und bester Laune. Da er über ein ausgezeichnetes Englisch verfügt, verlief unsere Unterhaltung reibungslos. Wir erfuhren unter anderem von seiner beruflichen Tätigkeit in Deutschland. Dass er zum körperlichen Wohlergehen anderer Leute deutsches Bier auf Reinheit prüfe. Niemand solle sich in einer der vielen Kneipen seines Dienstbezirks den Magen verderben. Als ich ihm erklärte, dass eine solche Aufgabe in Ghana den Frauen obliegt, schüttelte er ungläubig den Kopf und meinte: ›Das glaube ich ihnen erst dann, wenn ich es mit eigenen Augen gesehen habe.‹ Er vertrat die Ansicht, eine so komplizierte und verantwortungsvolle Tätigkeit gehöre in die Kehle eines erfahrenen Mannes. Ich erwiderte: ›Herr Pavian, morgen fahre ich mit meinen beiden Begleitern weiter nach Hamile, einem Ort ganz im Norden Ghanas, nahe der Grenze zu Burkina-Faso. Eigentlich ist Hamile keine Stadt wie Sie sie kennen, sondern eine Ansammlung einzelner Dörfer. Immerhin aber leben dort über sechsundzwanzigtausend Menschen. Wir statten der Holy Family, einer örtlichen Christengemeinde, einen Besuch ab. Das wird nicht lange dauern, Sie als Christ aber bestimmt interessieren. Ungefähr seit der Zeit, als bei Ihnen in Deutschland die

Mauer fiel, unterhält die Kirchengemeinde St. Urbanus aus dem nordrhein-westfälischen Rhade partnerschaftliche Beziehungen zur Holy Family und hat schon viel Gutes auf den Weg gebracht. Jetzt ist sogar der Neubau einer Senior High School in Planung. Das ist auch der Grund unseres morgigen Besuchs. In Hamile gibt es eine Disco, bei ihnen sagt man Kneipe oder Bar dazu, die sie als Bierbudentester unbedingt gesehen haben sollten. Dort können Sie die heimischen Bierbrauerinnen bei der Arbeit erleben. Die führen übrigens auch die Verträglichkeitstests durch. Ich lade Sie ein, mit uns zu fahren. Fünf bis sechs Stunden werden wir brauchen. Aber es wird sich für Sie lohnen. Wir nehmen auch nicht den Weg über Damongo, da kommen Sie auf der Fahrt zum Mole-Nationalpark ohnehin vorbei, sondern fahren über Navrongo und Tumu. Das dauert zwar etwas länger, hat aber den Vorteil, dass Sie noch mehr von unserem schönen Land sehen können. Unterwegs werde ich Ihnen einiges über unsere Kultur und Ghanas Reinheitsgebot erzählen. Kwadwo wird uns chauffieren. Er ist ein erfahrener Fahrer. Am späten Abend werden wir wieder zurück in Tamale sein. Mein geländetauglicher Mercedes hat einen Biturbomotor, acht Zylinder und mehr als fünfhundert PS! Der geht ab wie eine Rakete und ist trotzdem ausgesprochen komfortabel. Mit ihm wird jede Schotterpiste zur Rennstrecke, Herr Pavian, auch wenn wir zu fünft sein werden. Deutsche Wertarbeit halt – aber wem sage ich das. Ich will Sie keinesfalls drängen. Sie begleiten uns natürlich nur dann, wenn Sie auch wirklich möchten. Transport, Kost und Logis gehen selbstverständlich auf meine Kappe.« Herr Pavian ließ sich nicht zweimal bitten.«

»Das ist bei diesen geizigen Europäern normal, Prince Tutu!«

»Da hast du vermutlich recht, Kofi. Am nächsten Morgen fuhren wir Punkt sieben Uhr los. Die Fahrt verlief reibungslos und mein Gast gab sich unterwegs sehr interessiert. Als wir gegen Mittag in Hamile ankamen, ließ er es sich nicht nehmen, mit uns einige bereits mit deutscher Hilfe realisierte Projekte zu besichtigen. Am späten Nachmittag brachte uns Kwadwo zur Banjirra Disco. Dort machten wir es uns auf der Veranda gemütlich und tranken frisch gebrautes Hirsebier. Natürlich landestypisch, aus Kalebassenschalen. Herr Pavian studierte aufmerksam, wie seine ghanaische Kollegin bei jeder neuen Bestellung die auf dem Krug schwimmende Hefe mit einer Scherbe abzog, um nach dem Einschenken den ersten Schluck selbst zu nehmen. Ich sagte: ›Sehen Sie, Herr Pavian, so arbeiten die Bierbudetesterinnen in Ghana. Sie tun das sehr gewissenhaft. Die Hefe wird nicht etwa weggeworfen, sondern im nächsten Braugang wiederverwendet. Und wäre das Bier vergiftet, läge die Arme jetzt tot am Boden. Schon aus Gründen der sehr begrenzten Haltbarkeit wird bei uns jeder neue Krug Pito, so heißt unser Bier, auf Verträglichkeit getestet. Ein paar Kilometer weiter nördlich, in Burkina-Faso, nennt man das gleiche Bier übrigens Dolo. Je nach Region gibt es in Afrika noch weitere Bezeichnungen für ein Gebräu dieser Machart. Interessant, oder?‹ Herr Pavian fand das auch und darüber hinaus zunehmend Geschmack an Pito.«

»Das ist nicht verwunderlich. Wenn er das ganze Jahr über deutsches Bier trinken muss, werden ein paar Schalen Pito für ihn eine willkommene Abwechslung gewesen sein.«

»Ja, das ist nachvollziehbar. Nach den beiden ersten Schalen gingen wir Pipi machen. Ganz in der Nähe der Disco befindet sich eine öffentliche Toilette, von der du bestimmt schon gehört hast, Kofi. Sie wurde vor einigen Jahren im Rahmen eines Hygiene-Entwicklungsprojekts gebaut. Nachdem wir uns erleichtert hatten, wurde Herr Pavian noch redseliger als ohnehin schon. Plötzlich hat er mich verschämt auf mein ›Dings‹, wie er des Mannes Männlichstes titulierte, angesprochen: ›So ein Dings bräuchte ich auch, dann würde ich zuhause bestimmten Leuten mal zeigen, wo der Hammer hängt!‹, erklärte er fahrig. Er hatte beim Wasserlassen wohl etwas zu genau hingeschaut und war mit einem Mal verunsichert. Auf meine Frage, was ihn denn plötzlich so bedrücke, erzählte er mir sein Leid: ›Ich bin beruflich zwar sehr erfolgreich, traue mich aber nicht, an einem Badesee wie alle andern nackt herumzulaufen. Mein Dings ist nicht groß genug und spiegelt die wahre Bedeutung meiner selbst nicht annähernd wider. Dafür schäme ich mich. Darüber hinaus bin ich mir sicher, dass meine Frau anderen Männern ständig auf den Hosenstall blickt!‹ Ich versuchte, ihn zu beruhigen. Keine Chance! Er wollte mir einfach nicht abkaufen, dass es auf die Größe nicht ankommt. ›Sie haben gut reden‹, meinte er. ›Wenn ich Sie wäre, würde ich wahrscheinlich dasselbe behaupten.‹ Bei unserem nächsten Pipi hat mich Herr Pavian durch ein mutiges Bloßstellen seiner Problemzone von der außerordentlichen Dringlichkeit aufbauender Maßnahmen überzeugt. Anschließend saß er wie ein Häufchen Elend auf der Veranda. Er tat mir entsetzlich leid. Aus diesem Grund habe ich ihm eigentlich streng vertrauliche Dinge erzählt und klar gemacht, dass das, was er bei mir so bewundert, zu einem guten Stück Schorsch Dabbelju und dem Texanischen Brunnenmolch zu verdanken sei. Nach meinem Whistleblow war er wie elektrisiert. Er hätte seine Reise durch Afrika garantiert abgebrochen und wäre auf der Stelle nach Texas geflogen, hätte ich ihm nicht von Mister Dabbeljus Großzügigkeit und demzufolge auch Ripper & Co. berichtet. Die Einladung zu mir nach Kumasi nahm er ohne eine Sekunde des Zögerns an. Wir zahlten und rasten zurück nach Tamale. Am nächsten Morgen ging es von dort aus nach Kumasi. In der spärlich beleuchteten Grotte meines Palastes durfte der Deutsche dann sein Seepferdchen machen. Mister Pavian war extrem motiviert. Er wollte den maximalen Erfolg. Weil er durch meine Erzählungen von der Vorliebe der Molche für Süßholz wusste, warf er unmittelbar vor seiner Prüfung den kompletten Inhalt einer Tüte Lakritzschnecken ins Wasser. Bis auf eine! Die wickelte er sich mutig um seine kleine Versteifung. Er hatte die Tüte zuvor eilends aus seinem Gepäck gekramt. Was dann kam, hättest du erleben müssen! Als das Wasser zu schäumen begann, hatte ich Angst, die Molche würden sich in Piranhas verwandeln und den Wickel samt Spule fressen, statt wie üblich anzudocken, und durch das Injizieren von Botenstoffen – Pheromonen und Neurotransmittern – den gewünschten Wachstumsimpuls auszulösen. Mann, waren die gierig! Gott sei Dank erwies sich meine Sorge als unbegründet. Ripper war gut gelaunt. Kein Wunder, bei einem solchen Leckerbissen. Er ist der unangefochtene Alphamolch in meiner Grotte. Nur Ripper bestimmt, wie operiert wird. In Herrn Pavians Fall verlief der Eingriff recht sanft. Bernd war vom Ergebnis seiner Crashkur so überwältigt, dass er mir nun das Du anbot. Sein ergriffenes Schluchzen beim Blick in den Spiegel war keinesfalls gespielt und hatte auch nichts mit den Kratzspuren und der kleinen Platzwunde zu tun. Ein paar Schrammen sind bei den obligaten Kau- und Pressbewegungen der Molche unvermeidlich, Kofi. Angesichts des stolzen Resultats buchte er die als Schmerzensgeld ab. Bernd war jetzt derart ausgelassen, dass er bei Ms Boateng flugs noch einen Kurzunterricht in Mòoré nahm und wir uns letztlich sogar in unserer Landessprache verabschieden konnten. Für einen kurzen Moment glaubte ich, einen ouapadoupouschen Dialekt bei ihm heraushören zu können:

›Ney paongo, Bernd. Yaa wana, niisa kegoba, mam soa? (Gratulation, Bernd. Wie fühlst du dich, wie gehts deinem Arsch, mein Freund?)‹

›Barka wusgo, yaa soma, mam Prince! Fo yaa mam zoa!‹ (Danke, sehr gut, mein Prinz! Du bist mein Freund!)‹

›Wend na seki laafi, wend na lebga laafi, Bernd!‹ (Gute Reise und komm gesund nach Hause, Bernd!)

Das wars eigentlich. Jetzt kennst du die Geschichte. Hast du noch Fragen?«

»Nein, Prince Tutu, keine Fragen mehr. Danke für die Auskünfte. Ich melde mich irgendwann wieder. Bis dahin eine schöne Zeit!«

Es stand außer Frage, Kofi Addos emsige Bemühungen gehörten angemessen gewürdigt. Ein paar saarländische Spezialitäten waren das Mindeste, was er sich verdient hatte. Ich hatte sie ihm per DHL-Premium-Paket zukommen lassen. Die Kosten dafür waren geringer als ursprünglich angenommen und wurden brüderlich geteilt. In Anbetracht der Entfernung und des Gewichts der Fracht waren knapp achthundert Euro nicht zu viel. Fünf Kisten Stubbis, drei Flaschen Grubenwasser, zehn Ringel Lyoner, zwanzig Schwenkbraten, je fünfzehn rote und weiße Grillwürste, zwanzig Käseknacker (Fleisch und Wurst zweckmäßigerweise eingeschweißt) und sechs Kilo vakuumverpacktes Kornbrot aus der Bäckerei meines Cousins Gunthold ergaben ein stattliches Geschenkpaket. Auch einen Dreibeinschwenker aus dem Baumarkt und zwei Säcke Holzkohle packten wir bei. Das Billigteil sorgte nur kurz für eine Diskussion unter uns. Schnell leuchtete auch Bodo ein, dass die zusammensteckbare Einfachvariante die bessere Lösung war. Ein Monsterschwenker, wie bei ihm oder Hoss zu Hause, wäre übertrieben gewesen. Viel wichtiger war die Frage, ob die verderbliche Ware auch lange genug frisch blieb. Zehn Tage würde das Paket bestimmt unterwegs sein.

»Saardéros, wisst ihr, was wir vergessen haben?«

»Was denn?«

»Ein Foto von uns einzupacken!« Heiners Einfall kam gerade noch rechtzeitig.

»Klasse Idee! Addo wird sich bestimmt nicht allein über die Leckereien hermachen wollen, sondern es da unten mal ordentlich krachen lassen. Dann kann er seinen Gästen auch zeigen, wem sie diesen kulinarischen Genuss verdanken. Der Gute wird furchtbar stolz sein. Wer sonst in dieser bettelarmen Gegend wird schon von sich behaupten können, ein Fresspaket aus Deutschland geschickt bekommen zu haben?«

»Und eine Großaufnahme des Meisters beim Schaulaufen am Klitflitzer Weiher gibts von mir gratis dazu! Passende Schnappschüsse hab ich auf'm Rechner.«

»Super, Bodo, Kofi Addo wird das Foto bestimmt dem Prinzen geben. Der wird sich freuen, über die weitere Entwicklung des Chief Controllers im Bilde zu sein.«

»Eine Detailaufnahme von Bernds Terrier? Cool! Prinz Koks Dingsbums wird staunen. Hoffentlich überlebt Bodos Drucker den Ausdruck.«

Das Paket erreichte schneller als erwartet seinen Empfänger. Die Bestätigung ging mir per E-Mail umgehend zu. Auf dem gleichen Wege erfuhr ich wenige Tage später, dass eine Menge Leute dabei waren, als die Party stieg:

Hallo, Herr Finger,

ein herzliches Dankeschön für ihr großzügiges Geschenk. Auch von meinen Freunden und Verwandten! Wir haben letzten Freitag im Garten meiner Eltern fröhlich gefeiert und uns die Bäuche vollgeschlagen. Mann, hat das gut geschmeckt! Euer Bier ist große Klasse, aber auch ganz schön stark! Den Rausch, den ich und andere hinterher hatten, werden wir zeitlebens nicht vergessen. Wir Ghanaer sind nicht so geeicht wie ihr Deutschen!

Prinz Tutu Kwaku und Kwadwo waren auch dabei. Die beiden sind extra aus Kumasi angereist. Als sie sahen, wie gut sich »Rippers Werk« an der frischen Luft macht, haben ihnen vor Frohsinn die Augen geträmt. Der Prinz will die »Saardéros« unbedingt kennenlernen.

Sie müssen mir versprechen, dass wir uns bald revanchieren dürfen. Wenn Sie uns mit Ihren Freunden besuchen kommen, werden wir in Tamale ein Volksfest feiern. Der Prinz hat versprochen, für die komplette Finanzierung der Veranstaltung aufzukommen, natürlich auch für Ihre Reise- und Übernachtungskosten!

Sobald wir einen Termin ins Auge gefasst haben, werde ich mich wieder bei Ihnen melden.

Gott schütze die »Saardéros«!

Ihr Kofi Addo

P.S. Die Leute hier sind von ihrem Gruppenfoto begeistert. Jeder fragt danach. Wenn es Ihnen recht ist, können Sie mir die Datei mailen. Ich würde dann dafür sorgen, dass alle Interessenten einen Abzug erhalten.

Unmittelbar nachdem ich Addos Post gelesen hatte, hatte der die gewünschte Datei in seinem Briefkasten. Und natürlich die Zusage, dass wir die Einladung annehmen.

Der Bierbudentester hatte definitiv angenommen, wir würden niemals so verwegen sein und nach Ghana fliegen, um seine Angaben zu überprüfen. Das wird nicht passieren, wird er sich gedacht haben, das wäre ja noch schöner. Diese Scheusale werden bei Prince Tutu Kwaku kein Seepferdchen machen! Dass Hoss und ich nur ungern ein Flugzeug bestiegen, wusste dieser Halunke genau. Das hatte er in seiner Bauernschläue garantiert einkalkuliert. Er dachte wohl, seine falschen Fährten würden niemals auffliegen. Aber der Herr von der Ratingagentur hatte nicht mit meinem Einfallsreichtum und diesem pfiffigen Auslandskorrespondenten gerechnet. Ein typischer Fall von denkste! Bernd Pavian hatte sich im Kräftemessen mit den Saardéros verschätzt – wieder einmal!

Das Duell

Genau wie am 1. Oktober letzten Jahres. Was hatte sich dieser alte Angeber blamiert, als er in der rappelvollen Rentnerklause ausgerechnet Hoss zum Duell forderte. Manuschätzchen feierte nach dem 26. März heuer schon zum zweiten Mal Namenstag. Dreimal im Jahr hatte er dazu Gelegenheit. Die letzte ließ er allerdings regelmäßig aus. Den Heiligen Abend verbrachte er zu Hause, der war ihm heilig. An Jesu Geburtstag wurden von ihm nur seine Kinder, Enkelkinder und Urenkel beschenkt. Außerdem hatte die Klause über die Feiertage geschlossen.

Wenn einer der Alten dort seine Runden schmiss, durfte ein Freibiergesicht natürlich nicht fehlen: Bernd Pavian, der Unfehlbare! Nicht mit von der Partie zu sein, hätte ja seinem schlechten Ruf schaden können. Es war nur normal, dass dieser Geizhals die Ware des Spenders auf einwandfreie Beschaffenheit prüfte – im Interesse aller. Nicht, dass sich noch jemand den Magen verdarb! Ab einem gewissen Alter steckte man einen Gastrizismus nicht mehr so leicht weg. Schon manches in die Jahre gekommene Verdauungssystem hatte diese unangenehme Erfahrung machen müssen. Im Kreis-Anzeiger und im Wochenspiegel, selbst in einer Ausgabe der Bäckerblume, hatte man lesen können, dass sich Mitglieder des Männergesangvereins Zwietracht Brenschelbach am Tage vor Maria Himmelfahrt eine Pilsvergiftung zugezogen hatten. Offenbar war das Bier bei ihrer Generalprobe zur Traumhochzeit schlecht gewesen. Auf den naheliegenden Gedanken, dass die Herrschaften aus lauter Lampenfieber ausnahmsweise einen über den Durst getrunken haben könnten, schließlich war ihr geplanter Auftritt alles andere als alltäglich, war scheinbar niemand gekommen. Ein solches – angesichts des anstehenden Jubeltages durch nichts zu entschuldigendes – Fehlverhalten konnte unmöglich kausal für die Bettlägerigkeit der ortsansässigen Gesangsakrobaten sein. Bei Zwietracht Brenschelbach sangen keine Trinker! Alle Vereinsmitglieder genossen einen untadeligen Ruf. Bernd Pavian war schuld! Der Bierbudentester hatte gefaulenzt, den »Schaffschuhversteggeler« gespielt. Das Wetter war aber auch zu schön und am Klitflitzer Weiher die Hölle los gewesen. Die Nummer eins des Guide Schluckspecht hatte, statt ihren Pflichten nachzukommen, ihrer neuen Leidenschaft gefrönt und, wie so häufig nach ihrer Afrikareise, Rippers Werk öffentlich zur Schau gestellt. Ergo ging das Fiasko voll auf ihre Kappe. Bernd hätte wissen müssen, dass Apolonia, Tochter des angesehenen Altheimer Bürgers Ernst Sauerbier und dessen Frau Therese, geb. Fisch, nahe am Wasser gebaut hatte. Ein gut informierter Sportskamerad aus Peppenkum klärte mich über die Einzelheiten auf.

»Das war so, Giselher: Als Apolonia tags darauf vorm Altar die schreckliche Neuigkeit erfuhr, rannte sie tränenüberströmt aus der Hornbacher Klosterkapelle. Dass der Chor ihres Onkels Dagobert bei ihrer Trauung mit Ewald, Sohn von Karl und Hedwig Brummer, geb. Eisenbeis, im Sankt Fabian Stift nicht würde singen können, war wie ein Schlag in ihre Magengrube gewesen. Hatte sie sich doch so auf ein feierliches Ave Maria aus sonoren Männerkehlen gefreut: ihr Onkel Dagobert als 1. Tenor und der liebe Herr Rademacher als Basso cantante. Letzterer hatte ihr im Kindesalter mit einer Engelsgeduld das Spiel mit der Blockflöte beigebracht. Vor einigen Jahren ging das Gerücht um, dass der ausgesprochen kurz geratene Alois Rademacher sogar in der engeren Auswahl für die Besetzung des Zwergs Alberich bei den Nibelungenfestspielen in Worms stand. Als Ausgleich für seinen Kleinwuchs hatte Alois vom lieben Gott eine ungewöhnlich tiefe Stimme spendiert bekommen. Und jetzt? Plötzlich geriet Apolonias Welt aus den Fugen und die von allen sehnlich erwartete Trauung noch einmal ernsthaft in Gefahr. Erst im Kreuzgang hat Ewald die Braut mit einem couragierten Tritt auf die Schleppe stoppen können. Der Bräutigam war ziemlich konsterniert. Nach viel gutem Zureden hat der Herr Pfarrer Apolonia letztlich doch noch ein von tiefen Seufzern begleitetes ›Ja, Ewald, ich will!‹, entlocken können.«
Wie mein Informant weiter berichtete, soll die Hochzeitsfeier im weiteren Verlauf ein voller Erfolg gewesen sein. Auch wenn, zu Thereses und Hedwigs Hader, zerlaufene Wimperntusche auf dem Stehkragen des kecken Brautkleids ein recht abstraktes Muster hinterlassen hatte. Nach dem Jawort habe dieses kleine Missgeschick die ausgelas-

sene Stimmung nicht mehr trüben können. Schlussendlich wären es sogar Freudentränen gewesen, die bei dem Kunstwerk die letzten Pinselstriche zogen.

Die Jungfrau hat es dann in der Hochzeitsnacht mit einem weiteren Pinsel zu tun bekommen: »Finger, du kannst dir bestimmt vorstellen, dass der Ewald endlich kennengelernt werden wollte. Der geht immerhin auch schon auf die vierzig zu. Er und Apolonia hatten vor der Ehe garantiert nix miteinander. Wenn, wie in diesem Fall, beide Sternzeichen Widder und schwer katholisch sind, mag Entsagung vor der Ehe ja verständlich sein. Aber wenn das Wasser kocht, fliegt der Deckel irgendwann vom Töpfchen! Du kennst doch auch die Naturgesetze, Giselher. Als es endlich soweit war, soll sich Apolonia alles andere als ungeschickt angestellt, sogar Flöte gespielt haben. Es hagelte Lob für sie, Respekt allenthalben. Aber, wie üblich bei solchen Sachen, nur von den Mannskerlen. Was Ewald seinen Freunden zu berichten wusste, ist von denen folgendermaßen kommentiert worden: ›Sieh mal einer an, die Apolonia kommt scheinbar ganz nach ihrer Mutter und deren Zwillingsschwester. Mensch, Ewald, das hätten wir nicht gedacht. Glückwunsch, Alter, mach weiter so, hau rein!‹«

Die Fisch-Sisters hatten, was im erzkonservativen Bliesgau ein offenes Geheimnis war, in den Sechzigern manchem Land-Casanova die Grenzen aufgezeigt. Bis schließlich der Ernst, jüngster von vier stattlichen Sauerbier-Jungs, an der Reihe war und bei einem Tanz in den Mai ernst machte. Auf ein paar fetzige Runden Bossa Nova folgte ein heißer Klammerblues. Danach war es um die feurige Therese geschehen. Der stramme Zipfel, der im Schummerlicht des Tanzsaals zu Percy Sledges sinnlich-nasaler Intonation kühn gen Gipfel ihres monte pubico strebte, während ringsum feuchte Zungen miteinander Freistil rangen, klopfte verheißungsvoll an. Dass ein Sauerbier hielt, was sein Zipfel versprach, und das Gegenteil einer lahmen Ente war, erfuhr Apolonias Mutter postwendend auf dem Rücksitz seines 2CV. Hildegard, Thereses zwei Minuten jüngere Schwester, war nicht viel später mit einem auf Koks machenden Wackes aus Freyming-Merlebach nach Südfrankreich durchgebrannt und nie wieder aufgetaucht. Schade! Während die Mannsleut' mit glänzenden Augen von den guten alten Zeiten schwärmten, tratschten ihre neidischen Weiber natürlich ausschließlich Schlechtes über die bumsfidelen Zwillingsschwestern. Dabei hätten sie den beiden dankbar sein sollen. Schließlich sorgten ihre Männer schon in der Hochzeitsnacht nicht nur mit der üblichen Grundausbildung für einen nicht zu überhörenden Freuden-Canto der Frischvermählten.

Als besonders undankbar entpuppte sich Sushi-Uschi, wie Ursula Agathe Zappert unter Kennern gehandelt wurde. Ihr Kurt war zu bedauern. Uschi war der radikale Gegenentwurf dessen, was man sich gemeinhin unter einer gründlichen deutschen Hausfrau vorstellte – nicht nur was den Haushalt anbelangte. Auch mit der eigenen Reinlichkeit wollte es die gelernte Manglerin nach ihrer Hochzeit mit dem Malergesellen Kurt Zappert nicht mehr so genau nehmen. Vor allem, seitdem ihre rechte Hand in Ausübung ihrer beruflichen Pflichten unter die Walze einer Muldenmangel der Vosswerke AG geraten war. Zeige- und Mittelfinger wurden bei diesem Malheur bizarrst entstellt, beinahe platt- und in eine nach vorne verlängerte, konisch zulaufende Form gepresst. Wegen ihrer irreversibel versteiften Fingergelenke konnte die Mutter zweier erstaunlich gepflegter Töchter nach Erledigung großer Geschäfte nicht einmal mehr mit rechts die Reste entfernen. Die stramm geradeaus zeigende Finger-Schere wäre bei dieser Art reinigender Tätigkeit hinderlich und viel zu gefährlich gewesen. Uschi hätte sich wer weiß was verletzen können. Da war ein mangelhaftes Reinigungsergebnis mit der motorisch eher unbeholfenen linken Hand eindeutig das kleinere Übel. Hätte Uschi ihren Spitznamen nicht schon weggehabt, wäre es womöglich »Agathe mit der Scherenhand« gewesen, die nicht nur die Hundenasen in der Gegend irritierte. Auch unzählige Peter Stuyvesant konnten das maritime Aroma der Kette rauchenden Peppenkumenerin nicht vernebeln. Den verlockenden Duft der großen, weiten Damenwelt versprühten andere: Amazonen wie die Fisch-Sisters.

Stattdessen geriet nun auch Apolonia, die mit ihrem kernigen Äußeren rein gar nicht nach ihrer zartgliedrigen Mutter geraten war, ins verbale Zentrum spießbürgerlicher Häme. Der ganze – natürlich streng vertrauliche! – Weibertratsch musste baldmöglichst die Runde machen. Die besonders gewissenhaften Geheimnisträgerinnen setzten das Gerücht in die Welt, das traute Paar habe in der Auf-Ewig-Suite nicht lange gefackelt und ihren überglücklichen Eltern schnurstracks den ersten Enkel gezeugt. Wenn man die Wucht ihrer beiderseitigen Erkenntnis als Maßstab nähme, solle man sich vorsichtshalber schon einmal auf Zwillinge einstellen. Mit Anfang vierzig endlich unter der Haube, soll Apolonia am darauffolgenden Morgen von den Eindrücken der Nacht noch ziemlich gefesselt gewesen sein. Erst ein diskret vom ratlosen Bräutigam hinzugezogener Freund, ein Angehöriger der Freiwilligen Feuerwehr Althornbach, habe sie mit dem Bolzenschneider wieder in die Freiheit entlassen können. Einerseits wäre es schade um die guten Stücke – Ewald stand auf das erregende Geräusch, wenn die Zähne der Ratsche satt in die des Bügels griffen –, andererseits aber auch höchste Eisenbahn gewesen. Ein unmenschlicher Druck habe auf der Blase der Frischvermählten gelastet. Nur Augenblicke später hätte der für eine patschnasse Peinlichkeit gesorgt. Der blecherne Hundenapf, den sich Ewald auf dem Flur gekrallt und vorsichtshalber unter dem Himmelbett platziert haben soll, hätte das enorme Volumen nie und nimmer fassen können. Nicht einmal ein Putzeimer wäre mit dem fertiggeworden, was vom Badezimmer her plätschern zu hören gewesen sei. Die Teile der Handschellen, die am Frühstückstisch Apolonias fleischige Handgelenke zierten, habe man später mit einer Metallsäge und der gebotenen Vorsicht durchtrennen wollen. Amor sei Dank sei der Braut diese Prozedur erspart geblieben. Den verloren geglaubten Schlüssel habe Apolonia beim Kofferpacken im Labyrinth der Rüschen ihres verspielten Korsetts letztlich doch noch finden können.

Bernd Pavian hatte recht! Mit dem Hefepilz war keinesfalls zu spaßen. Insbesondere im Umgang mit untergärigen Premiumbieren, um die es sich beim Ausschank in der Rentnerklause zweifellos handelte. In seinem Dienstbezirk, dem Saarpfalz-Kreis sowie den Landkreisen Neunkirchen und Kusel, sollte sich Ähnliches wie in Brenschelbach auf keinen Fall wiederholen. Es hätte ihn womöglich den Job gekostet. Das konnte er sich nicht leisten. Insbesondere jetzt, wo auch das von ihm verwaltete Aktiendepot seines siebzehnjährigen Sohnes am Absaufen war. Der Bierbudentester war auf den monatlichen Gehaltsscheck des Guide Schluckspecht dringender denn je angewiesen.

An Manuels Namenstag wurde der Unfehlbare schon nach dem zweiten Stubbi stark. Er wähnte sich sicher, mit Hoss leichtes Spiel zu haben und sah sich in einem ungleichen Wettkampf als klarer Favorit. Schließlich hatte er beim Bankdrücken in der Muckibude erst kürzlich kolossale fünfzig Kilo auf die Hantel gepackt und die Paviansche Schallmauer mit Schmackes durchbrochen. Viermal hatte er diese enorme Last nach oben gewuchtet, fast jedenfalls, und seine bisherige Bestleistung mit lautem Gestöhne pulverisiert. Dabei wurden seine bedauernswerten Sportskameraden eindrucksvoll an die Leiden werdender Mütter im Kreissaal erinnert. Dass er zu guter Letzt doch wieder um Hilfe betteln musste, war ihm zwar peinlich, aber nicht zu ändern gewesen. Wenn er schon so jung sterben sollte, dann bitteschön stilgerecht: an einer Bierbude, in Ausübung seines Amtes, oder beim Storchengang am Klitflitzer Weiher, aber doch nicht beim Bodybuilding auf so armselige Art und Weise. Eine fitte Oma an der Schenkelspreize erbarmte sich seiner und leistete Hilfe, bevor Bernds Brustkorb zerquetscht wurde. Sehr zum Unmut der Athleten im Raum, die dem Studio-Clown gerne noch etwas Bedenkzeit gegönnt hätten. »Denk mal drüber nach, du Vollidiot!« Die Ansprache seines erbosten Trainers (Paul Backstein, Spitzname Amboss, konnte schon einmal laut werden!) war ausgesprochen schroff ausgefallen. Der zum Übermut neigende Sportsfreund Pavian wurde vor allen Leuten in den Senkel gestellt.

»Denk mal drüber nach!« Bernd konnte sich höchstwahrscheinlich nicht vorstellen, dass ein Koloss wie Hoss seine – über den Daumen gepeilten – drei Zentner auch nur ein einziges Mal vom staubigen Klausenboden würde drücken können; jedenfalls nicht in korrekter Technik. Vorm Rest der Saardéros hatte er gewaltigen Respekt, insbesondere vor Bodo und mir. Das wusste ich. Natürlich hätte er den niemals zugegeben. Ronnys Zweikampfhärte war dagegen nur schwer einzuschätzen. Auch Bernd hatte Wind davon bekommen, dass Ronny noch einmal an der Aortenklappe operiert werden sollte. Kein unnötiges Risiko eingehen, nicht übermütig werden! So einen drahtigen Kerl wie Ronny sollte ich besser nicht herausfordern. Gegen mich gibt der alles, und wenn er dabei draufgeht, wird seine Überlegung gewesen sein. Da hat ihm sein Instinkt dann wohl doch zur Koketterie mit Mütterchen Porzellankiste geraten: Vorsicht, Bernd, Finger weg von Ronny! Wie auch von Heiner, der ist bestimmt ähnlich zäh. Wenn ich mir den Arsch verbrenne, muss ich auf den Blasen sitzen. Aber Hoss? Der dicke Hoss? Dieser Kaventsmann schafft doch keine drei Stück! An Hoss traute er sich mutig ran.

»Egal gegen wen, such dir einen von uns aus, Pavian! Du hast die freie Wahl aber nicht den Hauch einer Chance, du Hawebraddler!«

Bodo hatte wieder einmal kein Blatt vor den Mund genommen. Wenn er dem Hawebraddler, wie er Bernd gerne titulierte, in sein freches Gesicht blickte, konnte man erfahrungsgemäß keine Höflichkeiten erwarten. Das Gebot der Nächstenliebe erklärte Bodo im Falle Bernds als vorübergehend außer Kraft gesetzt.

»Okay, Bodo! Hoss soll sich schon mal warmlaufen.«

»Hört, hört! Unser Mr. Olympia hat sich, mutig wie er ist, natürlich den schwersten Gegner ausgesucht. Das war ja auch nicht anders zu erwarten! Beim Rest der Saardéros handelt es sich schließlich nur um Leichtgewichte. Ein tapferes Freibiergesicht misst sich doch nicht mit einem halben Hemd! Wo kämen wir da hin – Hoss …!«

»Warmlaufen soll ich mich? Das mach ich doch glatt. Wollte eh grad auf'n Pott. Gebt mir drei Minuten!«

»He, Bernd, merkste was? Der Dicke scheißt sich gleich in die Hose, hihihi!«

»Pass auf was du sagst, du Waschlappen! Irgendwann platzt mir bei dir der Kragen. Dann lernst du den Onkel Bodo mal kennen. Ein freches Wort noch und du bist fällig, Freundchen. Ich hau dir auf die Waffel!«

Ruhe war, kein dümmliches Hihihi mehr. Philipp Schwan, ein besonders dreistes Exemplar aus Bernds Fankurve, war auf der Stelle verstummt.

»Und dir wird das Grinsen auch gleich vergehen. Wenn Hoss vom Klo kommt, reißt er dir den Arsch auf! Darauf kannst du einen lassen, Pavian!«

»Aber nicht hier! Bitte, Bodo! BITTE, BITTE!!!«

Der energische Protest des Publikums kam nicht von ungefähr. Selbst Bernds engster Hofstaat wollte das auf keinen Fall erleben. Der Mentor der dem Wettkampf entgegenfiebernden Dummköpfe genoss wegen seiner Leibwinde einen miserablen Ruf. Was in seinem Fall von Berufs wegen nicht verwunderlich war. Dieses Missgeschick konnte man ihm nicht ankreiden, so unappetitlich es auch sein mochte. Ein Bierbudentester stand nicht für Wohlgeruch. Jedermann wusste, dass die täglichen Stichproben zwangsläufig eine würzig-herbe Note hinterließen. Insbesondere dann, wenn man sich bei der Ausübung seiner beruflichen Pflichten ins Zeug legte. Und das war bei Bernd zweifellos der Fall. Dass in seiner Gegenwart öfter gut durchgelüftet werden musste, zeugte lediglich von seinem enormen Arbeitseifer.

Heute hatte der Mann von der Ratingagentur schon nach der zweiten Runde eine große Lippe riskiert und gemeint, im Gegensatz zu den Saardéros ein echter Sportsmann und gewiefter Zocker zu sein. Von Klimmzügen und Liegestützen hatte er gefaselt, von der Tatsache, dass er seit Monaten im *Gold's Gym* nicht nur knallhart trainiert, sondern auch eifrig recherchiert habe.

»Guckt genau hin! Seht ihr das?«

Bernds rechter Zeigefinger wies geradewegs auf seine ständig gerötete Nasenspitze.

»Richtig, das ist kein Zinken wie die Knolle von Bodo ... kein gewöhnliches Näschen, nein, das ist ein ... Spürnäschen!!! Und um genau zu sein: ein geeeniiiaaales Spürnäschen. Diesem edlen Stück ist es zu verdanken, dass ich und meine Jungs dort drüben am Tisch Goldbridge-Shares geshortet haben. Und das nicht zu knapp! Die Aktien dieser Bude sind doch völlig überteuert. Ihr werdet es erleben, und zwar bald: Der Kurs von Goldbridge wird ins Bodenlose stürzen und die ganzen Blödmänner unter euch mitreißen! Jaja, ihr habt richtig gehört. Während ihr Loser auf Platons idiotische Analysen baut und als Belohnung für euer Vertrauen Harz IV beantragen dürft, werden ich und meine Jungs dort drüben am Tisch uns dumm und dämlich verdienen. Mit Puts haben wir den Hebel bei Goldbridge richtig platziert. Golden-Hill-Mines müsst ihr kaufen! Bei denen sind wir long, long, long ... und zwar mit immens viel Kohle! Ein absoluter Top-Wert ist das, keine überschuldete Nullachtfünfzehn-Bude wie Goldbridge! Wisst ihr was das Beste ist? Das Papier ist vom Markt noch immer nicht entdeckt und völlig unterbewertet. Aber das wird sich ändern. Dieses Mal werden wir gaaanz bestimmt das Geschäft unseres Lebens machen. Das ist so sicher wie das Amen in der Kirche. Damit wird das Desaster mit Lemming Resources ein für alle Mal vergessen sein!«

Lemming Resources! Diese Loser-Klitsche, einst von Capone, dem uneingeschränkten Souverän der Loser-Boys, zum Highflyer des Jahrhunderts proklamiert, hatte sich tatsächlich gemacht. Allerdings nicht auf in lichte Höhen, sondern hinab in die Niederungen eines Penny-Stocks der übelsten Sorte. Ganz im Gegensatz zu der zigtausendfach wiederholten Prognose des Heilsbringers und dessen törichter Einpeitscher. Unzählige Lemminge hatten mit Lemming Resources unzählige Dollars in den Sand gesetzt. Allen voran Bernd und seine depperten Schlachtenbummler. Aber auch wir! Die Wunden waren noch frisch, längst nicht geleckt. Hin und wieder musste ich meine Freunde trösten: »Kopf hoch, Saardéros! Bevor ein Reicher sein Bierchen im Himmel zischt, ein Kamel seinen Arsch durch die Klausentür drischt! Paarreim, Männer! Solcherart Martyrium unterwerfen wir uns doch gern. Weg mit den Kröten! Hinfort mit euch, Euros! Jesus, nicht Mammon, ist unser Lotse!«

»Einmal ist keinmal, Leute! Einmal darf auch ich daneben liegen. Aber dieses Mal haben wir die richtigen Pferde gesattelt, todsicher!«

Bernd ahnte zu diesem Zeitpunkt noch nicht, dass er, ohne jemals im Trierer Dom gebetet zu haben, den Heiligen Zock gewagt hatte. Große Kamele sollten schon bald auf Goldhamsterformat schrumpfen und Nadelöhre sich auf die Größe eines Zeppelins ausdehnen. Wenige Monate nach Bernds Expertenprognose stand auch für die Supernase und deren Gefolge die Tür zum Reich Gottes sperrangelweit offen. Der Aktienkurs von Goldbridge hatte sich annähernd verdoppelt und der von Golden-Hill-Mines mehr als halbiert.

Der selbstverliebte Kursprophet ließ wissen, dass den Part seines Näschens bei Spekulieren im »Gym« sein immenser Ehrgeiz, seine enorme Leidensfähigkeit und sein eisernes Stehvermögen übernähmen. Diese ihm gottverliehenen Attribute hätten ihn noch härter als damals Rocky in der Wildnis Sibiriens trainieren lassen.

»No pain, no gain, guys! My body is made of steel. Er strotzt vor Saft und Kraft! Die Plackerei mit den Gewichten hat sich gelohnt. Das wird dieser klobige Drago van der Saar gleich zu spüren bekommen. Wie lange will der denn eigentlich noch auf'm Klo sitzen?«

Bernd war euphorisch, wie auch »seine Jungs dort drüben am Tisch«:

»Bernd isn't only an iron man, Bernd show you now what he so can!«

Ich übersetzte für die einfache Kuseler Landbevölkerung, was die Loser-Boys mit großer Klappe skandierten. Derweil riss sich deren Gladiator nach dem buntgeblümten Oberhemd nun auch das feingerippte – nicht mehr ganz weiße – Darunter vom Leib, um mit aufgeblasenen Backen eine formidable Most-Muscular-Pose einzunehmen. Wow, es gab keinen Zweifel. Bernd war in Topform. Er hatte trainiert, Muskelmasse aufgebaut. Bei seinen Posen schienen *Trapezius* und *Pectoralis major* schier zu bersten. Aber nach wie vor dominierte der *Musculus glutaeus maximus* seine extraordinäre Statur. Der Bierbudentester gehörte zur »Pominenz«, wie es Heiner schon beizeiten formulierte. Vokabeln wie Gesäß oder Hintern waren völlig unzureichend, diesem Mordsarsch auch nur ansatzweise gerecht zu werden. Was da an Bernds Rumpf so extrem nach hinten ragte, sah man bei einem Europäer nicht alle Tage. Selbst bei den Harlem Gospel Singers hätte dieser Brummer für Aufsehen gesorgt. Die Hose-runter-Rufe seiner Fans ignorierte der Athlet. Wie kein Bodybuilder seit Ronnie Coleman wollte er mit dem Oberkörper – und nicht seinem Paradestück – Eindruck schinden. Es gelang ihm nachhaltig. Die Rentner waren baff. Auch Harald Norpoth in seiner Glanzzeit hätte da nicht mithalten können.

»Yes, you can! Yes, you can! Yes, you can! Yes, you can! ...«
Loser-Boys-Stakkato! Der Rhythmus passte. Bernds begeisterte Entourage bot ihrem Anführer lautstark Unterstützung. Am reichlich dezimierten Tisch seiner Vasallen saßen Klaus Kretschmann (der Zahlenzwerg), bekannt für seine bizarren Rechenkünste, Philipp Schwan, ein für sein unverschämtes Blödmannsgelaber berüchtigtes Jüngelchen, und der naiv brave Willi Heinzelmann. Letzterem war zu Capones Zeiten gehörig der Durchblick vernebelt worden. Die Fahrten auf dem Zauberkarussell waren Willi nicht gut bekommen.

Turnikuti, turnikuta, der smarte Capone war nicht mehr da! Der vergötterte Primus inter Pares hatte sich mit einem letzten Boing seiner Große-Sprüche-klopfen-Feder vom Acker geschlichen und eine Herde schweigender Lemminge auf dem Schlachtfeld seiner genialen Anlagetipps zurückgelassen. Ein vorübergehend bei Sinnen gewesener Gefolgsmann hatte entdeckt, dass sich sein Meister entgegen anderslautender Beteuerungen jahrelang für seine Pusherdienste bezahlen ließ. Von einem Tag auf den andern ward der omnipräsente Alleswisser verschollen und damit den Lemmingen der Feldwebel verlustig gegangen. Man vermutete ihn nicht, wie Tom Hanks und Wilson, auf einer Südseeinsel, sondern in Thailand, die Taschen voller Geld. Ob sich das Schlitzohr tatsächlich zu den Schlitzaugen verpisst hatte, wusste keiner so genau. Sicher war nur, dass der große Zampano den Spieß umgedreht und einen Schwur an sich selbst wahr gemacht hatte: »Ich hol mir mein Geld zurück, basta!«
Raffinierte Jungs der New Economy hatten ihm zur Jahrtausendwende das Fell über die Ohren gezogen. Gna-den-los!!! Der Bernd, der Kurt und ein paar andere seiner Idole. Sogar der schlaksige Egbert, Capones Lieblingsanalyst. Letzterer bestach durch seine besonders eigennützigen Prioritäten. Von denen hatte er gelernt. Auch, wie man als »Frontrunner« erfolgreich durchs Gelände flitzt. Seine unzähligen Spritztouren auf dem Neuen Jahrmarkt waren aufschlussreich gewesen. Das Infomatec-Kettenkarussell, die Gigabell-Luftschaukel, der ComRoad-City-Jumbo, das EM.TV-Riesenrad ... Es gab jede Menge Fahrgeschäfte auf dieser Festwiese. Capone geriet in einen

Rausch, fuhr Runde auf Runde, immer schneller, in rasanter Geschwindigkeit – die letzte in der Geisterbahn. Thomas und Florian, sogar ein Bodo und weitere verlogene Schnäbel, drehten dabei kräftig am Rad. Plötzlich gings in die falsche Richtung. Capone wurde schwindlig, verlor die Übersicht. Anstelle abzuspringen, blieb er sitzen. Wie auf dem Gymnasium, als er die Obertertia wegen Mathe und Physik repetieren musste. Statt im Penthouse mit Blick auf die Dünen, war er hart auf dem Boden der Tatsachen gelandet. Boiiinng!!! Der Blick auf den Depotauszug war ernüchternd. Er tat ihm weh, sehr weh! Wut bahnte sich ihren Weg, große Wut, Zorn! Jetzt würde er seine eigene Manège Enchanté, Capones Big-Magic-Roundabout, bauen und reichlich Mitfahrgelegenheiten anbieten. Sein Entschluss war unumkehrbar. Er war lernbereit, wortgewandt, versiert im Umgang mit den neuen Technologien und verfügte über sehr gute Englischkenntnisse. Das musste reichen! Und los gings! In Rekordzeit hatte er sein Fahrgeschäft installiert und mit hübschen Karusellpferdchen – wie etwa Goldfever, Copperfly oder Iron-Ore-Dancer – ausstaffiert. Auf dem Jahrmarkt der Gier hatten die Rohstoffe die Dotcoms längst abgelöst. »In« waren kanadische Goldgräberbuden, die einen schnell reich machen konnten. Vorausgesetzt, man ging die Sache geschickt an. Capone war geschickt, sehr geschickt. Viel geschickter als die Lämmer, die zu weiden er leid war.

»Hasta luego, Lemminge!«

Nachdem Capone seinen staubtrockenen Ausstand gegeben hatte, übernahm mit Bernd Pavian ein minderbegabter Backentaschenaffe das Regiment. Dasselbe schrumpfte schneller als Klose unter der Schwallbrause. Nicht einmal ein dreckiges Dutzend war dem Bierbudentester verblieben. Der kägliche Rest ließ sich nur noch selten in Capones Dreamworld, dem Forum des Zockerportals Nasdaq-offline, geschweige denn in der Rentnerklause, blicken. Auch die Champions Treffs in der Sportsbar eines Stuttgarter Hotels oder einer der Kneipen der Reeperbahn waren Geschichte. Kein Wunder! Wer wollte schon auf einer völlig heruntergekommenen Reitschule fahren. Zumal deren verrostete Gäule erbärmlich quietschten. Bernd konnte es nicht fassen. Je weniger die Fahrkarten kosteten, umso weniger Fahrgäste kamen. Die Finger einer Hand reichten dem Zahlenzwerg mittlerweile aus, ihre einst so gewaltige Streitmacht in Zahlen zu fassen. Manche konnten sich nicht erklären, wieso ein eigentlich sympathischer und hilfsbereiter Kerl wie der mopsige Willi ausgerechnet für den »Generaal«, in dessen Rang der Gefreite Pavian von Platon befördert wurde, den Hofstatistiker mimte. »Wie doof kann man denn sein? Hat dieser Hanswurst immer noch nichts dazugelernt? Jetzt macht der Dummkopf auch noch Werbung für den aalglatten Bernd.« Nicht wenige derer, die unter Capones Regie selbst noch mit Eifer den Stand des Frührentners anstrebten, stellten sich immer häufiger diese Frage. Bei steigenden Kursen hatte Willi mit großem Trara die neuesten Zahlen präsentiert. Aber das war lange her. Man konnte sich an das letzte Mal gar nicht mehr erinnern. Die Kurse fielen und fielen ... und Willi Heinzelmann bewies Feingefühl. Er stellte seine Präsentationen ein und schwieg. Aber heute war ein anderer Tag. Heute galt es, dem »Generaal« mit der Gosche Unterstützung zu leisten.

»Yes, you can! Yes, you can! Yes, cou can! Yes, cou can! ...«

Als Hoss während der kindischen Anfeuerungsrufe von der Toilette zurückkehrte, schien er mindestens sechs Ellen und eine Spanne groß und über die Schultern noch breiter als ohnehin schon geworden zu sein. Die langen Ärmel seines karierten Oberhemdes hatte er bis knapp an die Ellenbogen zurückgeschlagen. Seine kernigen Unterarme kamen dadurch erst richtig zur Geltung. Angesichts seiner körperlichen Dominanz wirkte er neben dem – trotz des harten Trainings – bierwirtphysiognomen Möchtegern-Kostolany wie der Philister Goliath von Gath. Hätte heute nicht David den Riesen herausgefordert, und wäre bei diesem Duell nicht der Massigere im Nachteil gewesen, hätte man sich glatt ins alttestamentarische Terebinthental versetzt fühlen können.

»Blas dich nicht so auf, Hoss!«

»Wie lautet dein Einsatz, Affe?«

»Was für ein Einsatz? Willst du auch noch wetten? Und nenn mich bitte nicht Affe!«

»Yes, Affe. Ich will wetten und schlage eine Lokalrunde vor!«

Als Hoss unmittelbar nach seiner verbalen Offensive scharf nach Luft sog, hob sich sein Brustkorb gewaltig. Im gleichen Maße schrumpfte die Wohlstandskugel darunter. Jetzt konnte man ahnen, weshalb Goliath heute keinen bronzenen Schuppenpanzer trug. Derselbe wäre soeben in seine Einzelteile zerborsten. Herrn Pavian beschlich ein mulmiges Gefühl. Das war ihm deutlich anzumerken. Es brauchte einige Augenblicke bis er antworten konnte.

»Ich will kein Unmensch sein und fair bleiben, Hoss. Hast ja eh keine Chance! Wir wetten um 'nen Kasten. Geht das in Ordnung?«

»'nen Kasten was, Affe? Leergut, Pils oder Malzbier?«

»Pils natürlich, du ...!« Den Depp konnte sich Bernd gerade noch verschlucken.

»Ich sag dir was, Mister Fairplay: Der Verlierer zahlt eine Runde Stubbis, und zwar für alle hier im Raum. Und, mein Freund, zusätzlich 'nen Kasten Malzbier an den Gewinner. Jetzt schlag ein und beweis den Leuten, dass du kein Feigling bist!«

»Gut, Hoss, du willst es ja nicht anders. Zück schon mal den Geldbeutel!«

Als Feigling wollte Bernd auf keinen Fall gelten. Ein Fallrückzieher Marke Pavian, der einem Maulhelden wie ihm längst zur Routine geworden war, kam hier nicht in Frage. Alle im Raum hätten das auf die erste Silbe durchschaut. Hoss' Wettangebot konnte er unmöglich ausschlagen. Jedenfalls nicht, ohne sein Gesicht zu verlieren. Also griff er nach der ihm entgegengestreckten Pranke und damit voll in die Scheiße. Rüde, mit einem höhnischen Grinsen im Blick, drückte deren sportlicher Leiter zu; seinen bemitleidenswerten Gegner respektlos von oben herab taxierend.

Was zum Teufel ist das? Bernd stand das Entsetzen ins Gesicht geschrieben. An seinen panisch blickenden Augen konnte man ablesen, dass er seine Führhand in einem Schraubstock wähnte und befürchtete, die knöchernen Glieder des zur Ausübung seines Berufs zweitwichtigsten Körperteils könnten jeden Augenblick brechen. Es kostete ihn ungeheure Anstrengung, seine Empfindungen während ihres Händedrucks auch nur einigermaßen zu verbergen. Einen Wehschrei konnte er unterdrücken, nicht aber die Tränen, welche im Nu seinen Blick wässrig machten.

»Was ist los, Bernd, warum weinst du? Stimmt was nicht?«

Hoss provozierte, benahm sich wie ein ungehobelter Grobian, bevor er die Rechte seines Gegners wieder aus ihrer schmerzhaften Einzelhaft entließ. Die Stubbi-Patsche war aus der Patsche und blieb vom Ärgsten verschont. Aber Bernds Selbstsicherheit war gebrochen. Ausgerechnet jetzt, wo diese verfluchten Saardéros endlich einmal zu spüren bekommen sollten, wie bitter eine Niederlage schmeckt. Bernd wusste, dass er gegen die aufkommenden Zweifel ankämpfen musste, wollte er nicht im Wettkampf verkrampfen und – wie bei seinen Rekordversuchen mit der Langhantel – hyperventilieren. Es war Zeit zu handeln, sich weiter zu pushen, und zwar auf der Stelle. Also schritt er zur Seite und setzte sein Schauspiel fort. Linker Arm, rechter Arm, linker Arm, rechter Arm ... Auf ein Feuerwerk seitlicher Trizeps-Posen ließ er einen – von begeisterten Mitgliedern der Kuseler Jagdhornbläser auch musikalisch auf die Spitze getriebenen – eingesprungenen Doppelbizeps folgen. Der pure Wahnsinn! Die Rentnerklause geriet zum Tollhaus. Die dem skurrilen Treiben zuschauende Lore Omlor sollte sogar Bernds Muckis anfassen. Zusammen mit Dogge und Platon saß Lore an einem der vollbesetzten Tische. Das Trio bildete eine eigene Fraktion und zog die Loser-Boys, wann immer sich ihnen die Gelegenheit dazu bot, mit Eifer auf.

»Da guckste, Lore, was? Ein zweiunddreißiger Oberarm, willste mal fühlen?«

Lore hätte gern, durfte aber nicht. Es hätte sich nicht geschickt. Vor allen Leuten den Luftdruck in Bernds Bizeps zu prüfen, hätte bei ihrem Mann einen Tobsuchtsanfall ausgelöst. Schließlich war sie mit Dogge just married und gerade erst vom Flittern aus Reit im Winkl zurück. Die beiden waren heimatverbunden. Malle & Co. kamen erst gar nicht in deren Auswahltüte. Lore hatte Manuschätzchen verklickert, dass sich in der Pension Nagelhuber schnell herausgestellt hätte, dass sie mit der Wahl ihres dritten Ehemanns das große Los gezogen hatte: »Der Neue ist nicht nur gut zu gebrauchen, er übertrifft sogar meine kühnsten Erwartungen. Bei ihm gehen Talent und Temperament eine gelungene Liaison ein.« Was mir Manuel zu erzählen wusste, war äußerst vergnüglich. Reit im Winkl! Dogge hatte den Imperativ ihrer beschaulichen Wohnstatt beim Wort genommen und sich auch an die haarigsten Choreographien getraut. Seine Lore war begeistert, hatte sie doch trotz reichhaltiger Hausmannskost einige ihrer überflüssigen Pfunde im Chiemgau lassen können. Folgerichtig erhielt der Bierbudentester einen Korb. Außerdem wollte sie sich auf keinen Fall die schweinchenfarbene Polyester-Bluse von Peek & Cloppenburg verschmutzen. Es reichte, wenn der schwitzende Bühnenkünstler mit seinen selbstbräunertrunkenen Schweißperlen den Boden versaute. Dogge, der es meisterhaft verstand, die Loser-Boys mit seinen nicht enden wollenden Tiraden an den Rand des Wahnsinns zu treiben, blickte der Show sprachlos zu.

»Von nichts auch nur die Spur einer Ahnung haben, aber den schlauen Bernd belehren wollen. Das sind uns die richtigen! Gell, Philipp?«

Mehr wusste der Zahlenzwerg auf Dogges Einwände selten zu sagen. Stattdessen war er ständig damit beschäftigt, den inneren Wert von Lemming Resources mit Hilfe eines uralten »Commodore« auszurechnen. Dabei spuckte der in die Jahre gekommene Taschenrechner des ehemaligen Branchenprimus immer das gleiche Ergebnis aus: Der Kurs von Lemming wird sich schon bald verzigfachen; »dausend« Prozent, aber hallo! Den Rechenautomaten hatte der Zahlenzwerg seit seiner Zeit auf der Sonderschule. Man hatte früh erkannt, dass er das Zeug dazu mitbrachte.

»Jo, Klaus, dieser Dummkopf blickt doch gar nix, der bellt nur. Nicht umsonst heißt der Dogge. Der und die blöde Omlor schwätzen doch nur dumm daher. Kümmre dich nicht drum!«

Dumm und blöd waren die Lieblingsvokabeln Philipp Schwans. Als armseliger Dampfplauderer befand sich der Rotzlöffel bei den Loser-Boys in bester Gesellschaft.

Allerdings war nicht von der Hand zu weisen, dass einen Dogge nerven konnte. Aber er war eine ehrliche Haut, leicht einzuschätzen und schiss sich vor keinem in die Hose. Mit der Zeit bekam jeder sein

Fett ab.

»Eure Dogge kennt kein Pardon! Er bläst jedem den Marsch, wenns sein muss auch euch!«

Diesen Spruch durften sich Lore und Platon des Öftern anhören. Furchteinflößende Klamotten unterstrichen Dogges unbeugsamen Charakter. Mit seiner nietenbesetzten schwarzen Kunstlederjacke und den schweinsledernen Knobelbechern an seinen siebenundvierziger Gehwerkzeugen passte er wie die Faust aufs Auge zu dieser biederen Weibsgestalt. Die hatte ihrem altbackenen Gehabe mit brünett-roten Achtzigerjahre-Dauerwellen stilistisch wieder einmal die Krone aufgesetzt. Der Omlor traute ich fast alles zu. Selbst dass sie an Bernds Muckis, nach dem dritten Stubbi sogar an Olivers leblosen Pocher langte. Ein Weib halt! Den smarten Oli sah man nur noch selten in der Rentnerklause. Die Kursentwicklung von Lemming hatte ihn fertig gemacht. Hartnäckig hielt sich das Gerücht, er hätte nicht nur sein Kopfhaar verloren. Auch seine Schwellkörper sollten gehörig an Performance eingebüßt haben. Der vom Zocken derart weich Überbeutelte war irgendwann in Lores Lager übergelaufen und auf Empfehlung seiner neuen Chefin zu Sparplan-B gewechselt. Fortan kaufte Oli Schatzbriefe statt Aktien. Als die Finanzagentur der Bundesrepublik Deutschland am vorletzten Independence-Day bekannt gab, dass man aus Kostengründen schon bald keine Schätzchen mehr ausgeben werde, riet ihm Platon zu Sparplan C: »Ein Fuchs, nicht der Idiot, gebraucht zum Bauen Wüstenrot. Paarreim, Oli!« Fortan träumte Oli von einem Häuschen im Grünen.

Das frisch getraute Paar war, was es für Platon so interessant machte, Bernd und seinen Konsorten spinnefeind. Er selbst hatte die Loser-Boys schon lange gefressen und ihnen in der Vergangenheit bei diversen Wetten den Gegenwert eines netten Kleinwagens abgeluchst. Platon war schlau und gebildet, Einfaltspinseln wie Bernd und Konsorten vom Verstande her überlegen. Als Eleve Freiburger Schule hatte er es nicht nötig, äußerlich Eindruck zu schinden und wie Philipp Schwan in Markenjeans und Lacoste-Polos herumzuschlawenzen. So, wie er daherkam, mit langen Haaren und abgewetzten Klamotten, konnte man meinen, Rory Gallagher wäre als mittelloser Straßenmusikant zurückgekehrt. Der Neid auf Platons Händchen beim Spekulieren mit Aktien stand den Loser-Boys auf die Stirn geschrieben: Jede Wette hat dieses Arschloch bisher gegen uns gewonnen. Aber heute wird Hoss, und damit die Saardérobrut, an seiner Statt büßen.

Plötzlich war der Bierbudentester wieder siegesgewiss. Der nicht enden wollende Applaus auf seine komischen Verrenkungen gab ihm neue Zuversicht. Mit Hoss hatte er sich schließlich den vermeintlich Schwächsten für seine Kraftprobe ausgesucht. Der Mann in der khaki Drillichhose ging ein letztes Mal in die Most-Muscular-Pose, bevor die Burschen aus Kusel zu Ehren der Duellanten mit ihren Jagdhörnern ein feierliches Horrido bliesen. Nun musste noch entschieden werden, wer von beiden beginnt. Die letzten Wetten wurden geschlossen. Wo anderswo die Rentnersleut' Bingo spielten, favorisierte man in Matzenbach eine forschere Gangart. Die Mehrheit setzte erwartungsgemäß auf den leichtgewichtigen Ober-Loser. Sehr zur Freude Platons, dem ein kurzer Blick in mein entspanntes Gesicht zu seiner Beurteilung der Lage genügte. Die Spannung in der Klause wuchs und wuchs.
»Kopf oder Zahl, Hoss?«
»Kopf, Manu!«
Der Alte warf die Münze und es gewann ... Kopf.
»Also, wer fängt an, Hoss?«
»Wer wohl, der Bierbudentester natürlich!«
Bernd würde also beginnen müssen. Umgekehrt wäre es ihm bestimmt lieber gewesen. Aber damit würde er leben können. Schließlich war er der Favorit. Entschlossen, wie ein Boxer vor dem Kampf seines Lebens, schüttelte er die Arme aus und atmete noch einige Male tief durch. Währenddessen wurden in der Mitte des Schankraums die Tische gerückt. Die Alten schafften Platz für den Wettstreit. Punkt neunzehn Uhr bimmelte Manuel mit der Lokalrunden-Glocke. Ruckzuck kehrte Ruhe ein und der heilige Bimmelbam sprach das Startsignal:
»Bester aller Freibiertester, auf gehts! Zeig uns, was du drauf hast!«

Als Bernd mit stolzgeschwellter Brust zu Boden ging, feuerte er sich mit einem »Yes, I can!« ein letztes Mal selbst an. Dann legte er los wie die Feuerwehr.

»Eins, zwei, drei, vier … fünf … sechs … siieben … aachht … nneeuun … zzeehhnn … eellfff … zzwwöööllffff … dddrrreeiiizzzeeehhhnnnn…« Wumms!

»Ooohhh!«

Das enthusiastische Zählen der Loser-Boys fand ein jähes Ende. Bernd plumpste, mit Nase und Kinn zuletzt, völlig entkräftet auf die Fliesen. Er konnte von Glück sagen, dass seinem Zinken unsanfte Behandlungen nicht fremd waren. Einige hübsche Narben zeugten davon, dass er schon häufiger eins auf die Fresse bekommen hatte. Dieses Mal blieb er von nennenswerten Blessuren verschont. Die Schramme am Kinn würde gleich wieder aufhören zu bluten, keine nachhaltigen Spuren hinterlassen. Aber dreizehn Stück nur? Mit diesen Hammer-Muskeln! Wie war so etwas möglich? Hatte er zu viel Kraft bei seinem Posing gelassen? Noch seltsamer war der Umstand, dass das, was »seine Jungs dort drüben am Tisch« offenbar bitter enttäuschte, ihn tief zu befriedigen schien. Er hatte sein Bestes gegeben und war überzeugt, Hoss vor eine unlösbare Aufgabe gestellt zu haben.

»Und, Leute, wie war ich? Jetzt sagt Ihr nichts mehr, gell?«

Bernd hatte recht. Das Publikum war sprachlos und musste diese Vorstellung erst einmal verdauen. Während seine Zinnsoldaten die Kinnladen heruntergeklappt hielten, hielt sich der Rest der Gesellschaft die Bäuche. Das lauteste Gelächter kam vom Tisch der Lore. Platon kriegte sich schier nicht mehr ein und Dogge bat sein Eheweib um Papiertaschentücher. Für ihn galt es, Sturzbächen an Tränen Herr zu werden. Wohl nie zuvor in seinem Leben hatte er dermaßen ausgelassen lachen müssen.

Hoss bereitete der allgemeinen Belustigung abrupt ein Ende. Mit einem furchteinflößenden Blick, dem standzuhalten fast unmöglich war, schritt er die Reihen ab. Mike Tyson hätte das nicht einschüchternder hinbekommen. In Reichweite Philipp Schwans ließ er blitzartig seinen Kopf nach vorne schnellen, um gleichzeitig das Schnüffelgeräusch und die Worte Hannibal Lecters zu imitieren, als dieser Agentin Starling Einblicke in sein kulinarisches Seelenleben bot: »Ich genoss seine Leber mit ein paar Favabohnen, dazu ein ausgezeichnetes Stubbi.« Die Visage des zurückzuckenden Loser-Boys blieb dabei heil. Nicht einmal seine Ohren nahmen Schaden. Mein Kumpel war schließlich kein Kannibale und Philipp Schwan mit seinen knapp eindreiundsiebzig weiß Gott nicht Holyfield. Aber den Umstehenden wurde durch Hoss' Finte formidabel vor Augen geführt, dass man einen Brocken wie Ingo Kleinschmitt besser nicht reizen sollte. Die verängstigten Loser-Boys machten auf mich den Eindruck, als hörten sie Hoss' Stahlglocken High-Noon spielen.

»Der Dicke schafft doch keine drei Stück!«, posaunte Bernd trotzig, als er die Beklemmung seiner Schützlinge erkannte.

»Oooohhhhooohhhoooooohhhhhh, Ooohhhhooohhhooohhh!«

Hoss trommelte bei seinem urwüchsigen Tarzanschrei mit beiden Fäusten auf seinen mächtigen Brustkorb. Damit bereitete er nicht nur seinem Gegner eine gehörige Gänsehaut. Statt eines tapsigen Cartwrights sah der sich plötzlich Johnny Weissmüller gegenüber – austrainiert und wild entschlossen. Bevor der vollschlanke Klausen-Tarzan in die Waagerechte ging, griff er ein Stubbi und stellte es neben sich auf den Boden. Dann legte er los, wie ... ein Rentner halt so loslegt:

»Eeeiiinnnsss ... zzzwwweeeeiiii ... ddddrrrreeeeeiiiiii ...« Innehalten!

Hoss keuchte wie ein Walross. Aber er verhielt sich regelkonform. Sein massiger Körper blieb auch bei seiner Verschnaufpause konsequent gestreckt, der Form eines Drei-Zentner-Torpedos ähnelnd. Niemand sollte später behaupten können, er wäre unfair gewesen und hätte mit dem Bauch nachgeholfen. Seine Liegestütze kamen allesamt lehrbuchmäßig, ganz im Gegensatz zu denen Bernds. Der Bierbudentester hatte seine letzten Wiederholungen nur noch mit durchgebogenem Rücken zustande gebracht. Hoss verhielt sich zwar sportlich sauber, schien aber sein enormes Gewicht nicht häufig genug stemmen zu können. Er erweckte gleich zu Beginn den Eindruck, als würde er die Wette haushoch verlieren. Unser Dickerchen schien jeden Moment seinerseits auf die Schnauze zu fallen. Die eben noch bedröppelt dreinschauenden Loser-Boys sahen wieder Land.

»vvviiieeeerrrr ... ffffüüüünnnnnffff ... sssseeeeecchhhssss ...«
Hoss verharrte erneut.

Den Zahlenzwerg hielt jetzt nichts mehr auf dem Stuhl. Er zückte sein Smartphone und begann voller Erregung zu knipsen. Dabei hopste er wie ein besoffener Flummi hin und her und machte sich über Hoss lustig.

»Winner-Boys, schnell, zückt eure Handys! Gleich knickt dieses Monster wie ein Streichholz ein!«

Diese Prognose war ehrenrührig! Das Monster schenkte Klaus Kretschmann ein vieldeutiges Petzauge, bevor es seinem fassungslosen Publikum zeigte, aus welchem Stoff Ingo Kleinschmitt geschaffen war. Nicht zuletzt dank meines Erfindungsgeistes und Bodos handwerklichem Geschick.

»sieben, acht, neun, zehn ... neunundzwanzig, dreißig, aus!«

Hoss hatte seinen Gegner erbarmungslos vorgeführt, Bernds Vorgabe balboagefedert zerstampft. Keiner der Anwesenden konnte sich erinnern, in der Rentnerklause je eine so geile Nummer erlebt zu haben. Dagegen war selbst die Table-Dance-Show an Manuels Fünfundsiebzigstem sterbenslangweilig gewesen.

»Mannomann, nicht zu glauben! Der Dicke hat die meisten seiner Liegestütze einarmig abgepumpt!«

»Mein lieber Scholli, wie Stallone, Wahnsinn! Wenn Hoss gewollt hätte, hätte er noch mehr geschafft!«

»Boah ey, was für eine urwüchsige Kraft! Ich hätte Haus und Hof darauf verwettet, dass Ingo verliert. Und jetzt das!«

»Ich fass es nicht, Alois, der trinkt auch noch ein Bier dabei!«

»Hoss lebe hoch, hoch, hoch!!!«

»Prost, auf euer Wohl, Saardéros! Heute zahlt das Freibiergesicht die Zeche!«

Zu einem Shake-Hands, unter Sportsleuten nach einem fairen Duell eigentlich üblich, war Bernd nicht mehr bereit. Aber auch ohne den abschließenden Händedruck bahnten sich bei ihm erneut Tränen ihren

Weg. Diese Niederlage war extrem bitter, entsprechend groß seine Enttäuschung. Statt einer solchen Peinlichkeit Widerstand zu leisten, ließ sich der »Generaal« wie ein Waschweib gehen. Er nahm es in Kauf, dass ihm das Salzwasser in Strömen über die Backen und der Rotz aus der Nase lief. Der Unfehlbare hatte ohnmächtig mitansehen müssen, wie der scheinbar schwächste Saardéro seine Vorlage mit links übertrumpfte, um gleichzeitig mit rechts an einem Stubbi zu nuckeln. Unterdessen kassierte der wohlgemute Platon seine Wettgewinne ein.

Bodo Panzer

Bodo glänzte durch einen durchdachten Haarschnitt. Insbesondere wenn er bei Leibesübungen ins Schwitzen geriet. In Manhattan war er nie gewesen, er mochte auch keine Lutscher. Aber der Scheitel von Lieutenant Kojak hatte es ihm angetan. Ein »Entzückend, Baby!«, entwich sonor seinem Munde, wenn ihm seine Karoline an Silvester mit der pilsbenetzten Hand über das kahl geschorene Köpfchen fuhr, um es wild zu liebkosen. Als Ballermann mit kroatischen Wurzeln genoss er die Streicheleinheiten seiner Regimentsführerin. Max, das schlitzohrige Resultat eines ihrer amourösen Zusammenkünfte, war bei vielen Vatertagstouren dabei. Zu Schulungszwecken, mit seinem Busenfreund Tommi im Schlepptau. Letzterer gewann mit der Geburt von Diego den Wettstreit der werdenden Väter. Vier Tage später kam Elias zur Welt und Bodo ward Opa. Letzterem oblag der von seinen Freunden geforderte Härtetest. Inspektor Panzer überzeugte sich mit einem Blick auf die Steelballs, dass sein Enkelsohn unter der Fuchtel anderer Leute nicht zu einem Weichei geraten konnte. Das Ergebnis war über die Maßen erfreulich: »Alles in Butter, Saardéros – untenrum ganz der Opa!«

Die Wünschelroute

Es war erstaunlich, wie zielstrebig ich bei meinen Internetrecherchen die richtigen Routen einschlug; auch ohne Navi. Als das Ergebnis feststand, lud ich wochentags zu mir in den Garten ein, um bei einer Kiste Stubbis und Salzgebäck die frohe Botschaft zu verkünden: »Leute, vergesst den Flug nach Ghana! Wir fliegen auch nicht nach Texas. Wir ... fahren ... nach ... Kroatien!!!«

»Juhu, juppidubidu!!!«

Als meine Freunde erfuhren, wohin uns unsere total durchgeknallte Mission führen würde, schlug Bodo vor Freude einen Purzelbaum. Dabei hatte er Glück, dass an seinem kahl geschorenen Schädel lediglich einige Grashalme und keine von Gigis größeren Hinterlassenschaften kleben blieben. Ganz zu schweigen von dem erstaunlichen Umstand, dass er sich bei seiner ungelenken Rolle vorwärts auf unserer Wiese nicht das Genick brach. Bodo war außer Rand und Band, super gelaunt. Sein Haus an der Westküste Istriens würde den Saardéros als Basisstation für das »Kommando Schnappdudel« dienen. Das war bei diesem Reiseziel so klar wie Klärchen. Von der hanebüchenen Robinsonade, die uns an den Plitvicer Seen bevorstand, würden noch seine Urenkel erzählen. Bald würde er Opa werden. Sein hemdsärmeliger Junior Max hatte seinen staunenden Eltern erst wenige Tage zuvor für den Herbst die Ankunft eines kleinen Elias angekündigt. Und jetzt auch noch das: eine Woche Kroatien mit den vier Bekloppten da! Bodo Panzer war der glücklichste Bodo der Welt.

Seine Eltern hatten nach ihrer Rückkehr in ihre kroatische Heimat mit viel Fleiß und Geschick in Porec ein schmuckes Häuschen gebaut. Bodo war mit seiner Familie jedes Jahr in den großen Ferien dorthin gedüst, auch während der Wirren des Balkankriegs. Nach dem Tod seiner Mutter hatte er das Anwesen ganz in der Nähe des Mittelmeers geerbt. Sein Vater hatte leider nicht mehr viel davon gehabt. »Cannon« war schon etliche Jahre vor seiner Frau gestorben. Wir konnten uns auf dem Friedhof davon überzeugen, dass Cannon als Spitzname absolut passte. Das ovale Porzellanbild auf dem Grabstein zeugte von einer frappierenden Ähnlichkeit mit dem übergewichtigen Privatdetektiv einer gleichnamigen US-Krimiserie der Siebzigerjahre.

Wir hatten oft davon gesprochen, Poreč zum Ziel einer unserer Touren zu machen. Jetzt würde es bald soweit sein. Dieses Jahr würde uns allerdings nicht die Absicht zu klettern in die Ferne treiben. Die Motivation, etwa dreitausend Kilometer in einer Woche herunterzuspulen, bezogen wir aus einem ungleich skurrileren Grund. Eine »Mission impossible«, wie Hoss mutmaßte, stand uns bevor. Hein war als passionierter Toyotafahrer naturgemäß weniger skeptisch. »Nichts ist unmöglich!«, meinten auch Bodo und Ronny. Hoffentlich hatte ich richtig ermittelt, hoffentlich würde alles gut gehen und keines dieser hässlichen Viecher zubeißen. Schon die bloße Vorstellung, an dermaßen empfindlicher Stelle von glitschigen Babydrachen attackiert zu werden, war eklig genug.

Wie es sich für zivilisierte Menschen gehört, nutzten wir die ersten Tage unseres Trips zur Kontaktpflege und zum Auskundschaften der näheren Umgebung. Obwohl Bodo in Deutschland aufgewachsen war, verfügte er über ausgezeichnete Kenntnisse der kroatischen Sprache. Darüber hinaus entpuppte er sich als umtriebiger Reiseführer. Aber nicht nur ihn hieß man bei unseren Pflichtbesuchen auf das Herzlichste willkommen. Auch an seinen geselligen Begleitern fanden die Leute Gefallen. Wir erwiesen uns als Männer mit Manieren: unterhaltsam und die Traditionen vor Ort respektierend. Ein Küsschen hier, ein Schmatzer dort – Rakija morgens, Rakija mittags und natürlich erst recht: Rakija abends. Meist als Trester, von den Einheimischen als Grappa bezeichnet, aber auch veredelt als Pflaumen-, Birnen- oder Aprikosenschnaps. Da gab es auch für einen Sportsmann wie mich kein Pardon, obwohl ich tagsüber gewöhnlich höchstens ein Malzbier trank. Als wohlerzogener und den Gepflogenheiten der Gastfreundschaft kundiger Zeitgenosse kam ich erst gar nicht auf den Gedanken, eine dieser hochprozentigen Einladungen auszuschlagen. Wobei ich zum Kirschkuchen bei Bodos Nachbarin doch lieber Kaffee getrunken hätte. Stubbis bot man uns keine an. Dafür in den Kneipen und Restaurants Fassbier zu erstaunlich günstigen Preisen. Ein frisch gezapftes Nullfünfer für nur fünfzehn bis zwanzig Kuna. Da konnte man nicht meckern. Wir waren schließlich nicht in der Wildnis, dorthin wollten wir erst mittwochs, sondern in einer gut besuchten und blitzsauberen Urlaubsregion mit allem Pipapo. Sogar eine Bimmelbahn chauffierte die Fußlahmen unter den Touristen in der noch frühen Saison entlang der am Abend gekonnt beleuchteten Uferpromenade.

Vermutlich weniger beleuchtet, aber ebenfalls gekonnt in Szene gesetzt, war das Fuder knapp bekittelter Luder. Deren bedauernswerte Füßchen hätten das abendliche Schaulaufen bestimmt lieber in Nschotschis goldenen Mokassins als gemeingefährlichen Stiefeletten oder Crazy-Heels absolviert. Wir hatten unseren Spaß beim Bespitzeln der Schickeria-Istria und spekulierten, ob hier und da vielleicht noch etwas anderes als der offenkundige Riss in der Schüssel mit Silikon ausgespritzt war. Manche dieser formvollendeten Augenschmäuse ließen uns den ein oder anderen Blick mehr als üblich wagen. Auch auf die Gefahr hin, dass dieser oder jener stiernackige Stenz am Händchen einer der den Stelzengang übenden Thusneldas daran etwas auszusetzen hatte. Schließlich hatten wir unsere Lebensversicherungspolice mit ins Ausland geschleppt. So betrachtet war das Risiko eher gering. Ingo Kleinschmitt hätte im Ernstfall den Stier im Nacken gepackt und die öffentliche Ordnung ratzfatz wiederhergestellt. Außerdem war charakterfesten Zeitgenossen wie uns ein etwas genaueres Hinschauen zum Zwecke ethnologischer Studien auch in Situationen erlaubt, wo der willensschwache Anthropologe längst den eigentlichen Bezug zu seiner Wissenschaft aus dem Sinn verloren und stattdessen einen stehen hatte.

In dem Künstlerstädtchen Motovun, reizvoll auf einem steilen Hügel über dem Tal der Mirna gelegen, lernten wir montags ein leibhaftiges Würstchen kennen. »Das ist ein Wiener, aber hundert Pro! Diese Art zu labern kenne ich.« Bodo hatte den Dialekt richtig zugeordnet. Er war in der Lage, einen Hauptstädter anhand seiner Mundart jederzeit vom Rest der Österreicher zu unterscheiden. »He, Meister, du rauchst zu viel. Das schadet deiner Gesundheit. Der Happel Ernst hatte auch nicht hören wollen. Du weißt wie das geendet ist? Komm, nimm Vernunft an! Ich will mal nicht so sein und nehm dir einen deiner Sargnägel ab. Natürlich nur wenn du willst.«

Ich wusste, wie man van Andern buchstabiert. Obwohl ich längst keine Zigaretten mehr kaufte, rauchte ich hin und wieder gerne mal eine. Der schlaksige Typ an der Theke einer Miniatur-Freiluft-Schenke in einer der kopfsteingepflasterten Gassen entlang der Stadtmauer fiel mir sofort angenehm auf. Wie der legendäre, aus Wien stammende und ebenfalls Kette rauchende, ehemalige Trainer des Hamburger SV sah dieses Exemplar zwar nicht aus, aber ein Schlawiner schien auch er zu sein. So, wie er dastand, zappelig, sich eine Kippe nach der andern durch die Lunge ziehend, den nächsten Grappa gerade bestellend und in einer Art mit dem Wirt plaudernd, dass man vermuten durfte, er wäre bestimmt häufiger hier auf Stippvisite.

»Bin i deppat? Wo koamstn du Schnorra her?«

Während er fragte, zückte er eine Kippe und gesellte sich an unseren Tisch. Ich hatte richtig kalkuliert. Dem Mann aus Wien war an einem lockeren Plausch gelegen.

»Aus'm Saarland. Und du bist ein Wiener Würstchen, gell?«

Wie erwartet fasste der Traumkunde eines jeden Tabakwarenhändlers auch diesen Schmäh locker auf.

»Kloar, i bin a echta Weana, Piefke! Guat, kriagst an Kipperl, aba rauchn kaanst alloa?«

»Wenn du mir Feuer gibst, Zappel!«

Zum Abschied gab ich ihm eine meiner albernen Visitenkarten, die ich als Schriftstellernovize neuerdings mit mir herumtrug. »He, Zappel, hier, meine Karte. Ich bring dich noch groß raus, wirst sehen – Fingerehrenwort!«

Der Dienstag sollte noch einmal ganz im Zeichen der Zerstreuung stehen. Die Erkundung eines Abschnitts der Westküste Istriens würde dazu beitragen, dem im Anmarsch befindlichen Flattermann Paroli zu bieten. Die Bündel für den alles entscheidenden Abstecher tags darauf waren schon so gut wie gepackt. Nur ich, frisch wie ein Fisch und locker wie üblich, schleppte meinen Rucksack heute schon mit. Schließlich gab es in Hrvatska, wie die Kroaten ihre Heimat nannten, auch Dosenbier. Gefallen dieser Art tat ich meinen für gewöhnlich durstigen Freunden ab und zu. Die mussten kein schlechtes Gewissen haben. Sie wussten, dass ich gerne etwas Ballast mit mir rumschleppte. Spätestens seit meiner Belehrung durch den Proktologen vor mittlerweile elf Jahren. Wie doch die Zeit verging!

Abstecher nach Funtana und Vrsar standen auf unserem Tagesprogramm, bevor wir über den Limski-Fjord nach Rovinj fuhren. Dieser von Hoss als »Route de Wutz« bezeichnete Streckenabschnitt war gespickt mit Restaurants, deren heimtückische Betreiber Spanferkel am Spieß als Köder für ihre gefräßige Kundschaft gebrauchten. »Schwein gehabt« schien man hier anders als sonstwo zu deuten. Wie im finstersten Mittelalter die Hexen, wurden diese bedauernswerten Kreaturen an jeder zweiten Ecke öffentlich einem hochtemperierten Schicksal preisgegeben. Furchtbar, nur wegen dieser verfressenen Urlauber! Als wären viele von ihnen noch nicht dick genug gewesen. Der Sozius im Cayenne war kaum noch zu halten. Er teilte uns mit, dass er sich in Gedanken als Besitzer einer Spanferkel-Flat wähne. Hoss hatte Mühe, nicht wie Gigi abzuspeicheln.

»Brauchst du 'n Lätzchen, Hoss? Wenn ihr in Plitvice auch so erfolgreich ködert, werden die Netze reißen. Petri Heil!«

»Petri Dank, Finger!«

Meine ironische Bemerkung ließ für Augenblicke wieder die Ungewissheit vor morgen in unser Bewusstsein rücken.

Wenn die wüssten, was ich weiß, dachte ich, als wir schon in Rovinj, als Castrum Rubini einst Teil von Byzanz, ankamen. Weithin sichtbar überthronte die Kirche Sveta Eufemija die auf einem Hügel ins Meer reichende Altstadt und erregte schon bei der Anfahrt die Aufmerksamkeit der Ankömmlinge. Die bewegte Geschichte Rovinjs – unter anderem herrschten Langobarden, Venezianer, Habsburger und kurz auch Napoleon über die Stadt – war für einen Geschichtskundigen an den Fassaden der Gebäude abzulesen. Elemente der Renaissance, des Barock und des Neoklassizismus prägten das Stadtbild. Die verwinkelten, gepflasterten Gassen mit ihren zahlreichen Kunstwerkstätten, Läden und Kneipen übten an diesem sonnigen Frühlingsnachmittag ihren Reiz auch auf uns aus. Ronny war scheinbar besonders betört. Wollte es ihm zum Zeitpunkt intensivster Drangsal doch partout nicht gelingen, die Toilettentür eines für ethnologische Studien ideal gelegenen Hafencafés zu öffnen. Was hatten wir einen Spaß dabei, als sich einer nach dem andern problemlos Erleichterung verschaffte, Ronny aber auch im zweiten Anlauf scheiterte. Alles noch so kräftige Zerren am Türknauf half ihm nichts.

»Das gibts doch nicht. Ich krieg die Tür nicht auf. Scheinbar bin ich zu blöd. Ich fass es nicht!«

Damit der Druck nicht zu arg wurde und dem Wurm kein Missgeschick widerfuhr, teilte ihm Hoss gnädigerweise mit, dass man bei einer Schiebetür nicht ziehen dürfe:

»Schieben, Ronny, schieben!«

Einen Wermutstropfen hielt der Abstecher nach Rovinj dann doch noch für uns bereit. Als ich für meine im Freien wartenden Freunde an die Heilige Euphemia, die Schutzpatronin Istriens, um Beistand an den Plitvicer Seen nachsuchen wollte, wurde ich von einem Kirchenmann nach draußen gebeten. Man schloss für heute. Hoffentlich ist das kein schlechtes Omen, dachte ich.

Ruckzuck war Mittwoch. Am Abend zuvor hatten wir uns nicht wie üblich die Bäuche vollgeschlagen, sondern im »Dvi Murve« vornehm gespeist. Schließlich galt es, am folgenden Morgen in die Gänge – statt nicht mehr vom Pott – zu kommen. Bodo hatte nicht zu viel versprochen. Was im Dvi Murve auf den Tisch kam sah gut aus und schmeckte auch so. Der zuvorkommende Patron dieses stilvollen Lokals bewirtete uns in einem astreinen Hochdeutsch. Überhaupt schienen viele Menschen Istriens deutsch zu sprechen. Darüber hinaus waren sie (bis auf diesen ungehobelten Fritzen im Fremdenverkehrsbüro, bei dem wir pflichtgemäß unsere Kurtaxe abdrückten) auffallend freundlich. Ohne zwei Absacker ging die Chose auch hier nicht über die Bühne. Der Patron bestand darauf. Ronny war wegen der Rechnung, nicht einmal zweihundert Euro inklusive aller Getränke, derart angetan, dass er beinahe einen Streit wegen des Trinkgelds vom Zaun gebrochen hätte. Bodo sprach schließlich ein Machtwort. Er wollte vermeiden, dass wir als Prahlhanse eingestuft und die Erwartungen an solche Spenden in Zukunft zu hoch geschraubt wurden.

»Zwanzig Prozent und keine Kuna mehr, Ronny! Und du darfst blechen!«

Brünhild war es, die für eine gehörige Verzögerung unserer Abfahrt sorgte. Mitten in der Nacht kam sie auf die glorreiche Idee, Ronny eine SMS zu schicken: »Du hast Post – check mal deine Mails – ist ziemlich wichtig – Kuss, Brünhild!« Ihr Vater kam als Empfänger nicht in Frage. Ich hatte mich lange Zeit geweigert, ein Mobiltelefon überhaupt nur anzufassen und konnte nicht verstehen, warum man sich freiwillig zum Sklaven dieses maßlos vergötterten Teufelszeugs machte. Aber mittlerweile war ich auf andauerndem Druck meiner Tochter zum Gelegenheitsnutzer eines mit Klebestreifen zusammengeflickten Uraltmodells von Siemens geworden. Die knallbunte Attrappe aus dem ROFU-Kinderland, die ich vor Jahren häufiger in der Kneipe – einmal sogar in einem pikfeinen Restaurant – gebrauchte, war von Madame konfisziert worden. Klammheimlich! Anfangs fand sie es lustig, später zunehmend peinlich, wenn ich per Knopfdruck einen der schrillen Klingeltöne der überdimensionierten Plastik aus Taiwan aktivierte, um laut und deutlich einem imaginären Börsenhändler in Übersee eine millionenschwere Kauforder zu erteilen. Ich schauspielerte allerdings nie grundlos, sondern nur dann, wenn mir eine wichtigtuerische Person mit ihrer Angeberei auf den Wecker ging. Bei meinen einfallsreichen Telefonkontern wurde ich, und damit auch meine Begleitung, neugierig beäugt.

Wenn es hoch kam, nahm ich das (im Vergleich zu meinem farbenfrohen Spielzeug) blasse Stück von Siemens vier-, vielleicht fünfmal im Jahr in Betrieb. Als ich zum ersten Mal darauf angerufen wurde, trug ich es in der Hosentasche. Vorne rechts, tief unten, auf Tuchfühlung zu Klose. Hinten stak ja schon auf der einen Seite mein Geldbeutel und auf der andern der Einkaufszettel. Ich dachte mir nichts dabei. Der Anruf kam, als ich am Käsestand einen »P'tit Basque« halbieren ließ. Dieser exzellente Schafskäse aus den Pyrenäen war einst das Resultat einer Notlösung. Als den Hirten die Milch ausging, um einen neunmal so schweren Pyrenäenkäse herzustellen, nutzten sie den restlichen Bruch für eine köstliche Fünfhundert-Gramm-Variante. Die bezirzte regelmäßig auch meinen Sensus. Entsprechend sinnlich war es um meine Gemütsverfassung bestellt, als ich merkte, dass es bei mir anklopfte.

Seltsamerweise hatte ich keinen Klingelton gehört, dafür aber ein erstaunliches Kribbeln verspürt. Ich schauderte, als mir bewusst wurde, wen man da zärtlich weckte. Klose begann sich gemütlich zu strecken. Als die junge Dame an der Käsetheke »autre chose, monsieur?«, pisperte, hatte ich einen hochroten Kopf. Den bekam ich wahrlich nicht oft. Jetzt fiel mir wie Schuppen von den Augen, weshalb die Weiber so scharf auf die Dinger waren. Erst nachdem mir Hoss den Vibrationsalarm abgestellt hatte, war ich bereit, mich in bestimmten Situationen nochmals auf so ein Telefonat einzulassen. Wenn ich zum Einkaufen im lothringischen Saargemünd unterwegs war, konnte es vorkommen, dass zuhause das Telefon läutete und die Stimme am anderen Ende der Leitung fürsorglich fragte: »Haste Lust auf Austern, Madame?« Unter bestimmten Umständen war ich also bereit, mit einem Handy zu telefonieren. Eine SMS allerdings würde ich weder jemals schreiben noch entgegennehmen. Das war mir zu blöd. Wenn ich am Telefon etwas zu schreiben hatte, tat ich das mit meinem Mund. Dann führte ich als einer der letzten Hüter konventioneller Kommunikationskulturen die Quasselstrippe ihrer eigentlichen Bestimmung zu. Egal wie man sie nannte. Außerdem entschied ich und niemand anderes, wann mein mobiles Für-alle-Fälle-Telefon in Betrieb ging.

Zum Empfang dieser SMS kam ich also nicht in Frage. Wohl aber für Brünhilds eigentliches Anliegen. Dafür war ich sogar der ausdrückliche Adressat. Eine Bewerbung musste raus. Und zwar gleich, auf der Stelle, sofort! »Komm Papi, du kannst das besser als ich, das machst du doch mit links! Bitte, Papi, bitte!« Schließlich wusste sie erst seit Wochen von der heutigen Abgabefrist. Papi machte, trotz technischer Probleme. Die Internetverbindung in Bodos Haus war sehr instabil. Bis Brünhilds Augenkrebs verursachender Textvorschlag an Ronnys Laptop umformuliert und per Mail zurückgeschickt war, verging wertvolle Zeit. Zeit, die uns in Plitvice vielleicht fehlen würde.

Für Brünhild hatte sich die Verspätung ausgezahlt. Die Bewerbung sollte ihren Zweck erfüllen.

»Boban-e, Boban-e«, hallte es von der Tribüne. Ein Volksheld war geboren. Fast auf den Tag genau dreiundzwanzig Jahre vor unserem heutigen Trip kam es im Maksimir-Stadion von Zagreb zwischen den »Bad Blue Boys« und den »Delije« zu wüsten Schlägereien. Die fanatischen Fans des gastgebenden kroatischen Vereins Dinamo Zagreb und die des serbischen Clubs Roter Stern Belgrad demolierten das Stadion und schlugen sich die Fressen ein. Die zahlenmäßig weit unterlegenen und sichtlich überforderten Polizeikräfte – teils kroatischer, teils serbischer Nationalität – mischten in ihrer Verzweiflung ordentlich mit. Auch Zvonimir Boban, der Spielführer Dinamos, verspürte Lust auf Kung Fu. Die Manier, in der er einen Polizisten mit einem eingesprungenen Kniestoß zu Boden streckte, erinnerte stark an Bruce Lee. Der gute Zvonimir konnte nicht wissen, dass der von ihm – für dessen vorausgegangenes Eindreschen auf einen Bad Blue Boy – Bestrafte ebenfalls Kroate war. Da ein solcher Tritt, weit abseits des Balls, auch in Zagreb gegen die Regeln des Fair-Play verstieß, durfte Boban nicht dabei sein, als Lothar Matthäus Wochen später im Giuseppe-Meazza-Stadion von Mailand seinerseits zuschlug. Mit zwei Toren und einer überragenden Leistung schuf »Loddar« die Grundlage für den Gewinn des Weltpokals und seine Wahl zum Weltfußballer.

Es gab Dutzende Verletzte und Schwerverletzte im Maksimir-Stadion, aber wie durch ein Wunder keine Toten. Fußball wurde an diesem 13. Mai 1990 nicht gespielt, die Partie erst gar nicht angepfiffen. Stattdessen waren die Ausschreitungen so etwas wie der Startschuss für die gewalttätigen Unruhen im ehemaligen Jugoslawien. Leider mündeten die in einen schrecklichen Bürgerkrieg. Menschen, die jahrzehntelang friedlich nebeneinander gelebt hatten, womöglich miteinander befreundet waren, schlachteten sich nun gegenseitig ab. Wie konnte so etwas möglich sein?

Bodo erzählte uns auf der Fahrt durch eines der ehemaligen Kriegsgebiete von seinen Gefühlen. Was er und seine Leute empfanden, als bei der Kriegsberichterstattung im kroatischen Fernsehen Dire Straits die Begleitmusik spielte. Mark Knopfler schrieb den Titel während des Falklandkriegs schon im Frühjahr 1982. Dabei zupfte er (statt wie üblich an seiner Schecter-Gitarre) an einer »Gibson Les Paul« herum und sang:

> ... There's so many different worlds,
> so many different suns.
> And we have just one world,
> but we live in different ones.
>
> Now the sun's gone to hell
> and the moon's riding high.
> Let me bid you farewell.
> Every man has to die.
>
> But it's written in the starlight
> and every line in your palm.
> We're fools to make war
> on our brothers in arms ...

Was sind wir Menschen nur für Narren? In diesen Minuten hingen wir alle den gleichen Gedanken nach. Warum konnte das ehemalige Jugoslawien nicht friedlich in seine Teilrepubliken zerfallen? Die Fahrt zum Nationalpark Plitvicer Seen führte uns über sprichwörtlich verbrannte Erde. Eine trostlose Gegend, vermutlich noch Jahrzehnte lang – beklemmend! Zerschossene Häuser, verfallene Häuser, verlassene Häuser, Hütten, ein paar streunende Hunde, hier und da auch mal Menschen, meistens Alte, Greise, offensichtlich bettelarm. Düstere Mienen, freudlos, graue Haare, graue Gegend, trotz grüner Wiesen und Wälder ringsum. Hier, und nicht etwa im Finistère, war der Arsch der Welt, die Welt im Arsch. Stille im Porsche, Nachdenklichkeit – Musik im Porsche, *Brothers in arms!*

Plitvicki krvavi Uskrs (Blutige Ostern an den Plitvicer Seen) konnte man im März 1991 überall in den kroatischen Zeitungen lesen. Ein bewaffneter Zwischenfall zwischen kroatischen Sonderpolizeikräften und serbischen Aufständischen wurde zum Casus Belli in diesem Krieg. Josip Jovic und Rajko Vukadinovic hießen die beiden ersten Toten. Von nun an galten sie in ihren jeweiligen Reihen als Märtyrer. Die eigentlichen Kampfhandlungen hatten begonnen; ausgerechnet im UNESCO-Weltnaturerbe Plitvicer Seen.

Hatten wir soeben noch einen Landstrich passiert, in welchem die Depression allgegenwärtig schien, änderte sich nun abermals das Bild. Ein kleines Dorf, in Frankreich hätte man es als Weiler bezeichnet, vermittelte schlagartig einen Eindruck von Behaglichkeit. Menschen auf der Straße, auch Kinder und junge Leute, vereinzelt sogar ein offenes Geschäft und ... ein Hinweisschild auf ein Hotel. Bis zu den Plitvicer Seen war es jetzt nicht mehr weit. Das letzte Stück Weg musste Bodo gezügelt werden. Sein Fahrstil erschien uns angesichts der sich auftuenden Abgründe arg forsch. Noch etwa eine Viertelstunde und wir waren am Ziel.

Den Spatz im Silbersee

Wow, ein wirklich schöner Anblick! Schon wenige Minuten nach Passieren von Ulaz (Eingang) 1 bot sich uns ein herrliches Panorama: *Veliki slap*, der mit achtundsiebzig Metern höchste Wasserfall Kroatiens. Hier also hatten Winnetou und Old Shatterhand die Utahs auf ihrem Weg zum Geistercanyon beobachtet. Die durch Karstzuflüsse und zahlreiche Wasserfälle miteinander verbundenen Seen boten den Horden wild fotografierender Menschen aus aller Herren Länder mit ihrer terrassenförmigen Anordnung Unmengen verlockender Motive. Am eifrigsten schossen (wie üblich) die Asiaten drauflos, nur noch getoppt von Bodo und mir. Selbst Hoss hatte seine nagelneue Nikon ständig im Anschlag.

»Das Land der fallenden Seen, Saardéros! Sechzehn Stück, mit insgesamt mehr als einhundertdreißig Meter Höhendifferenz. Sie werden aus unterirdischen Wasserläufen und dem Einmünden kleinerer Flüsse gespeist. Einer davon, der *Plitvica*, ist namensgebend für die Region. Das Aussehen dieses Naturschauspiels verändert sich durch Verwitterungs- und Sedimentierungsprozesse ständig. Jetzt seid Ihr platt, was?«

»Jawohl, Bodo, jetzt sind wir platt. Wie Ulle '98 in Les Deux Alpes! Wirklich, Fingerehrenwort! Nur in der Schweiz wird man noch platter – wenn man Sepp heißt.«

»Dummschwätzer!«

Das Wasser schimmerte an diesem denkwürdigen Nachmittag in seinen Blau- und Grüntönen fast so atemberaubend türkis, wie wir es vom Reiseführer her kannten. Die überwältigende Schönheit dieser einzigartigen Landschaft mit ihren tosenden Stromschnellen und imposanten Kaskaden, die wir auf engen Pfaden und über glitschige Holzplanken erschlossen, nahm unsere Aufmerksamkeit für einige Zeit komplett in Anspruch. Andere Gedanken gerieten dabei zwangsläufig in den Hintergrund. Nach gut zwei Stunden fotografischer Schwerstarbeit meldete Hoss seine Ansprüche an. Es wurde aber auch höchste Zeit für eine Rast. Schließlich hatten wir außer einem leichten Frühstück den Tag über noch nichts gegessen. Eine nur wenige Qua-

dratmeter kleine, inselähnliche Ausbuchtung rechts des Pfades lud uns mit ihrer Bank zum Verweilen ein. Wenige Minuten zuvor waren wir in »Winnetous Schatzkammer« gewesen. Um dorthin zu gelangen, mussten wir über einen Holzsteg laufen und eine extrem steile Felstreppe hochsteigen. Nun saßen wir am See *Kaluderovac,* dem »Silbersee«. Hier würden wir später – vorausgesetzt, alles ging glatt über die Bühne – auf Schatzsuche gehen. Im Dunkeln, wenn uns das Mondlicht Orientierung verleihte und kein neugieriges Touristenauge unerwünschterweise Zuschauer werden konnte. Dann würde sich die Spreu vom Weizen trennen, sich herausstellen, ob jemand sein Saardéro-Käppi zu recht trug oder die Buxe voll hatte. Heute hatten wir alle unsere Rucksäcke geschultert, aber blöderweise Wurst und Käse vergessen. Dieser Fauxpas ging auf Brünhilds Kappe. Der Zinnober mit der Bewerbungs-Mail hatte es mit sich gebracht, dass wir den verderblichen Teil unserer Wegzehrung noch einmal in den Kühlschrank gepackt und bei der Abfahrt vergessen hatten. Trockenes Brot und ein paar »Merwesjer«, unterwegs in einer Bäckerei gekauft, würden bis zum nächsten Morgen (neben ein paar Müsliriegeln und etwas Obst) unser spärlicher Proviant sein. Ingo war geschockt.
»Das ist doch wohl nicht euer Ernst!«
»Doch, da musste durch, Hoss! Hauptsache wir haben die Köder und genügend Bier dabei.«
»Scheiße!«
»Du wirst es überleben. Vielleicht hast du Glück, und es dudelt später ein Rollmops an deinem Schnapper. Dann schnappst du ihn dir und machst dir ein Fischbrötchen!«
»Hahaha!«

Ich hatte meinen Freunden einen Bären aufgebunden, ihnen nur die halbe Wahrheit verklickert. Genau genommen nicht einmal die. Aber dafür gab es triftige Gründe. Offenbar war sich selbst Bodo nicht bewusst, weshalb ausgerechnet ein Bär das Emblem des Nationalparks zierte. Jedenfalls hatte er uns nicht gesagt: »Saardéros, hört gut zu, was euch euer Kumpel Bodo mitzuteilen hat! An den Plitvicer Seen haust die zweitgrößte Braunbärenpopulation Europas. Diese dreihundert

Kilo schweren Monster streifen, genau wie Wölfe, Wildschweine, Luchse und noch mehr gefährliches Viehzeug, durch die großen Waldgebiete rund um die Seen; insbesondere in der Dämmerung und im Morgengrauen. Sogar Stinktiere sollen darunter sein. Also seid vorsichtig! Nachts kann es im Park gefährlich werden.«

Mir waren diese Umstände durch meine Nachforschungen bekannt. Aber ich hatte es tunlichst unterlassen, meine Freunde darüber aufzuklären. Es stand zu befürchten, dass sie dann lieber die Schwänze einziehen und sich mit ihren kleinen Problemchen arrangieren würden.

»Was nützt dir ein Mordsdings, wenns dem Bär nicht passt?«, oder:

»Nicht jeder Bär mag Großes sehr! Paarreim, Giselher!«

So, oder so ähnlich, hätten sie dann womöglich argumentiert und sich damit nur selbst in die Tasche gelogen. Aber ich würde eine solche – aus Feigheit geborene – Dummheit schon zu verhindern wissen. Meine besten Freunde sollten nicht bis ans Ende ihrer Tage mit dem Bewusstsein leben, an einer Schlüsselposition lediglich durchschnittlich besetzt zu sein. Jedenfalls nicht wegen eines banalen Bären.

Kein Bär, schon gar nicht ein Braunbär, treibt einen Saardéro in die Kapitulation! Ich war fest entschlossen dafür Sorge zu tragen, dass wir dieser Maxime wie gestandene Mannsbilder folgten. Statt zu kuschen, würden Bodo, Heiner, Hoss und Ronny schon bald mit ihren stolzgeschwellten Errungenschaften Klose (und Poldi) am Klitflitzer Weiher flankieren und dabei die neidischen Blicke der Konkurrenz auf sich ziehen. Unsere bloße Präsenz würde genügen, das vulgäre Asi-Pack vom Acker zu jagen. Die studierten Faulenzer und Komasäufer würden den Anblick der glorreichen Fünf (oder Sechs) nicht ertragen und geschwind Reißaus nehmen. Aber einige dieser Typen waren zäh, an harte Kämpfe gewöhnt. Keine Luschen wie die Loser-Boys! Diese Sorte würde sich nicht so leicht geschlagen geben, sondern nach einer vorübergehenden Phase der Apathie ein neues Stadium des Kalten Glieds beschwören. Der Asi-Doppelbeschluss würde ein abermaliges Aufrüsten nach sich ziehen. Die ganz Hartgesottenen wären sicher bereit, sich außer Ringen und Kugeln auch Stahlkrallen, Stacheldraht und

Platzpatronen an ihre hässlich tätowierten Mittelstreckenwaffen piercen zu lassen. Bernd würde es dann vermutlich bei Putin probieren, nach Möglichkeiten suchen, seinen Gefechtskopf auf SS-20 Format zu trimmen.

Die zeitraubenden Internetrecherchen, der unermüdliche Einsatz Kofi Addos, die Auslagen für das Geschenkpaket und nicht zuletzt unsere wochenlange Vorfreude auf das, was heute passieren sollte, durften nicht umsonst gewesen sein. Alleine schon Bernd zuliebe. Bei unserem Schaulaufen sollte der Bierbudentester Stielaugen bekommen, seine klebrigen Hände verschämt über der Scham kreuzen und ebenfalls verduften.

Es würde uns schon nichts passieren. Ich hatte schließlich vorgesorgt. Gott sei Dank hat dieser Blödmann an der Grenze auf eine Gepäckkontrolle verzichtet, fiel mir ein, während wir lustlos trocken Brot kauten und den labberigen Brei mit fünf Dosen Osjecko ins Mageninnere beförderten. Das nach Metall schmeckende Bier machte die Dürre am Gaumen einigermaßen erträglich.

Die Entdeckung der pyrotechnischen Ausrüstung, die ich während der Einreise nach Kroatien in meinem Koffer und jetzt im Rucksack versteckt hielt, hätte sicher für einige Unannehmlichkeiten, vielleicht sogar einen kurzfristigen Aufenthalt hinter Gittern gesorgt. Aber dieses Risiko war ich eingegangen. »Wir Saardéros scheuen keine Gefahr!«, war eine meiner Lieblingsparolen, nicht nur bei unseren waghalsigen Spekulationen an der Börse. Man hätte mir den wahren Grund meines kleinen Schmuggels sowieso nicht abgekauft. Ungeachtet dessen konnte ich den Beamten damit wohl kaum kommen. Das Kommando Schnappdudel war schließlich ein kleines bisschen illegal. Ob die bengalischen Fackeln, die Rauchpatronen und das Gros meiner Sprengkörper in Kroatien erlaubt wären, bezweifelte ich. Das meiste davon hatte ich Schaschlik-Kalle, einem Ultra aus dem Umfeld der Roten Teufel aus Kaiserslautern, beim Pokern in der Stadionklause abgeknöpft. Lediglich bei der Gasdruckfanfare, die ich mir bei der Partie mit dem schaschliksüchtigen Gerüstbauer aus der pfälzischen Ortsgemeinde Kottweiler-Schwanden ebenfalls gekrallt hatte, hegte ich keine Bedenken. Letzten Juli, beim 2. Allgäuer Latschenkiefer Saar-Pfalz-Cup im Homburger Waldstadion, hatte ich Kalle gezeigt, wie der saarländische Barthel den Pfälzer Most holt. Den würde ich vielleicht noch gut gebrauchen können.

»Full House, Finger, her mit dem Heftchen!«, hatte Kalle vorschnell gemeint, als er bei unserer letzten Runde die Karten auf den Tisch knallte und Richtung Playboy langte. »Finger weg von Kati – Straight Flush in Pik!«, bekam er zu hören, bevor ich ihm einen ausgab. Kalle war blank bis auf den letzten Groschen.

Von den Schweizer Krachern aus eigener Reserve wusste ich, dass sie in Deutschland längst verboten waren. Ich hatte mit diesen Teufelsdingern in meiner Kindheit wild herumgeballert, übte mich damit aber seit vielen Jahren in Zurückhaltung. Zumindest wenn Gigi in der Nähe war. Derartig heftige Detonationen überforderten die höchst empfindlichen Knallsensoren meiner Hündin bei weitem. Der immer noch ansehnliche Bestand, den ich mir vor Ewigkeiten in Frankreich besorgt hatte, würde auch einer Horde Braunbären Angst einjagen können. Davon war ich überzeugt. Im Verhältnis fünfundsiebzig zu fünfundzwanzig mit den Chemikalien Kaliumperchlorat und Aluminiumpulver gefüllt, hatten Heiner und ich schon im Volksschulalter mit Schweizer Krachern manchen Briefkasten gesprengt. Der in ein Kartonröhrchen verpackte und mit einer Reibfläche versehene Blitzknallsatz stellte alles andere an Knallfeuerwerk seit jeher in den Schatten. Selbst die wesentlich teureren Kanonenschläge konnten da nicht mithalten.

Einmal wäre eine der Mutproben Marke »Wer traut sich am längsten?« beinahe böse für mich geendet. Die Explosion des Sprengkörpers erfolgte nur Millisekunden nach Verlassen der Hand, die knapp fünfunddreißig Jahre später Poldi zur Heimstatt werden sollte. Es war nicht einfach abzuschätzen, wann genau der Bums erfolgte. Bei einem Kracher mit Lunte war das viel leichter gewesen. Wenn sich das Feuer ins Innere des Röhrchens gefressen hatte, wurde es kritisch. Viel länger traute sich kaum einer, einen Böller in der Hand zu halten. Wer es schaffte, dass die Explosion noch während des Anstiegs der Flugbahn erfolgte, wurde für seine Kühnheit bewundert. Der Coolste von allen war »Smoke«, ein leider viel zu früh verstorbener, guter Freund von uns beiden. An ihn reichte keiner ran. Bei unseren Feten im Club-Schirokko trat er selbstverständlich im Club-T-Shirt an. Als Kettenraucher paffte er alles, was in Zigarettenpapier gedreht Qualm erzeugte. Es grenzte an ein Wunder, dass er sich bei seinen zum Teil extrem gefährlichen Darbietungen kein einziges Mal ernsthaft verletzte, nicht einmal für einen Einsatz der Feuerwehr sorgte. Kleinere Böller ließ Smoke in der Regel zwischen seinen nikotinverfärbten Fingern explodieren. Locker vom Hocker, es schien ihm nichts auszumachen. Er hatte einen Heidenspaß dabei. Eigentlich hätte ihm posthum die Saardéro-Würde verliehen gehört. Dagegen detonierten die Petards der Feiglinge regelmäßig am Boden oder, noch schlimmer, verreckten geräuschlos im Schnee oder, am allerschlimmsten, ertranken in irgendwelchen Wasserpfützen. Nach der Panne im Schulhof waren meine Fingerchen zwar alle noch dran, taten mir aber trotzdem furchtbar weh. Mit Schnee kühlte ich meine brennend heiße Pfote. Gut, dass Schulferien waren und kein Erwachsener zugeguckt hatte. Dieses Missgeschick war mir eine Lehre. Seitdem war ich beim Hantieren mit Feuerwerkskörpern vorsichtiger geworden. Ob Philipp Schwan seinen Dachschaden einer ähnlichen Aktion zu verdanken hat? Bei dieser Überlegung huschte mir ein Grinsen ins Gesicht, durch das sich der immer noch trocken Brot kauende Hoss verhohnepipelt fühlte: »Hahaha!« Der Dicke interpretierte meinen frohmütigen Gesichtsausdruck in diesem Augenblick gänzlich falsch.

Das Kommando Schnappdudel muss unbedingt bis zum Finale durchgezogen werden, koste es was es wolle, selbst wenn Kalles komplettes Sortiment dabei draufgeht, waren meine Gedanken. Ich war sehr gespannt, wie die Ergebnisse unserer nächtlichen Angeltour ausfallen würden. Scheinbar hatte die weibliche Neugier, der ich von Berufs wegen über jegliches vernünftige Maß ausgesetzt war, trotz meiner mentalen Firewalls auf mich abgefärbt. Aus Angst, die wechselwarmen Schwanzlurche könnten meinen Freunden eine Spur zu obskur sein, hatte ich diese Exoten bei unseren Gesprächen erst gar nicht erwähnt. Stattdessen hatte ich ihnen bei unserem Kriegsrat im Dorfbrunnen die Geschichte vom »Nscho-tschi-Fisch« aufgetischt:

»Leute, der Bierbudentester verdankt seinen Terrier dem *Hemichromis Frempongi*. Zwanzig Zentimeter sind bei dieser gefährlichen Sorte durchaus drin. Dass es in seinem Fall dazu nicht reichen würde, wird ihm bei seiner dürftigen Ausgangslage schon vor seiner Behandlung in Kumasi klar gewesen sein. Aber immerhin, das Ergebnis kann sich sehen lassen. Von – sagen wir mal – zehn auf fast fünfzehn, mit einem Ring aus Stahl vielleicht sogar sechzehn, das ist doch gigantisch! Insbesondere wenn man bedenkt, dass der Prozess innerhalb weniger Stunden abgeschlossen war. Bernd ist darüber so glücklich, dass man annehmen könnte, er habe aus seiner Sicht der Dinge, der Vogelperspektive, die magische Grenze geknackt. Der *Hemichromis Frempongi* ist ein entarteter Buntbarsch und lebt endemisch im Lake Bosumtwe, einem Kratersee in der Ashanti-Region Ghanas. Vor Urzeiten schlug dort eine Meteorit ein und hat die Gegend biologisch geprägt.«

»Endemisch? Was ist'n das, Finger?«

»Ganz einfach, Ronny. Endemisch bedeutet, dass man ihn in der freien Natur nirgendwo sonst findet. Aber, Saardéros, es gibt noch etwas viel Besseres: den ›Nscho-tschi-Döbel‹. Bei ihm handelt es sich um eine Unterart des *Leuciscus cephalus*, also einen Karpfen. Lasst ihn uns der Einfachheit halber Nscho-tschi-Fisch nennen! Er ist weitaus mächtiger als der Fünffleck-Cichlide aus Ghana, der sich als eher ruppiger Geselle gerne in seinen Köder verbeißt. Die Subjekte eurer Begierde operieren viel eleganter. Den Unterschied kennt ihr von euren Autos: mehr Hubraum, mehr Sprit, mehr Komfort! Der Nscho-tschi-Fisch hat einen torpedoförmigen Körper und einen sehr großen Kopf. Für Bernds Affenpinscher mag der schmächtige Buntbarsch optimal gewesen sein. Aber nicht für Seeler, Wuttke, Berti und Götze!«

»Was soll denn das jetzt heißen, Finger?«

»Ratet mal!«

»Ne, oder?«

»Doch, Bodo!«

Dass ich die Dinge beim Namen nannte, war nichts Neues für meine Freunde. Aber bei den Dingsen hatte ich mich mit Klose und Poldi bisher auf mich selbst beschränkt.

»Und bei wem von uns stürmt Berti?«

»Bei wem wohl? Bei dir natürlich! Oder siehst du hier sonst noch ein Fohlen?«

»Aber Berti war doch gar kein Stürmer.«

»Eben, Heiner.«

»Und wem gehört Wuttke?«

»Bodo.«

»Und ich bin Uns Uwe, gell?«

»Exakt, Ronny.«

»Wie zum Teufel kommst du auf die Idee, den da (die Zeigefinger des Pikierten wiesen Richtung Hosenlatz) Götze zu nennen? Willst du mich beleidigen?«

»Keineswegs, Hoss! Götze ist ein quirliger Akteur mit einem tollen Spielverständnis. Nicht gerade ein Gigant, aber ein herausragender Techniker. Und er macht die wichtigen Tore – passt doch!«

»Hahaha!«

»Spaß beiseite! Für den *Hemichromis frempongi* seid ihr zu groß. Der würde sich bei euch den Kiefer ausrenken. Das breite Maul des Nscho-tschi-Fischs ist für einen Saardéro besser geeignet. Die Nscho-tschis haben als äußeres Merkmal auch keine fünf schwarze Flecken, sondern so etwas Ähnliches wie vier weiße Sterne auf den Flanken. Diese Tatsache beinhaltet eine gewisse Symbolik. Ihre Art zu schnappdudeln ist ungleich sanfter und hinterlässt auch keine hässlichen Narben wie die auf Bernds Terrier. Sie wird euch gefallen und bei dem ein oder anderen vielleicht sogar angenehme Erinnerungen wecken. Aber ihr müsst aufpassen und eure Köder rechtzeitig befreien. Nicht übertreiben, Jungs! Irgendwo hört der Spaß auf, auch wenn ihr altersmäßig mit dreißig-plus argumentieren könntet. Das Resultat soll das der Brutalo-Variante aus Ghana in den Schatten stellen, aber zuhause kein Wehklagen hervorrufen. Fünf Minuten und keine Sekunde länger! Das muss genügen!«

»Beißen diese Nscho-tschis auch wirklich nicht, Finger?«

»Keine Sorge, Ronny! Obwohl, ein Seeler ist schnell gefressen!«

»Arschloch!«
»Wurmloch!«
»He, ihr zwei, kriegt euch wieder ein!«
»Mal ganz im Ernst, Finger. Willst du uns gerade verarschen oder meinst du wirklich das klappt?«
»Und ob das klappt! Ganz bestimmt, uff jede Fall, Männer!«

Nach unserer schmalen Brotzeit war es noch zu früh am Tag, um sich jetzt schon in unser geplantes Versteck zu begeben. Also spazierten wir weiter zum *Kozjak Jezero,* dem größten der Plitvicer Seen. Dort gab es einen riesigen Rastplatz, an dessen Imbiss außer Cola und Bier auch überteuerte Snacks feilgeboten wurden. Erstaunlicherweise ließ sich nicht einmal Hoss vom Duft der Würstchen oder in altem Fett frittierter Pommes locken. Stattdessen entschlossen wir uns zu einer kostenlosen Bootstour ans andere Ende des Sees. Bei der Überfahrt mit einer der Elektrofähren konnten wir uns ein Bild von dem einzigartigen Fischreichtum der Gewässer machen. Prächtige Exemplare waren darunter, die man, vorausgesetzt man war geschickt genug, sicher auch mit den bloßen Händen hätte fangen können. Es war kein Wunder, dass es hier vor Fischen nur so wimmelte. Das Angeln war im Nationalpark strikt verboten. Nach der etwa fünfzehnminütigen Passage schlugen wir langsam den Rückweg ein. Unterwegs, auf dem schmalen Pfad entlang des Ufers, testete ich dann erstmals die Reaktion meiner Kameraden auf eine Frage, die wie zufällig gestellt klingen sollte. Das tat sie dann auch:

»Sag mal, Bodo, stimmt das eigentlich: Gibt es hier im Wald tatsächlich Braunbären?«

»Nicht nur Bären, Finger! Durch die Wälder läufst du mal besser nicht!«

Anhand von Mimik und Tonlage gewann ich die Überzeugung, dass Bodo sehr wohl über die Fauna der Gegend im Bilde war. Bodo ist halt ein mutiger Bursche, er will es bestimmt auch unter allen Umständen wissen, dachte ich. Sonst hätte er doch längst versucht, uns mit den Wölfen, den Bären, oder wenigstens den Schlangen, Angst einzujagen. Ob er schon mal was vom Grottenolm gehört hat? Die Gedanken, die mir jetzt durch den Kopf gingen, zielten ausnahmslos in Richtung unseres bevorstehenden nächtlichen Abenteuers. Seltsamerweise schien niemand auf meine Anspielung reagieren zu wollen. Statt eines: »Was war das eben? Sagtest du Braunbären? Hier, zwischen diesen Bäumen da, direkt neben uns? Das ist doch wohl nicht dein Ernst, oder? Da mach ich nicht mehr mit! Das ist mir zu gefährlich! Ich bin doch nicht lebensmüde!«, bekam ich nichts zu hören. Sie liefen einfach nur redefaul weiter. Wahrscheinlich waren sie mit ihren Gedanken gerade woanders. Die Menschenmassen begannen sich zusehends zu lichten. Nur noch vereinzelt sah man ein paar Nachzügler beim Fotografieren. In einer knappen Stunde würde der Park schließen. Es wurde Zeit für die Besucher, sich Richtung Ausgänge zu begeben.

»Ich denke, wir sollten uns dann langsam mal zu unserem Versteck aufmachen. Um die Uhrzeit wird außer uns bestimmt keiner mehr zur Schatzhöhle wollen.«

»Sollen wir wirklich, Finger?«

»Du wirst doch jetzt nicht noch kneifen wollen, Ronny?«

»Denkt an mein Herz!«

Auch wenn Ronnys Einwand rhetorischer Art war: Ein bisschen ging ihm die Düse. Aber das galt wohl für uns alle.

»AB IN DIE WAND, SAARDÉROS!!!«

Ein gellender Kampfschrei besiegelte die Endgültigkeit unseres Vorhabens. Eine halbe Stunde später hatten wir uns in der Schatzhöhle verkrochen.

Als Köder hatte ich sie Schnaps mitbringen lassen, ihnen erzählt, die Nscho-tschi-Fische seien kleine Trunkenbolde, die dem Geruch aromatisierten Alkohols nicht widerstehen könnten. Bei den Überlegungen, welche Sorte für unsere Zwecke am geeignetsten wäre, hatten wir uns darauf verständigt, dass jeder seinen persönlichen Favoriten in einen Flachmann abfüllte. So geschah es, dass Hochprozentiges aus dem Allgäu ins Saarland reiste. Eselstreiber und Zickentöter sollten, wie auch der goldprämierte Apfel-Quittenbrand des heimischen Obst- und Gartenbauvereins und der ebenfalls hochdekorierte Orangegeist des anachronistischen Zeitgenossen Jürgen Flatter, ihre Lockvögel geschmeidig und schmackhaft machen. Der smarte Jürgen, ein ehemaliger Schulkollege Heins, alter Spezi Bodos und feuriger Anhänger des Deutschen Schlagers, wurde unter Insidern als J.F.K. gehandelt. Das K. stand dabei für King. Ihre Exzellenz verpasste seiner kleinkarierten Denkzentrale mit einer kackbraun karierten Batschkapp jeden Samstag die Krone modischer Schöpfung, wenn er mit seinem Oldtimer zum Brötchenholen beim Bäcker vorfuhr, um sich mit lautstarker Unterstützung der Kastelruther Spatzen wie Graf Yoster die Ehre zu geben. Meine Freunde waren zuversichtlich, mit ihren teuren Tropfen die richtige Wahl getroffen zu haben. Wenn schon, denn schon! Sie wollten die scheuen Tierchen mit edlen Gewächsen aus ihrem Refugium locken.

»Ein Billigschnaps von ALDI oder LIDL kommt auf keinen eurer Pillermänner! Das wäre stillos. Nur ein Loser-Boy reibt sich Fusel auf die Nudel. Einen Köder – wie für Gigi 'ne Fleischwurst von Schröder – werden wir basteln. Etwas richtig Leckeres!«

Mit meiner Metapher hatte ich sie emotional am Angelhaken. Fünf Ringel Lyoner, eine saarländische Spezialität, für die nicht nur Fleischwaren Schröder schon seit dem neunzehnten Jahrhundert über die Landesgrenzen hinaus bekannt war, hätten wir jetzt gut gebrauchen können. Wir waren viel gelaufen und hatten einen Bärenhunger. Stattdessen aßen wir, Brünhild sei Dank, zum zweiten Mal innerhalb weniger Stunden furztrockenes Brot.

Dass sie zusätzlich Lakritzschnecken um ihre alkoholisierten Lockvögel würden wickeln müssen, wollte ich meinen nervösen Freunden erst im letzten Augenblick offenbaren. Schon bei der Sache mit dem Schnaps hatte es einiger Überzeugungsarbeit bedurft. Nicht zuletzt meiner bisweilen ins Anstrengende ausartenden Redekunst war es zu verdanken, dass an dieser Stelle das Unternehmen nicht scheiterte. Ich konnte ihnen ihren Argwohn nicht verdenken. Welcher Homo sapiens, außer vielleicht ein depperter Typ wie Philipp Schwan, rieb sich schon freiwillig sein Dings mit Grappa ein, um es zum Angeln unter Wasser zu halten? Aber irgendetwas Besonderes, irgendeinen ungewöhnlichen – trotz aller Skurrilität nachvollziehbaren – Schwindel, musste ich ihnen auftischen. Sonst wäre zumindest Heiner die Sache zu banal, einfach zu einfach vorgekommen. Meine hängende Spitze hatte mich auf den Gedanken mit den Schnäpsen gebracht. Schließlich hatte ich Poldi dem Zickentöter zu verdanken.

»Ihr wart doch dabei! Nomen war omen, vor zehn Jahren im Wertacher Bierstüble. Ihr habt doch miterlebt, was passiert ist, zugeguckt, wie ich die Zicken zur Strecke brachte, und Bauklötze gestaunt, als ich Poldi gebar! Hättet ihr das alles geglaubt, wenn ihr es nicht mit eigenen Augen gesehen hättet?«

»Ja, okay, Finger, ist ja gut. Wir glauben dir. Der Schnaps kommt auf die Nudel und aus die Maus!«

Noch am gleichen Abend kam es im Dorfbrunnen zum Lallknall. Infolge zunehmender Artikulationsprobleme brachte Bodo mit dem Wort »Schnappdudel« das genuschelte Baby der Schnapsnudel zur Welt. Wenn man sich schon zu derart extraordinären Maßnahmen entschloss, musste man vorab auch testen, welche Aromen den Nscho-t-schis munden könnten.

Ich war mir sicher: Nach Vollzug, egal ob erfolgreich oder nicht, würde dieser Coup de Main als Fingers Meisterstreich, als die Mutter aller Schnapsideen, in die Annalen der Rentnerklause eingehen. Wenn ich ernsthaft versucht hätte, ihnen statt der Hardcore-Variante einer Pasta Grappa den Lakritzschneckenbalz mit dem Grottenolm schmackhaft zu machen, hätten sie mich nicht nach Kroatien, sondern unter Garantie nach Klingenmünster verfrachtet. Das Kommando Schnappdudel hätte niemals stattgefunden.

Bei meinen Überlegungen huschte mir erneut ein fröhlicher Ausdruck ins Gesicht. Es war mir tatsächlich gelungen, die in ein Geschirrtuch eingewickelte Tüte Lakritzschnecken der Ortung von Hoss' allzeit patrouillierender *Nervi olfaktorii* zu entziehen. Langsam wurde es dunkel und damit auch spürbar kälter in unserem Versteck. Aber solche Faktoren hatten wir als vorausschauende Strategen selbstverständlich eingeplant. Auf den Iso-Matten ließ es sich aushalten. Derart bequem gebettet konnten wir gemütlich zusammen ein Bierchen trinken.

Und die Thermo-Klamotten in unseren Rucksäcken waren schließlich auch noch da. Die waren für noch ganz andere Temperaturen geeignet. Hoss hatte sich freiwillig gemeldet, als es darum ging, wer von uns den vierstündigen Test im Kühlhaus absolviert. Ob Metzger Prahler hinterher tatsächlich eine Schweineschulter vermisste, war tags darauf das alles beherrschende Thema in der heimischen Gerüchteküche. Egal, wichtig war, dass Hoss nicht frostverbeult, sondern angenehm temperiert aus seiner Garderobe stieg. Test bestanden! Wir würden den Thermo-Firlefanz vielleicht noch gut gebrauchen können.

Als es dunkel wurde, streifte ich mir mein Stirnband mit der LED-Clipleuchte über den Kopf und drückte den Schalter. Da wir das grelle Licht als ungemütlich empfanden, platzierte ich die Lampe so hinter mir auf dem Boden, dass der Lichtstrahl gegen die Wand gerichtet war. Damit wurde die heimelige Atmosphäre in unserem Basislager indirekt wiederhergestellt. Es gab keinen Grund, mit der Energie zu knausern. Laut Hersteller würden die Batterien etwa achtzig Stunden halten. »Ist es nicht erstaunlich, was es heutzutage für nicht einmal zehn Euro alles zu kaufen gibt?« Hoss' Frage blieb unkommentiert. Jeder von uns hatte so ein spritzwassergeschütztes Utensil dabei. Dessen verstellbarer Leuchtwinkel würde es uns später ermöglichen, den Lichtkegel optimal auszurichten und das große Finale präzise zu beobachten. Mit etwas Glück würde ich sogar brauchbare Filmaufnahmen machen können. So ein epochales Schauspiel gehörte gefilmt. Die Leute in der Rentnerklause sollten bei der Uraufführung meines Movies ausflippen und Dogges Lore nicht nur feuchte Augen bekommen. Ein paar Aufnahmen von unserem ersten öffentlichen Schaulaufen am Klitflitzer Weiher dazwischen gemixt, und schon würde »Den Spatz im Silbersee« den Loser-Boys Blutdruckweltrekorde bescheren. Mit meiner Canon könnte es klappen. Eine Full-HD Video Funktion war bei einem digitalen Fotoapparat längst nichts mehr Besonderes. Ein Problem würde es allerdings geben. Meinen Recherchen zufolge sollten die Grottenolme extrem lichtscheu sein. Daher wäre es ratsam, die Lampen erst dann einzuschalten, wenn die archaisch anmutenden Tierchen der süßen Versuchung nicht mehr widerstehen konnten.

Noch eine Stunde bis Mitternacht. Statt mit einem Schlag auf unsere stählernen Glocken, würden wir den neuen Tag mit einem militanten Kampfschrei begrüßen: »Ab in den See, Saardéros!« Und ich, Giselher Finger, würde das Kommando zum Aufbruch erteilen.

Die Warterei ging dank unseres Dosenbiervorrats schnell vorüber. Wir redeten immerfort, flachsten, unterhielten uns über Gott und die Welt. Erinnerungen kamen hoch: Reminiszenzen an zwei denkwürdige Frankreich-Touren, die busperen Abende im »Muschikantenstadl«, das Hissen unserer Landesflagge im Sängersaal des Schlosses Neuschwanstein, Hoss' überragende Leistung beim Wettessen an der Spießbratenhalle in Schillingen, den Tango-Germanico in Konstanz, Ronnys skandalöse Episode mit der »Travel-Pussy« in Oberstaufen ... und, und, und. Unsere teils unerhörten Abenteuer wurden in der Schatzhöhle noch einmal lebendig und verkürzten uns die Zeit. Auch das schwer begreifliche Universum emanzipierter Frauen war ein Thema, und der ein oder andere – nicht immer jugendfreie – Witz wurde ebenfalls gerissen. Ein unfassbar betörendes Gefühl, die Gewissheit, im Kreise seiner Kameraden gerade ein einmaliges Abenteuer zu erleben, nahm mit aller Macht von uns Besitz. Es waren Augenblicke unbeschwerten Männerglücks, als Hoss plötzlich eine Schachtel HB aus der Tasche zog. Der gute Hoss, der das Rauchen eigentlich längst aufgegeben hatte. Wir qualmten, tranken nach Aluminium schmeckendes Dosenbier und auch den ein oder anderen Schluck Feuerwasser aus unseren zum Präparieren der Köder bestimmten Flachmännern. Dabei fühlten wir uns wie Hybride von Old Shatterhand und Indiana Jones. Als Ronny mit seinem Smartphone dann auch noch BAP einspielte:

> ... *Jeht klar, kein Frooch – et ess alles okay,*
> *och die kostbarste Momente jonn vorbei.*
> *Schon klar, doch – hey – dat deit nit ens wieh.*
> *All die Aureblecke nimmp mir keiner mieh.*
> *Janz bestemmp, die nimmp mir keiner mieh ...*

brachen alle Dämme und mit ihnen die nur scheinbar harten Schalen unserer butterweichen Herzen. Kernschmelze! Mit Wolfgang Niedecken wurde uns gewahr, dass uns »Niemohls« mehr in unserem Leben etwas dermaßen Romantisches widerfahren würde. Wie kleine Kinder hielten wir uns an den Händen, als uns Tränen der Rührung über die schnapsgeröteten Wangen kullerten. Während es draußen gespenstisch still wurde, trainierten wir unsere Stimmbänder. Bei den Ärzten wurde es laut:

> ... *Er sagte:* »*Manchmal, aber nur manchmal,*
> *haben Frauen ein kleines bisschen Haue gern*« ...

Mit einem Mal wurde unser glückseliger Gesang vom Heulen wilder Tiere begleitet. Die klagenden Laute schienen aus weiter Ferne zu kommen. Nebel zog auf. Das wusste der Vollmond elbisch zu nutzen. Er setzte die Landschaft in ein mystisches Licht. Die Szenerie wurde langsam unheimlich. Mir waren ähnlich geheimnisvolle Stimmungsbilder von meinen zahlreichen Aufenthalten in der Bretagne vertraut. Dort hatte ich es häufiger erlebt, dass aus heiterem Himmel Schwaden aufzogen, die einen glauben machten, John Carpenter hätte Petrus im Wetterinäramt ersetzt. Ob wir von der Pracht des vorhin so herrlichen Sternenzeltes nach unserem Abstieg über die Felstreppe noch etwas erschauen könnten? In etwa einer halben Stunde, wenn wir uns wieder auf den Weg zum Silbersee machten. Eher wohl nicht, dachte ich. Der Nebel wurde dichter und dichter. Unweit der Stelle unserer nachmittäglichen Rast, in einer durch dichten Pflanzenbewuchs dem nur flüchtig blickenden Auge verborgen bleibenden Felsgrotte, sollte das entscheidende Spektakel stattfinden. Ich hatte während unserer Brotzeit mit dem Feldstecher die Gegend genauestens inspiziert und dabei eine im Laufe der Zeit auf natürlichem Wege entstandene Einbuchtung in der gigantischen Felswand entdeckt. Meine Zuversicht war groß, dass sich die lichtempfindlichen Grottenolme in genau so einem biologischen Konglomerat finden ließen.

»Jungs, ich glaub, ich muss euch noch was sagen!« In Anbetracht der feierlichen Atmosphäre hatte ich mich entschlossen, meinen nicht nur ziemlich besten Freunden schon jetzt reinen Wein einzuschenken. Nur mit den Lakritzschnecken wollte ich bis zum letzten Moment warten. Das Risiko, dass mir der Kohldampf schiebende Hoss die Tüte mit Gewalt abnahm, war mir zu groß. Ich entschuldigte mich für meine ganzen Ich-habs-nur-gut-gemeint-Schummeleien und erzählte ihnen zu Lindenbergs *Odyssee* die Wahrheit. Die Story von Schorsch Dabbelju und dem Texanischen Brunnenmolch, von Ripper und Flipper und der Tatsache, dass in den Plitvicer Seen an des Brunnenmolch Statt der bleichgesichtige Grottenolm das volle Potenzial mutiger Männer zu entfalten in der Lage sein sollte. Dass der aus Hans-Hubert, Uwe, Wolfram und Mario womöglich Hünen wie Zlatan oder Christiano zaubern würde. Ich verschwieg ihnen nicht, dass man diese sagenumwobenen blinden Höhlenbewohner jahrhundertelang für Babydrachen oder Menschenfischlein hielt, dass sie einen bioelektrischen sechsten Sinn und, ganz im Gegensatz zu den Saardéros, ein ausgeprägtes Talent zum Hungerkünstler besitzen. Mit der mir eigenen Sprachgewalt veranschaulichte ich die larvenförmigen Körper der Grottenolme, die in sauberen Ruhigwasserbereichen unterirdischer Flusssysteme stromlinienförmig ihre Bahnen ziehen. Meine Freunde sollten auch wissen, dass die Objekte ihrer Begierde bei starkem Lichteinfall flugs zwischen Gesteinsspalten flüchten, dass sie, um sich in der Dunkelheit zurechtzufinden, ihren Geruchs- und Hörsinn benutzen. Und sie sollten erfahren, dass diese filigranen Geschöpfe uralt werden können. Wobei ich es mit der Behauptung: »Freunde, auch dem Besitzer eines vom Grottenolm fachmännisch behandelten Köders steht ein langes Leben bevor!«, nicht mehr ganz so eng mit der Wahrheit hielt. Ich zeigte meinen Begleitern fast den kompletten Inhalt meines Rucksacks: die Böller, Bengalos und die Gasdruckfanfare. Nicht aber die Tüte Lakritzschnecken in meiner Jackentasche, ein begehrtes Hochglanzmagazin aus den späten Neunzigern und meine beiden Trümpfe für alle Fälle. Meine Erklärungen wurden erstaunlich gelassen entgegengenommen. Diesen Haudegen war es mittlerweile relativ egal, ob gleich ein Torpedokarpfen oder ein wechselwarmer Schwanzlurch an ihnen herumwerkeln würde. Die Batterie leerer Bierdosen zu unseren Füßen war ein Indiz für das Zustandekommen solcherart Relativitätstheorie.

»Und für was sollen die Dinger gut sein?«

Hoss interessierte die vier Stücke Metallrohr in der Form eines Staffelstabs, nur mit deutlich größerem Durchmesser und von vorne bis hinten wie Schweizer Käse durchlöchert.

»Mann, du hast überhaupt keine Phantasie! Natürlich zu eurem Schutz. Frag doch mal Ronny, ob er sich traut, im Wombacher Weiher zu baden. Der kennt sich dort aus. Ronny ist gebürtiger Rohrbacher. Meinst du vielleicht, den Ausdruck ›Ein Rohr wie ein Rohrbacher‹ gäbe es grundlos? Schnapp, schnapp – Rohr ab! Paarreim, Hoss!«

»Mensch, Finger, jetzt sag bloß nicht, dass es hier auch noch Schnappschildkröten gibt.«

»Sumpfschildkröten auf jeden Fall. Und die sind ebenfalls Fleischfresser. Ob sich im Silbersee auch eines dieser gemeingefährlichen Exemplare herumtreibt? Wer weiß, auszuschließen ist es jedenfalls nicht. Genauso wenig wie das Auftauchen irgendeines anderen Ungeheuers, welches Gefallen an einem Leckerbissen wie Götze oder Wuttke finden könnte. Stellt euch mal vor, statt des Nscho-tschi-Fischs würde nachher der Hannibal-Lecter-Hecht bei euch nach dem Rechten schauen. Dann wird die Chose hier zum Rohrkrepierer und ich kann zu guter Letzt den Jäger des verloren Spatzes spielen. Das wollt ihr doch alle nicht, oder? Die Edelstahlkondome sind nur zu eurer Sicherheit. Außerdem machen sie richtig was daher. Und sie bieten den Grottenolmen ausreichend Platz, den Köder vom Scheitel bis zur Sohle zu erkunden. Schließlich sollen die Tierchen ihr Tagwerk nachhaltig verrichten! Rolf Sommer hat sie nach meinen Vorgaben gemacht. Der hat sich auch gewundert, für was ich die brauche.«

»Rolf hat die Dinger gebastelt? Ja sag mal, hast du sie noch alle? Komm, Alter, versprich uns, dass wenigstens das nicht wahr ist!«

»Bodo hat recht, Finger. Die Sache hier sollte doch unter uns bleiben. Was genau hast du Rolf gesagt?«

»Dass drei Homburger und ein Rohrbacher ein Rohr verlegen werden. An Bodo konnte ich mich ja schlecht wenden. Keine Angst, Leute! Ich kannte Rolf schon, da hat er mit den Mädchen noch Gummitwist statt Dingsbums gespielt. Beim Abholen der Stäbe letzten Donnerstag hat er gegrinst und vielsagend gemeint: ›Ich hab schon immer gewusst, dass ihr einen an der Waffel habt.‹ Aber glaubt mir, wissen tut Rolf nix! Die edlen Teile hat er sogar spendiert. ›Mensch, Finger, du hast mich damit auf eine prima Idee gebracht!‹, hat er gesagt. Wenn seine Madame ihn lässt, will er in seiner Schlosserei demnächst Apparate bauen, die weder bei einem Automobilzulieferer, noch einem sonstigen Unternehmen der von ihm belieferten Industrien benötigt werden. An was genau er dabei gedacht hat, war ihm nicht zu entlocken. Nur soviel, dass ich, sollte es klappen, für den entscheidenden Impuls angemessen belohnt würde.«

»Zu was sind denn die ganzen Löcher nutze?«

»Damit sich das Aroma des Köders bestmöglich entfalten kann ... und natürlich für den Videobeweis. Meinst du vielleicht, irgendjemand interessiert sich für einen Dokumentarfilm, bei dem das Dokument gar nicht zu sehen ist? Außerdem wollt ihr euch als Rentner bestimmt ab und zu noch einmal betrachten, wie in den guten alten Zeiten die Olme am Stöckchen geknabbert haben, oder?«

»Sag bloß, du willst auch noch filmen. Das geht nun aber gar nicht. Das kannst du dir abschminken. Wenn du filmst, macht Berti den Schrumpelpeter.«

»Komm, Heiner, stell dich nicht so an, du bist doch sonst nicht so zimperlich! Mit dem Clip werden wir ein Vermögen machen. Das wird der Ultra-Giga-Youtube-Klicker! Wir werden Psy mit seinem blöden Gangman Style vom Thron fegen! ›Shetlands made of Wetlands‹ wird alle Rekorde brechen!«

»Kannste vielleicht mal übersetzen?«

Ich konkretisierte, indem ich sie an die imposante Anatomie Raufbolds vom Rosengarten, dem Deckhengst der Ponyherde auf der Insel Mainau, und den phantasmagorischen Erfolg mit weiblicher Feder detailliert verkasematuckelter Feuchtgebiete erinnerte.

»Ohne jeden Zweifel: Du bist Giselher, nicht irgendwer! Und darüber hinaus vollkommen verrückt! Mensch, Finger, so etwas kannste doch nicht bringen!«

»Wieso nicht, Hoss? Das ist der Stoff, aus dem die Träume sind. So werden heutzutage Stars gemacht. Mit unserem Trailer landen wir mindestens im Dschungelcamp. Kostenlos nach Australien? Gütiger Himmel, der Bierbudentester würde an unserer Stelle Roland Emmerich engagieren!«

Wir einigten uns darauf, erst nach der Operation zu entscheiden, was mit den Filmaufnahmen geschehen sollte. Schlimmstenfalls blieb ihnen die Option körperlicher Gewalt. Bei einem Ringkampf wäre ich chancenlos gewesen: Fünf gegen einen – der Kran aus Nimmersatt war stark wie zwei! Ne, lieber nicht von Hoss in den Schwitzkasten nehmen lassen.

»AB IN DEN SEE, SAARDÉROS!«

Mein Kommando kam, als ein paar hundert Kilometer weiter östlich, irgendwo in der Walachei, Nachfahren des Fürsten Vlad III. Draculea die Deckel ihrer kastenförmigen Liegestätten hoben, um an den Kehlen zu Tode erschrockener Siebenbürgener zu frühstücken. Auch in Transsilvanien wird während dieser denkwürdigen Geisterstunde kein Landstrich mit einer Furcht einflößenderen Kulisse als der am See Kaluderovac aufgewartet haben. Der Nebel war dicht geworden, kein Stern mehr zu erkennen. Stattdessen gaben die Raben ein gespenstisches Konzert.

Krâ, krâ, krâ ...

Sie schienen sich ebenfalls für Mitternacht verabredet zu haben und mit ihrem unheimlichen Krächzen die Fauna der Gegend fortan über jeden Schritt der ungebetenen Gäste informieren zu wollen. Schon der Abstieg über die Felstreppe und der Gang über den durch die Feuchtigkeit glitschig gewordenen Holzsteg entpuppte sich als Mutprobe. Nicht nur Ronny ging die Düse.

Auuu, auuu, auuu ...

Das Heulen der Wölfe schien um einiges näher gekommen zu sein. Doch Bodo ließ sich nicht einschüchtern. Er startete unseren Düsenabfangjäger und schoss mit einem Vollmantelgeschoss schleunigst zurück: »Full Metal Jacket, Saardéros!«

Links, rechts, links, rechts, links, rechts, links!
Links, rechts, links, rechts, links, rechts, links!
Ich tu alles für mein Dings!
Ich tu alles für mein Dings!
Ihr sollt wissen, wer wir sind!
Ihr sollt wissen, wer wir sind!
Eins, zwei, drei, vier, Saardéros pitschen Flaschenbier.
Eins, zwei, drei, vier, Saardéros pitschen Flaschenbier.
Eins, zwei, drei, vier, auch aus Dosen zischen wir.
Eins, zwei, drei, vier, auch aus Dosen zischen wir.
Mein Bier – mein Bier – dein Bier – dein Bier.
Unser Bier – unser Bier – Saardéro Bier – Saardéro Bier.
Mmh gudd – mmh gudd – mmh gudd – mmh gudd …

Spätestens jetzt sollten auch die Raubtiere im Park wissen, dass da kein Knabenchor unterwegs war. Gunnery Sergeant Bodo Panzer hatte mit seiner spontanen Vergeltungsaktion unserer wilden Kämpfernatur stimmgewaltig Ausdruck verliehen und die Wölfe pro primo verstummen lassen.

Um zu der von mir ins Auge gefassten Stelle zu gelangen, mussten wir auf die andere Seite des Sees. Das war wegen des Nebels, unbeschadet des Vollmonds und fünf leuchtender Köpfchen, in der Dunkelheit schwieriger als angenommen. Beim Überqueren eines Knüppeldamms geriet Ronny mit dem rechten Fuß zwischen die Planken und blieb stecken. Er konnte von Glück sagen, dass er sich dabei nicht verletzte. Stellenweise mussten wir über Felsen klettern und durch dichtes, teils dorniges Gestrüpp. Was immer noch besser war, als jetzt schon durchs Wasser zu latschen. Unterwegs behauptete Bodo, an einem Baumstamm frische Kratzspuren und unweit davon einen Haufen Bärenlosung entdeckt zu haben. Aber diesen Bären ließen sich seine Wegbegleiter nicht aufbinden. Da zeigten meine subtil eingestreuten Passagen aus Sam Raimis *Tanz der Teufel* mehr Wirkung. Hein und Hoss protestierten heftig. Sie wollten von den dämonischen Einzelheiten dieses schaurigen Streifens nichts hören. Mit Horrorfilmen brauchte man denen nicht zu kommen. Alle waren erleichtert, als wir das felsige Plateau am Eingang der Grotte erreicht hatten. Dieses bot uns überraschend viel Platz. Platz genug, um die Rucksäcke sicher verstauen und uns bequem aus- und wieder anziehen zu können. Irgendwo in der Nähe probte ein Froschkonzert.

»So, wir sind da. Jetzt gilts, Saardéros. Manege frei!«
»Mensch, Finger, das Wasser ist ja eiskalt!«
»Komm, übertreib nicht, Heiner. Das sind vorneweg vierzehn Grad. Warmduscher sind hier fehl am Platz. Hans-Hubert ist nicht Andy Möller!«
»Du hast gut reden, du musst da ja nicht rein!«
»Täusch dich mal nicht, vermutlich doch. Das kommt nachher ganz auf die Umstände an. Nur werde ich im Gegensatz zu dir nicht rumjammern und meine Badehose anbehalten. Macht jetzt bitte keine Sperenzchen! Auf gehts, Hosen runter!«
»Langsam, Finger, langsam! Jetzt erklärst du uns erst einmal den genauen Ablauf!«
»Ganz einfach, Ronny: Schuhe aus, ein Schnürsenkel raus, Hose runter, Unterhose natürlich auch, Wasserlatschen an, Schnapsmassage, kurz kommen lassen, Phallrückzieher, Ankerstich mit dem Schnürsenkel an der Köderbasis, Schnecken drum, rein in die Backröhre, Licht aus und ab ins Wasser! Full-Metal-Jacket-Fischen, Saardéros!«
»Fallrückzieher? Wie sollen wir hier 'nen Fallrückzieher machen? Hast du 'nen Ball im Rucksack?«
»Menschenskind, Wurm, dir fehlt wirklich jegliche Vorstellungskraft! Und so einer will ein Querdenker sein, mein lieber Mann! Klar macht ihr 'nen Phallrückzieher! Oder ist einer von euch beschnitten? Auch das Filetstück eurer Spitzen muss operiert werden! Ansonsten sähe das wohl scheiße aus, oder?«
»Du hast sie doch nicht mehr alle!«
Nach Ronnys beleidigender Behauptung herrschte für ein paar Sekunden Ruhe. Meine Kameraden dachten nach ...

»Schnecken drum? Sagtest du Schnecken drum?«
»Ja, Hoss, Schnecken drum! Ich hab noch was für drumherum be-

sorgt. Das hält den Köder warm und lockt die Olme an! Paarreim, Männer.«

»Paarreim, Paarreim, Paarreim! Hör auf mit dem Scheiß! Phallrückzieher, Schnecken drum! Du spinnst wohl! Ich wickle doch keine Schnecken um Berti!«

»Die da schon, Heiner!«

Meine Freunde wähnten sich im falschen Film, als ihnen eine Tüte Lakritzschnecken vor die Nase gehalten wurde. Aber ich konnte sie mit einem Verweis auf die Reaktion der Texanischen Brunnenmolche bei Bernd Pavians Seepferdchen von der Vorteilhaftigkeit der schwarzen Tüpfelchen um das auf Vordermann gebrachte I überzeugen.

»Wisst ihr eigentlich, dass Anthony Yeboah in Kumasi zur Welt kam? Das gleiche gilt übrigens auch für Baba Yara. Der ist immer noch Ghanas Rekordtorschütze. Meint ihr vielleicht, das wäre alles nur Zufall? Was von den Schnecken übrigbleibt, kannste später futtern – versprochen, Hoss! Aber bis eure Sturmspitzen wieder in trockenen Tüchern sind, gehen wir lieber auf Nummer sicher. Aufgewickelt ist so eine Hariboschnecke gut einen halben Meter lang. Pi mal Schnecke brauchen wir fünf pro Köder. Die Tüte sollte dicke reichen, selbst wenn der ein oder andere von euch nachwickeln muss. Braucht jemand ein Bildchen oder gehts auch ohne?«

»Hahaha!«

»Witzbold!«

»Gut, wer nicht will, hat schon gehabt! Dann bleibt der Playboy halt im Rucksack. Übrigens, Heiner, die Kati hat sich damals nicht so drangestellt wie du gerade. Man kann auf den ersten Blick erkennen, dass das Wasser dort kälter gewesen ist. Und der Schnitt in ihrem Schritt war noch schön hippiemäßig. Heutzutage siehts dort vermutlich anders aus.«

»Waxing kam halt erst später in Mode.«

»Stimmt, Heiner! Ob man sich in Winnetous Heimat einen Mescalero waxen lassen kann? Was meint ihr? Das wär doch mal 'ne Alternative. Was ist? Ihr braucht gar nicht so beleidigt zu gucken. Den Playboy zeig ich euch später. Aber nur, wenn ihr euch die Witt verdient! Am besten massiert ihr den Schnaps mit Schmackes ein und zieht mit dem Schuhnestel die Handbremse. Aber bitte mit Grips. Wie bei den Pfadfindern: ein doppelter Ankerstich und kein Gordischer Knoten! Wie das geht und wo die richtige Stelle dafür ist, werdet ihr ja wohl wissen. Ich hab zwar beim Heizungsbauer einen Beutel elastischer Dichtungsringe unterschiedlicher Größen besorgt, aber leider vergessen einzupacken. Ihr müsst euch während der Prozedur auf etwas Nettes fokussieren, unbedingt harte Jungs bleiben. Nicht, dass euch die Lakritze wegschwimmt!«

Was für eine Narrenposse! Diese Instruktionen waren selbst für meine von Fingerschem Wahnsinn häufiger umzingelten Blutsbrüder ungewöhnlich starker Tobak.

Der Fischzug begann.

Während der absonderlich anmutenden Vorbereitungen gelang es mir nur mit geradezu übernatürlicher Selbstbeherrschung, einen gelotologischen Kollaps zu vermeiden. Hätte ich mich, wie die Hauptdarsteller der Szene, ebenfalls vor Lachen geschüttelt, wären die bislang kostbarsten Aufnahmen meines Lebens unbrauchbar geworden. So aber waren, wie ich später zufrieden feststellen durfte, die bizarren Videosequenzen rattenscharf. Keine nennenswerten Wackler!

Bodo war als Erster im Wasser. In Nullkommanix hatte er Wuttke mit J.F.K.'s Orangengeist in Form gebracht, sein Stauwerk verrichtet, die Schnecken auf dem Wickel und den schwarzen Prügel im Rohr. Dann stach er energisch in See. Der bretthart Sergeant und Reiseführer auf Zeit wollte sich auf heimischem Terrain keine Blöße erlauben. Er war schon im Wasser und streckte uns seinen haarigen Hintern entgegen, als Heiner noch feste massierte. Der klebrige Zickentöter war für einen Saardéro aber auch recht gewöhnungsbedürftig. Dagegen hatten es Ronny und Hoss mit klarem Sprit wesentlich leichter, ihre Köder zu entfrosten.

»Wie schauts aus, Bodo, kalt?«

»Geht so, Heiner.«

Ronny war der Nächste. Ihm folgte Heiner. Hoss hatte Probleme den Rückstrom zu bremsen. Er brauchte mehrere Anläufe, bis sein Schnürsenkel diensttauglich saß. Die ihm zugeteilte Portion Lakritze verwertete er dann aber schnell und wie vereinbart. Es war ein Bild für die Götter: Ein Quartett zitternder Knackärsche stand aufgereiht, die Hand am Rohr, nachts im kalten Wasser. Ich beendete meine Aufnahme und erteilte das nächste Kommando:

»Weiter rein in die Grotte! Wir müssen eine Stelle finden, an der ihr bequem stehen könnt und das Wasser tief genug ist. Der Grottenolm ist kein fliegender Fisch. So fangt ihr höchstens Fledermäuse. Die Rohre müssen auf Tauchstation!«

Ich war jetzt ebenfalls im Wasser und hatte festgestellt, dass es an dieser Stelle zu seicht war. Sämtliche Lockvögel befanden sich an der frischen Luft. Meine Freunde hätten sich knien müssen. Dies aber hätte bedeutet, bis über die Nabel ins Wasser zu tauchen. Es musste ja nicht sein, dass sich jemand erkältet. Um das zu vermeiden, trugen wir obenrum alle ein Funktions-Shirt, einen Pullover und eine Trainingsjacke. In der Grotte war es stockdunkel und lausekalt.

»Licht aus und vor, Saardéros!«

Langsam, betont leise und vorsichtig tasteten wir uns unter Bodos Führung voran. Wir wollten die Olme nicht verschrecken und überhaupt auf der Hut sein. Es war schwer abzuschätzen, welche Gefahren da auf uns lauern könnten. Um auch sonst die Spannung zu halten, erinnerte ich meine Kameraden zwischendurch mit ruhigen, aber plastischen Worten an das zu erwartende Echo zuhause: »Ein eindrucksvolles Messa di voce eurer Frauen wird die Frage nach dem obligatorischen ›Und, wie war ich?‹ für alle Zeiten überflüssig machen!« Recht schnell hatte Bodo eine geeignete Stelle gefunden.

»So, Leute, jetzt wird stillgestanden! Ich werde auch gleich die Klappe halten. Konzentriert euch! Wenns nicht anders geht auf die Witt oder meinetwegen die Furtwängler. Ihr müsst geduldig sein. Gebt mir Bescheid wenn sich was tut, aber möglichst leise. Erst wenn ihr alle im Spiel seid, werde ich meine Lampe einschalten. Je nachdem wie die Olme reagieren, müsst ihr, einer nach dem andern, eure ebenfalls anknipsen. Aber nur, falls das zum Filmen nötig sein sollte. Das entscheide ich! Verstanden? Bleibt möglichst eng beieinander! Umso weniger Licht brauchen wir. Am besten, ihr macht einen Halbkreis, oder, noch besser, ihr stellt euch in Kreuzform auf. Jeweils zwei mit dem Gesicht zueinander.«

»Ich kann dabei Hoss unmöglich in die Augen schauen, Finger.«

»Kann ich verstehen, ginge mir auch so. Ich schlage vor, du und Heiner bilden ein Paar, Hoss und Ronny das andere. Geht das in Ordnung?«

»Meinetwegen.«

»Bin dabei.«

»Geht klar.«

»Roger, over and out!«

Es dauerte eine Weile, bis sich die vier im Griff hatten und wie befohlen strammstanden. Eigentlich war zu erwarten gewesen, dass sie länger bräuchten. Mit dem erneut einsetzenden Heulen der Wölfe hatte die Belustigung ein Ende.

Auuu, auuu, auuu ...

Die Spannung steigerte sich jetzt ungeheuer. Konnte es sein, dass die Raubtiere tatsächlich unsere Witterung aufgenommen hatten? Waren wir für unsere Mission überhaupt am richtigen Platz? Und wenn ja, würden die appetitlich präparierten Köder das Interesse der Grottenolme auch wecken? Nicht zu vergessen die prickelnde Frage, an welchem Hochprozenter in diesem Fall zuerst genuckelt würde. Die unheimliche Stille in der Grotte wurde nur durch das zeitweilige Fiepsen von Ratten (vielleicht waren es auch Mäuse) unterbrochen. Derweil spielten draußen die Krähen und Wölfe unbeirrt ihre Symphonie des Grauens.

Krâ, krâ, krâ, auuu, auuu, auuu, krâ, krâ, krâ, auuu, auuu, auuu ...

Langsam bekamen wir es mit der Angst zu tun. Die dramatisch klingende Komposition hätte auch ohne das Anblasen einer Mundharmonika oder das Knattern eines Hubschrauberrotors von Ennio Morricone oder den Doors stammen, die Begleitmusik zu unserem Ende sein können.

Die Olme streikten. Unter Wasser tat sich … nichts! Außer, dass »meine Jungs dort drüben im Wasser« mit Bravour die Stellung hielten. Entweder hatten diese Lakritzfresser Schiss oder aber es fehlte noch das Salz in der Suppe. Als erste Anzeichen von Unmut aufkamen, entschloss ich mich, alles auf eine Karte zu setzen. Dass wir hier am falschen Platz sein sollten, glaubte ich nicht. Es war an der Zeit, meine Trümpfe auszuspielen.

»Bleibt wo ihr seid! Ich bin gleich wieder zurück.«

Auuu, auuu, auuu …

Weit weg schienen die Wölfe nicht mehr zu sein.

»Willst du uns alleine lassen, ausgerechnet jetzt? Bleib hier, Feigefinger!«

Feigefinger! Dass Hein in so einer Lage eine meiner kreativsten Wortschöpfungen gebrauchte war erstaunlich und ein Beweis dafür, dass er auch in brenzligen Situationen klaren Kopf behielt.

»Keine Angst, euch passiert nichts! Durchhalten, denkt an die Witt!«

Zurück an unserem Stützpunkt, kramte ich aus den Tiefen meines Rucksacks eine von Schaschlik-Kalles Abgaben und meine beiden Asse heraus. Augenblicklich konnte man ein vertrautes Zischen, ein nicht minder vertrautes Glucksen, ein schwerer zu deutendes Gluckern und zuletzt ein Bäuerchen hören. Ich blickte zum Himmel, bat meinen Schöpfer um Beistand und bekreuzigte mich, bevor ich in Windeseile wieder bei meinen Freunden war. Die waren entsetzt.

»Das grenzt an Blasmephie, Finger!«

»Ach was, wir laden die Olme zum Longdrink ein. Die Wege des Herrn sind unergründlich!«

Und schon sank die mit einem Kräuterlikör aus dem Landkreis Mainz-Bingen vermischte Quintessenz heimischer Braukunst in den Schmelztiegel unserer waghalsigen Mission. Ich vergoss vor den Augen meiner Blutsbrüder das mit einem Kümmerling entweihte Weihwasser des Bierbudentesters, während ich simultan den besonderen

Künsten meines Vaters Alfons gedachte ...

»KONTAKT, KONTAKT ... Berti meldet Kontakt! Huiuiui, huiuiui!«

Nachdem sich die übelriechenden Luftblasen im Wasser verflüchtigt hatten, wusste ich, dass mein Aas stach und ich mit meinem Tipp richtig lag. Der Zickentöter aus Wertach hatte das Rennen gemacht. Dann ging es trotz, oder gerade wegen, der feinherben Duftmischung Schlag auf Schlag:
»Ohhh, Ohhhh, ohhhhh ... Uwe auch! Ohhhh ... Ogottogott!«
»Melde gehorsamt: Verbindung bei Wuttke ebenfalls hergestellt! Ahhhhhhh, tut das gut!« Bodo war obercool – der Heimvorteil!
»Iiiiii ... iiiiii ... iiiiiii, igittigitt ist das eklig!«

Die stählerne Verweilstatt des quittenbrandtrunkenen Götze wurde von den frenetisch saugenden Grottenolmen als letzte gestürmt. Ich wartete, bis sich die ganzen Ohs, Ahs und Oh, là, las in immer schnellerer Folge einander ablösten. Dann erst flüsterte ich: »Es werde Licht!«, und drückte auf den Schalter meiner Stirnlampe.

Wow, der Tumult vor unseren Augen war unbeschreiblich. Dutzende glitschiger Wasseralbinos, darunter Prachtexemplare von bestimmt dreißig, vierzig Zentimeter Länge, stritten sich um die besten Plätze. Ein rascher Blick auf den Live-view-Monitor meiner betriebsbereiten Power-Shot ließ mich realisieren, dass ich mehr Licht brauchte, sollte »Den Spatz im Silbersee« tatsächlich zum Blockbuster unserer Touren werden.
»Bodo, Spot an!« ...
»Shit, reicht noch nicht. Hoss, du auch!« ...
»Okay ... prima ... jetzt passts. Ich stoppe die Zeit. Ab sofort noch fünf Minuten. Haltet durch, die Kamera läuft! Wir können uns auch wieder leise unterhalten. Die Viecher sind im Rausch.«
Selbst unserem obercoolen Gunnery Sergeant ging jetzt der Stift. Insbesondere aber Hoss hatte furchtbares Muffensausen. Das war kein Wunder. Schließlich hatte er mit Götze am meisten zu verlieren.

Ich hätte wetten können, dass er gezwungen war, feste die Arschbacken zusammenzukneifen, sollte ihm keine Blamage widerfahren. Ein Blick nach unten genügte, um selbst den härtesten Mann bis ins Mark zu erschüttern. Vor unseren Augen tobte die Schlacht am little big Horn. Angesichts des unbändigen Feuers und der zahlenmäßigen Überlegenheit von Sucking Bull, Crazy Olme und dem anderen Gesioux am Puls ihrer Männlichkeit, war es nur allzu verständlich, dass meine Kameraden das immer ohrenfälliger werdende Heulen der Wölfe ausblendeten. Ihre Fähigkeit, in einer so dramatischen Situation die Ruhe zu bewahren, war heldenhaft und hätte eines Eisernen Olms als militärische Auszeichnung bedurft. In dieser brenzligen Situation bewies ich jene Führungsqualitäten, die General Custer am Little Bighorn so schmerzlich vermissen ließ. Mein Befehl kam im rechten Augenblick:

»AUS ... AUUS ... AUUUS! Das Spiel ist auuus, Saardéros aus dem Wasser rauuus – Paarreim, Männer!«

Mit einem Teil meiner Gedanken bei den Helden von Bern, bei Sepp, Ottmar und Fritz, Toni, Helmut, Horst und den andern, kam mein Rückzugskommando. Erleichtert stapften wir retour zu unserer Basisstation. Die Sturmspitzen meiner Kollegen blieben dabei vorsichtshalber in Schutzhaft.
»Mannomann, was für ein Coup! Gut gemacht, ihr seid jetzt Helden! Den Beweis dafür hab ich auf Speicherkarte!«
»Alles halb so wild, Finger. Hat überhaupt nicht wehgetan. Mir hats gefallen.« Bodo mimte den Knallharten. Aber sein Flunkern war leicht zu durchschauen.
»Na ja, angenehm ist anders! Aber die Idee mit dem Stubbi war genial, Finger. Wie bist'n darauf gekommen?«
»Das war eher ein Mixery, Ronny. Ich hab ein paar Kräuter ins Bier gemischt.«
»Was denn für Kräuter?«
»Einige, zum Beispiel Engelwurz, Wermut und Nelkenpfeffer. Süßholz war auch dabei.«

»Killepitsch?«
»Ne, KÜMMERLING!«
»NEEEIIINNN!!!«
»STOPP! Hört ihr das auch?«

Rrr, rrrr, rrrrr ...

Bodo hatte das Furcht einflößende Knurren als Erster vernommen. »Meine Fresse, schaut euch das an!« Diabolisch funkelnde Augenpaare blickten uns im Schein unserer Lampen wenig freundlich entgegen. Die Wölfe standen mit zurückgezogenen Lefzen und martialisch gefletschten Zähnen auf dem Felsvorsprung, direkt neben unseren Rucksäcken.

Rrrr, rrrrr, rrrrr ...

»Scheiße, Scheiße, Scheiße! Was machen wir jetzt?«
»Auf keinen Fall ins Wasser scheißen, Hoss! Reiß dich gefälligst zusammen!«
Ich hatte null Bock, mir von ein paar Wolfsbürgern den Schneid abkaufen zu lassen. Denen würden wir im Jargon der Westkurve auf der Stelle erklären, was sie nächste Saison in der Pfalz erwartet: »Der Betze brennt, Saardéros!« Als ich mit Kalles Gasdruckfanfare zur Attacke blies, nahmen meine Kavalleristen blitzartig die Hände von den Rohren, um ihre Trommelfelle zu schützen. Dann fegten wir den Gegner vom Platz!

> Glory, glory Kaiserslautern,
> glory, glory Kaiserslautern,
> glory, glory Kaiserslautern,
> and the reds go marching in!

Ob die panikartige Flucht des Rudels unserem kriegerischen Gesang oder doch dem Handwerkszeug der »Generation Luzifer« zu verdanken war, sollte später noch zum heiß diskutierten Thema werden. Sicher war nur, dass die Beschallung aus der Dose, wie auch das Gebrüll von Harmonia Saarpfalz, für das hochsensible Gehör der Tiere kein Sound of Silence war. Jetzt galt es, in die Gänge zu kommen. Wir durften nicht davon ausgehen, dass sich das Wolfspack mit diesem Manöver geschlagen gab. Meine Kameraden befreiten flugs ihre Phalli, um die Schnürsenkel wieder in die Ösen ihrer Wanderschuhe zu fädeln. In einem Affentempo hatten wir uns abgetrocknet, die Klamotten am zitternden Leib, die Rucksäcke geschultert und uns zurück auf den Weg zur Schatzhöhle gemacht. Dort wären wir einigermaßen sicher. Die steile Felstreppe würde für die Vierbeiner ein nur schwer zu überwindendes Hindernis sein. Die konnten sich nicht wie wir beim Hochsteigen am Geländer festhalten. Aber schon vor dem Erreichen des Knüppeldamms spielte das Freiluftorchester wieder in voller Besetzung auf.

krâ, krâ, krâ, auuu, auuu, auuu, krâ, krâ, krâ, auuu, auuu, auuu …

Weit weg waren die Wölfe nicht geflüchtet. Das Heulen kam ganz aus der Nähe. Kurz darauf der nächste Schock. Ronny war dieses Mal zwar unfallfrei über die Planken gekommen, dafür jagte uns Bodos Warnung einen gehörigen Schauder über den Rücken.
»HALT!!! Um Himmels willen, bleibt stehn!«
»Was ist denn?«
»Leise, Männer, leise!«
»Jetzt sag schon was los ist, verdammt nochmal!«
»Nicht so laut, Ronny! Glaubt mir, ich mach wirklich keinen Spaß! Da vorne läuft ein Bär, ich konnte ihn genau sehen. Scheint ein Mordsapparat zu sein. Der darf sich nicht von uns in die Enge getrieben fühlen. Hoffentlich ist kein Jungtier dabei. Wenn doch, dürfen wir unter keinen Umständen zwischen die beiden geraten. Das könnte böse enden. Wir laufen ein Stück zurück und verhalten uns ganz normal. Der Bär soll uns als friedliche Zeitgenossen wahrnehmen. Wenn er sich nicht bedroht fühlt, wird er bestimmt wieder verduften. Bemerkt hat der uns mit seiner empfindlichen Nase eh schon.«
»Ich krieg gleich 'nen Herzinfarkt!«
»Ruhe bewahren, ist alles halb so wild, Ronny! Auf gehts, wir laufen

zurück Richtung Grotte. Redet miteinander! Aber so, als wäre nichts passiert.«

Mit einer 180-Grad-Kehre setzten wir uns wieder in Bewegung.

»Bodo, hast du eben nicht gesagt, Bären hätten einen ausgeprägten Geruchssinn?«

»Ja, Finger, so isses. Man soll darauf achten, sie nicht leichtsinnigerweise mit Nahrungsmitteln anzulocken. Daher ist es ganz gut, dass wir nur trockenes Brot und keinen stinkenden Käse im Rucksack haben. Brünhild hat uns vielleicht das Leben gerettet.«

»Sie wird sich sicher freuen. Aber wie siehts denn mit Süßigkeiten aus? Ich hab mal gehört, Braunbären wären ganz schöne Süßmäuler.«

»Ich bin mir nicht sicher, aber da könnte was dran sein.«

»Meinst du, der Bär kann die Lakritzereste auf euren ...«

»Halt jetzt ja deine Klappe!«

»Und der Likör auf Heiners Berti?«

»Es reicht, Finger!«

Allen war klar, dass diese Fragen nur ein Ausbund meiner allgegenwärtigen Ironie waren. Aber hatte ich im Grunde nicht recht? Selbst kleine Kinder wussten, dass sich Bären mit Begeisterung über Honigtöpfe hermachten. Da konnte es doch gut möglich sein, dass sie auch an einem nach Zickentöter duftenden Lakritzewürstchen Gefallen fänden. Einen solchen Leckerbissen bekam man als Bär bestimmt nicht alle Tage vorgesetzt. Zumal Heiner das Gefühl nicht los wurde, dass sich Berti langsam aber sicher machte. Weit kamen wir nicht.

Rrrr, rrrr, rrrr ...

Die Bestien waren zurück und wir mit einem Mal eingekesselt. Das schaurige Gebärdenspiel, keine zehn Meter entfernt, ließ uns das Schlimmste befürchten. Vor uns die Isegrims, hinter uns Petz, rechts die glatte Felswand und links der See. Jetzt war guter Rat teuer.

»Wie beim AOK6, Männer!«

»Hör endlich auf mit dem Quatsch, Finger! Wenn nicht gleich ein Wunder geschieht, wars das. Dann werden wir hier elend verrecken und können uns die Radieschen von unten betrachten. Und in so einer

scheiß Lage laberst du von deiner blöden Krankenkasse.«
»Nix Krankenkasse, Stalingrad, Hoss! Außerdem bin ich privat versichert.«
»Stalingrad?«
»Ja, Stalingrad! Generalfeldmarschall Paulus war mit dem 6. Armeeoberkommando vor Stalingrad ebenfalls im Kessel. Das ging übel aus für die deutschen Landser. Aber wir schlagen die ›Braune Armee‹!«
»Und wiiieeee???«
Ronny schrie wie ein hysterisches Waschweib. Aus seinen grotesk aufgerissenen Augen schaute die pure Panik. Das konnte man trotz der mangelhaften Lichtverhältnisse deutlich erkennen. Sein Gesicht war kreidebleich. Hoss schien sich zwar ebenfalls gleich in die Hose zu machen, allerdings im Gegensatz zu Ronny wenigstens nicht vor einem Nervenzusammenbruch zu stehen. Aber auch der Dicke war plötzlich ganz käsig im Gesicht. Dagegen war es um die Nervenkostüme von Heiner und Bodo richtig gut bestellt. Fieberhaft und hoch konzentriert suchten die beiden nach einem Ausweg. Ich reagierte als erster. Doch Kalles Tube entrann nur noch ein kleinlautes tröööööööööööt. Dann war Ende Gelände, das Gas komplett aus der Dose.
»Ich Idiot! Wär ich vorhin besser mal etwas sparsamer mit umgegangen!«
Mein Ärger war verständlich, aber meine im Eifer des Gefechts absolvierte Zugabe auch menschlich gewesen.
»Scheiße!«
Nun benutzte auch Heiner das Wort, das man kleinen Kindern so gerne verbot.
»Und, du Schlaumeier, wie gehts jetzt weiter?«
»Wir stellen uns tot!«
»Das funktioniert nur bei dem Bär, Finger, wenn überhaupt. Denkt an die Lakritze! Die Wölfe können wir damit nicht täuschen.«
»Saardéros, hört auf zu flennen und stattdessen mir genau zu! Wir lassen uns nicht fressen! Ist das klar?«
»Dann sag uns doch mal, was wir tun sollen!«
»DENEN DEN KRIEG ERKLÄREN!!! Die Wölfe haben uns in

dieser Nacht nun schon zum zweiten Mal bedroht. JETZT WIRD ZURÜCKGESCHOSSEN!!!«

»Hoffentlich verstehen die Deutsch, Finger!«

»Und von jetzt ab wird jedes Knurren und Zähnefletschen mit Bomben vergolten! WER MIT GIFT KÄMPFT, WIRD MIT GIFT-GAS BEKÄMPFT! In diesem Punkt war sich mein Vater Alfons ausnahmsweise einmal mit dem Führer einig.«

»Jawohl, so und nicht anders soll es sein, Finger!«

»Wer sich selbst von den Regeln eines humanen Miteinanders entfernt, kann von den Saardéros nichts anderes erwarten, als dass die den gleichen Schritt tun!«

»Die hauen wir weg, Finger!«

»Wir werden diesen Kampf, ganz gleich gegen wen und wieviele, so lange führen, bis die Sicherheit der Saardéros und ihre Rechte gewährleistet sind!«

»Bravo, Finger, bravo!«

»Als Blutsbrüder und saarländische Patrioten gehen wir in diese Schlacht mit einem starken Herzen! Unser ganzes Leben war nichts anderes, als ein einziger Kampf für unsere Frauen und Kinder, für ihr Wohlergehen, für unsre Familien!«

Händeklatschen und stürmischer Beifall unterbrachen meine Ansprache.

»Und über diesem Kampf stand nur ein Bekenntnis: der Glaube an uns selbst! Ein Wort haben wir nie kennengelernt, es heißt: KA-PI-TU-LA-TION!«

Jubel, Beifallsgeschrei, frenetischer Applaus.

»FINGER, FÜHR UNS!«

Unvermittelt und bis unter die Zähne bewaffnet, wurde ich zum Führer befördert. Entschlossen legte ich mein Gepäck ab, bevor ich ihm meine erste Vergeltungswaffe, eine Schachtel Streichholz und das Leergut entnahm.

»Hier, halt mal, Ronny! Aber nicht wie üblich, sondern mit der Mündung in Richtung eines der bösen Augenpaare vor uns. Wenns geht, ohne zu zittern!«

»Soll ich die Viecher etwa in die Flasche locken?«

Aha, Ronny war noch in der Lage zu scherzen. Ganz so schlimm wie befürchtet, konnte es um die Gemütsverfassung unseres Jüngsten demnach nicht bestellt sein. Mein Ehrenappell hatte gefruchtet.

»Hm, das ist keine schlechte Idee.«

Während ich Ronny Antwort gab, steckte ich meine V1 in die bauchige Abschussrampe, entflammte ein Fixfeuerhölzchen und begann mit dem Countdown. Dem Wurm blieb keine Zeit zu protestieren – die Lunte brannte. Jetzt musste er zeigen, ob er vorhin genügend Zielwasser getrunken hatte und in der Lage war, den Feind gescheit ins Visier zu nehmen. Mit einem satten Zischen schoss die Rakete knapp am Ziel und ihr Rückstoßfeuer um Haaresbreite unter Uns Uwe vorbei. Die Ladung explodierte an der Felswand und setzte den Feind kurzerhand ins Rotlicht. Die Schockstarre der Wölfe löste sich, als ein infernalisches Maschinengewehrfeuer auf sie einprasselte. Meine Freunde bekamen vor lauter Staunen nicht einmal mit, dass ihr Führer den Schneid besaß, nach dem Zünden der Knallkette das makabre Szenario in der Manier eines Kriegsberichterstatters zu filmen. Die Art und Weise ihrer Flucht ließ nur einen logischen Schluss zu: »Saardéros, die Wölfe haben ka-pi-tu-liert!«

Damit war der Kessel an dieser Front gesprengt. Aber wir wollten ja in die andere Richtung, zurück zur Schatzhöhle. Wie sollten wir weiteragieren? Hieß es nicht immer, Angriff sei die beste Verteidigung? Genügend Adrenalin und Munition für einen tollkühnen Sturmangriff hatten wir. Ein kurzer Disput nur und der Führer entschied:

»Wir drehen um und räumen alles was sich uns entgegenstellt aus dem Weg. Kehrt marsch, Saardéros!«

»Um Himmels willen, STOOOPPP!!!«

Bodos neuerliches Haltekommando kam unmittelbar nach unserem abermaligen Richtungswechsel. Der Bär stand, wie eine Monsterausgabe von Henning Fritz beim Siebenmeter, mitten auf dem Knüppeldamm und fuchtelte mit den Tatzen durch die Luft. Bei diesem Anblick schlug mir der Puls bis in die Zehenspitzen. Bodo interpretierte die tapsige Pose irrtümlicherweise als Drohgebärde. Er erkannte nicht, dass sich der Braunbär nur deshalb auf die Hinterbeine gestellt hatte, um sich einen besseren Überblick zu verschaffen. Der Kerl war wahrscheinlich nur neugierig und wollte möglichst genau sehen, was das für merkwürdige Typen waren, die schon so früh im Jahr Silvester feierten. Als Bodo seinen Trugschluss bemerkte, war es zu spät. Ich hatte reflexartig einen Bengalo entzündet und direkt vor die Füße des Riesen geworfen. Der wich behände zurück und fing, statt wie gewünscht das Weite zu suchen, verärgert an zu brummen. Er wartete gelassen ab, bis die Fackel erlosch, um dann mit einem beängstigenden Knurren in Richtung der Aggressoren loszustieben. Während Ronny und Hoss nun auf ihre Art in die Eisen stiegen, die letzten Spuren davon wurden zuhause mit der Kochwäsche entfernt, bremste ich den Kaventsmann mit der nächsten Fackel aus und verteilte flugs Streichholzschachteln und Munition an meine Kameraden. Heiner und mich deckte ich mit Schweizer Krachern ein. Wie zu befürchten war, ließ sich der Koloss auch von grünem Bengalofeuer nicht einschüchtern. Stattdessen wurde er fuchsteufelswild. Sein grimmiges Knurren zeugte von einer rasenden Wut.

Grrrr, grrrr, grrrr, grrrr ...

Mein vorletzter Appell unserer diesjährigen Tour geriet zu einem ultimativen Mahnruf der Tapferkeit:

»Saardéros, heute sage ich: Wenn unser Wille so stark ist, dass keine Not ihn zu bezwingen vermag, dann wird er, erschaffen von Eiern aus Stahl, auch den nichtrussischen Bären zerbrechen und letztlich besiegen! Saardéros – AUF IN DEN KAMPF!!!«

Es folgte ein Blitzkrieg ohne scharfe Waffen. Aber das konnte der Bär ja nicht wissen. Bei unserer heldenhaften Attacke am Knüppeldamm detonierten statt Handgranaten und Mörsermunition, goldblinkende Feuerlanzen, Knallfrösche und China-Böller en masse. Wir schossen aus allen Rohren. Rolfs Stahlkondome mussten in dem Tollhaus als Abschussrampen für Kalles Neujahrsraketen herhalten. Was das Gewitter bunter Knattersternwolken und die in einem beinahe waagerechten Schusswinkel feuernde Stalinorgel nicht vermochten, schafften die Schweizer Kracher. Deren gewaltiger Bums und die im Dunkeln besonders effektvollen Blitze zermürbten die Bestie. Heiner und ich ballerten wie in alten Zeiten. Im Sekundentakt explodierten die Petards vor dem brüllenden Maul des Ungetüms. Es war wie ein Wunder. Das überragende Geschick und die ganze Routine unseres verstorbenen Freundes Smoke schien uns in dieser brenzligen Situation zuteilgeworden zu sein. Mit Beistand von oben trieben wir den Feind zurück in die Wälder. Dann rannten wir los, so schnell unsere Füße uns trugen.

Körperlich erschöpft fielen wir in der Schatzhöhle ein, um uns sofort auf die Matten zu hauen. Um ein Haar wären wir bei diesem halsbrecherischen Manöver draufgegangen. Alles nur wegen unserer dusseligen Frauen – von wegen Kümmerlinge! Exakt zu diesem Zeitpunkt läutete in der Heimat die antike Wanduhr über dem ledernen Thron eines auf Männertour befindlichen Lebemanns die Geisterstunde aus: Gooooonnnnnggggggg.

Wir keuchten wie die Schlachtrösser. Hoss war völlig fertig. Er lag ausgepumpt auf dem Rücken und pfiff aus dem letzten Loch. Wie eine Dampflok, deren verrückter Heizer mehr als nur eine Schippe zu viel in den Kohleofen geschaufelt hatte. Bukephalos' Pumpe war von Alexander dem Großen so brutal wohl nie getestet worden. Auch ich schnappte noch nach Luft, als ich mich wieder zu Wort meldete:
»Mann, … das war … knapp! … Feige Typen … wie die Loser-Boys … wären … bei diesem … Gefecht … mit Haut … und Schamhaar … gefressen worden. … Was für eine … heroische … Schlacht! … Ich bin … stolz … auf uns, … Saardéros! … Jetzt sind wir … fit … für den Bärenfelslauf. … Zurück … in der Heimat … werde ich uns … sofort … bei Fellers … anmelden!«

Als geübtem Läufer war auch Heiner der Bärenfelslauf ein Begriff.
»Gute … Idee, Finger«, meinte er schnaufend. »Wir beide … laufen … den Halbmarathon, … Bodo … und Ronny … die volle … Distanz … und … Hoss … den Ultra-Trail. … Im Vergleich zu … vorhin … ist das … ein Klacks … für den … Dicken. … Und zur … Be-

lohnung ... bekommt er ... von mir ... ein Tofuschnitzel ... auf einem ... Malzkorn ... brötchen ... spendiert.«

Viel Mut bedurfte es für diese Prise Sarkasmus nicht. Seiner Schnappatmung nach zu urteilen, würde Hoss noch einige Zeit brauchen, bis er wieder zur Ausübung körperlicher Gewalt in der Lage wäre. Im Moment war er nicht einmal zu einem schnöden Hahaha imstande. Es war Bodo, der nach einer ausgiebigen Verschnaufpause wieder auf den eigentlichen Grund unseres Hierseins zu sprechen kam:

»Saardéros, niemals mehr, ich wiederhole, NIEMALS MEHR, werden unsere Frauen sich wagen, am Vatertag eine Runde Kümmerling zu schmeißen! Weder in der Scheune, noch im Dorfbrunnen, noch sonstwo. Die können sich auf was gefasst machen. Ich fühle, dass Wuttke vor Freude tobt. Spürt ihr denn auch schon was?«

Ruckzuck stand den Angesprochenen die Konzentration auf das Geschehen in ihren Sturmzentren ins Gesicht geschrieben. Während des Scharmützels am Silbersee war dafür keine Zeit gewesen. Da gings ums nackte Überleben.

»Ich muss mal!«

Aus nachvollziehbaren Gründen, in dieser Nacht wäre er die Felstreppe für kein Dings der Welt mehr hinuntergestiegen, trat Ronny ein paar Schritte zur Seite und kramte, ohne wie gewöhnlich lange suchen zu müssen, seinen frisch frisierten Knipser aus der Hose. Als ihm die Sensoren seiner rechten Hand zuverlässig mitteilten, dass die Qualifikation zur Champions League in Reichweite war, spielte er dithyrambisch Manneken Pis. Ronny ließ seine aufgestaute Freude die Treppe runter plätschern. »Ahhh, tut das gut!« Er genoss es, den Druck der letzten Stunde auf diese Art abzulassen.

»Ich muss auch mal!«

»Komme mit, Heiner!«

Auch Hoss war wieder in der Lage zu sprechen, ohne dabei verzweifelt nach Luft ringen zu müssen.

»Auf gehts, Männer! Lasst es uns wie die Frauen machen! Zur Feier des Tages gehen wir heut mal zusammen aufs Klo!«

Stolz wie die Spanier, mit sich und der Welt zufrieden, hielten vier

Haudegen zum zweiten Mal in dieser Nacht etwas ausgesprochen Wuchtiges in ihren Händen. Jetzt allerdings ohne Vollmetallsakko, dafür mit Klose und Poldi in Reih und Glied. Ein Paradesturm markierte die Sohle der Felstreppe in der Manier saarländischer Rüden. Die Vision vom großen kleinen Mann war also keine Spinnerei, kein durchgeknalltes Hirngespinst gewesen. Nicht nur Hoss ergötzte sich an dieser sensationellen Erkenntnis. Darauf musste getrunken werden! ...

Nachdem wir am nächsten Morgen von dem Kauderwelsch asiatischer Touristen geweckt wurden, sammelten wir, wie es sich für anständige Leute gehört, unseren Müll ein. Zwischen leeren Bierdosen und Flachmännern befand sich auch eine aufgebrauchte Packung Lakritzschnecken, eine leere Stubbiflasche und ein zerfledderter Playboy. Anschließend machten wir uns auf den Rückweg nach Porec.

Finale grande

»Falls Karoline tatsächlich motzen sollte, was ich allerdings nicht glaube, machst du dir am besten nichts draus. Sie wird sich dran gewöhnen. Weißt du wie Tschik Cajkowski ›kleines dickes Müller‹ bei seinem ersten Training begrüßt hat?«
»Sag schon, Finger!«
»Was soll ich mit einem Gewichtheber?«
»Toll!«
»Komm, Bodo, hab dich nicht so! Du weißt doch, wie locker der Gerd die Dinger versenkt hat. Keine Sorge, das passt schon.«

Um die Reaktionen zuhause besser abschätzen zu können, bestanden meine Kameraden auf einen Testlauf am FKK-Strand.
»Schickt sich das, Männer? Läuft man als Gast in einem fremden Land nackicht rum? Wir sind hier nicht in Klitflitz!«
Bodo räumte meine Bedenken umgehend aus. Mir war bis dato nicht bekannt, dass man in Istrien dem Spreewaldgurken Way of Life dermaßen frönte. Nach allem was er uns erzählte, musste die Gegend ein Eldorado für Zeigefreudige sein. Ich nahm mir vor, dem Stehbierbudentester nach unserer Rückkehr die Vorzüge eines Kroatienurlaubs in aller Ausführlichkeit zu schildern.
Bevor wir loszogen, untersuchten wir im Wohnzimmer die Resultate unseres Fischzugs auf Tauglichkeit. Außerdem fehlten uns noch die passenden Namen für ihre Grünhörner. Dazu hatten wir die Rollläden heruntergelassen und das Licht eingeschaltet. Man stelle sich vor, jemand aus der Nachbarschaft hätte diese unkonventionelle Musterung beobachtet. Ne, besser nicht! Bodo fand »kleines dickes Müller« zu lang (natürlich nur den Namen) und arg kräftig geraten. Das wunderte mich nicht. Anscheinend hatte sich sein Torjäger entschlossen, in Zukunft mehr die Breite des Raums zu nutzen, statt, wie bisher, permanent in die Tiefe zu gehen. Im Grunde genommen eine kluge Entscheidung. Damit lief er nicht ständig Gefahr, ins Abseits zu tappen. Nach einigem Hin und Her war Bodo mit »Bomber der Nation« einverstanden. Bei Heiner und Ronny war die Sache auf den ersten Blick

klar, keine Verwechslung möglich. Auch mit Hoss wurden wir schnell einig. Das von den Grottenolmen verabreichte Wachstumshormon Somatropin hatte aus Wolfram »Gerd«, aus Berti »Jürgen«, aus Uns Uwe »Rudi« und aus Mario »Horst« gemacht. Die Jungs waren in Hochstimmung und sprühten vor Tatendrang.

»Preisfrage, Saardéros! Was ist gemeint, wenn im Fußball von der Schottischen Furche die Rede ist? Wenn es einer von euch weiß, schmeiß ich nächsten Donnertag in Matzenbach eine Klausenrunde, Fingerehrenwort!«

»Schottische Furche? Nie gehört, Finger.«

»Lass mich raten … mmh … die Analrinne von Berti? Hatte Hans-Hubert nicht die Schotten trainiert, als dieser krude Arzt an deiner Furche klar Schiff machte?«

»Knapp daneben, Heiner!«

»Ich hab keine Ahnung, Finger.«

»Also gut, ich geb euch 'ne kleine Hilfe. Die Schottische Furche und das WM-System haben etwas Bestimmtes miteinander gemeinsam.«

»Weh-emm-System? Nie gehört! Was ist denn ein Weh-emm-System, Finger?«

»Mann, Hoss! Für den Chef von Horst sollte so etwas zum Einsatzleiter-Einmaleins gehören. Mit dem WM-System wurden fünf Lauterer in der Schweiz Weltmeister. Weiß es jemand, ja oder nein?«

»Lös schon auf, Finger. Der Bierbudentester soll seine Zeche nächste Woche mal schön selbst bezahlen!«

»Also gut. Beides sind Spielsysteme, die man im modernen Fußball nicht mehr schätzt. Wir treten nachher den Beweis dafür an, dass das Spiel mit fünf Stürmern auch heutzutage noch konkurrenzfähig ist.«

»AB AN DEN STRAND, SAARDÉROS!«

In Zelena Laguna angekommen, aßen wir erst einmal gemütlich zu Mittag. Meine Kumpels bestellten Calamari grigliati, Wasser und Weißwein, statt Eintopf und Bier. Keiner von denen wollte nachher am Strand einen Ranzen schieben. Die Aufmerksamkeit des Publikums sollte nicht ihren Schmerbäuchen, sondern den Dingsen darunter gelten. Deren Entwicklung hatte eine solche Wertschätzung verdient. Ich dagegen haute mir den Bauch mit einer Portion Muckalica voll. Mann, war das Zeug scharf! Ich hatte Hunger und Lust auf Bier. Schließlich war Vatertag. Sogar einen Nachtisch gönnte ich mir. Gibanica hieß der und bestand aus Mohn, Frischkäse, gemahlenen Walnüssen und geriebenen Äpfeln. Das Ganze war in Blätterteig geschichtet und mit einem Mix aus Sauerrahm, Eiern und zerlassener Butter gedeckelt. Lecker! Von der Terrasse des Restaurants aus peilten wir die Lage, um uns nach dem Essen in der Nähe des Wassers auf unsere Decken zu fläzen. Hein wollte in den Schatten, Hoss in die Sonne. Wir einigten uns auf den Halbschatten.

Es war heiß und allerhand los am Strand. Wohin der Blick auch ging, überall wackelte Fleisch; mal größere, mal kleinere Portionen. Heiner hätte nie gedacht, dass er einmal ein solches Interesse für Beachvolleyball entwickeln könnte. Die Bedingungen für unseren letzten ethnologischen Exkurs in Istrien konnten besser nicht sein. Während mein Magen die Mischung aus Erbsen, Zwiebeln, Knoblauch und teuflisch scharfen Peperoni verdaute (nicht zu vergessen die beiden Bierchen und das leckere Dessert!), machte Ronny als erster zwei unserer Kollegen ausfindig:

»He, guckt mal, da vorne laufen Olic und Petric!«

»Quatsch, das sind Klasnic und Suker!«

»Wenn du meinst, Bodo.«

Wir machten uns einen Spaß daraus, anderleuts Dingsen Namen zu verpassen. Auf diese Art bekamen wir Rooney, Lewandowski, van Basten, Torres, Eusebio, Netzer, Scholl, Neymar und Mandzukic zu Gesicht. Dann kam Messi. Der Kleine lief so aufreizend nah an uns vorbei, dass Klinsi von mir zurückgepfiffen werden musste.

»Dem zimmer ich gleich 'nen Ball an die Latte!«

»Lass mal stecken, Hein! Der Lionel ist ein Guter, 'n Kerl wie die Schnappdudler. An ihm wurde auch rumgedoktert, sonst wäre er noch kürzer geraten. Messi ist das beste Beispiel dafür, dass letztlich doch die Technik entscheidet!«

Für diese Feststellung sah ich mich ungläubigen Blicken ausgesetzt. Das gleichzeitige Kopfschütteln und Hochziehen der Augenbrauen sollte wohl heißen: Das meinste aber jetzt nicht ernst, oder?

Toppi und Ailton kamen wie Pat und Patachon daher. Allem Anschein nach hatten die zwei was miteinander. Der Ex-Lauterer und der gedrungene Kugelblitz konnten froh sein, wenn sie sich in der prallen Mittagssonne nicht die Pinsel verbrannten. Dafür war die Walz aus der Pfalz gut eingecremt. In Rodenbach schien man zu wissen, dass man einen Roten Teufel nicht überstrapaziert. Kurz darauf brannte die Luft. Mit einem Mal schien die Orangenhautfraktion unter der Basedowschen Krankheit zu leiden. Manche dieser ungeniert glotzenden Weibsbilder griffen sogar zum Feldstecher. Als hätten ausgerechnet die Ahnung vom Fußball. Gomez gab sich ein Stelldichein und stahl dem Pfälzer Prügel die Show. Das wiederum rief einen Hünen ganz anderen Kalibers auf den Plan. So einer fürchtete höchstwahrscheinlich nicht einmal die Höhle einer Löwin. Als sich der grausame Didier mit Teddy an der Seite warmlief, wurde es mucksmäuschenstill.

»So, jetzt reichts mir aber!«

Bodo war zwar kein Bayern-Fan, aber Patriot und Kumpel genug, um beim »Finale dahoam« mitgelitten zu haben. Dreizehn Jahre zuvor hatte er schon einmal meine Tränen trocknen müssen.

»Denk ja nicht an die Witt, wenn du gleich aufmarschierst!«

Mein Hinweis an die guten Sitten war überflüssig wie ein Kropf. Bodo hatte sich unter Kontrolle. Anders als damals in Konstanz beim Tango im Brick's. In Zelena Laguna war sein Jonny controlletti! Dieses Mal stand keine Bodopanza praecox zu befürchten. Der Bomber der Nation ließ nur zu was nötig war, um mit seinem nach Kokosnussöl duftenden Elfenbein Mia san Mia statt Guten Tag zu sagen. Als er die Schmach von Barcelona und München in einem Aufwasch tilgte, konnten diese und jene die Boten ihres gierigen Verlangens nicht mehr im Zaume halten. Lüsterne Seufzer begleiteten Gerds Doppelpack. Der feuchte Trieb lag jetzt schwer in der Luft. Drogba und Sheringham hatten gegen die bajuwarische Tormaschine keine Chance. Verschämt schlichen die beiden vom Acker.

»Haste gut gemacht, Bodo. Hab alles gefilmt. Uli, Kalle und Franz werden sich freuen. Klasse!«

Und dann geschah, was irgendwann geschehen musste. Die Nation hatte lange genug gelitten. Nicht ohne Grund hatte ich nach dem verlorenen Halbfinale letzten Sommer fünf Betonadler samt den dazu passenden Säulen gekauft und noch am gleichen Tag in unseren Gärten aufgestellt. Der Preis, den mir ein sympathischer Pole für die in seiner Heimat produzierte Ware abverlangte, war absolut angemessen. Er gab mir zudem einen gehörigen Mengenrabatt. Das Geschäft war fair verlaufen. Dafür ging das Schleppen ganz schön aufs Kreuz. Besonders die Säulen waren verdammt schwer. Das wog umso mehr, als ich mich wieder mal ganz alleine abrackern durfte. Einen der zupacken konnte, 'nen starken Kerl wie den Bierbudentester, hätte ich bei der Plackerei gut gebrauchen können. Als auch in meinem Garten ein Adler thronte, war ich fix und fertig und brauchte ein Stubbi. Meine Freunde müssen ganz schön Augen gemacht haben, als sie abends nach Hause kamen und sich die Bescherung betrachteten. »Ja ist denn heut schon Weihnachten?«, soll der Heiner beim Blick durch das Wohnzimmerfenster gekrischen haben. Die Dekoration ihrer Gärten geschah ohne ihr Wissen. »Giselher kann nicht, Giselher hat Rücken!«, hieß es dann für eine Weile, wenn Madame meinte, mich bei schönstem Wetter zur Gartenarbeit antreiben zu müssen.

Der Beschiss im Aztekenstadion, die Demütigung im Estadio Santiago Bernabéu, das Missgeschick von Dortmund und die Blamage letztes Jahr in Warschau – diese Rechnungen standen alle noch offen. Nur in Rom hatten wir es den Italienern zweimal gezeigt und den Pokal mit nach Hause gebracht. Aber im direkten Vergleich immer den Kürzeren gezogen – furchtbar! Jetzt würden die Dingse gerade gerückt – herrlich! Jogi würde seinem Kader mein Video jeden Tag vorspielen, unseren hochdotierten Kickern in Malente einbläuen, dass sie die Nudelfresser auch in einem Turnier besiegen und Weltmeister werden können.

»IHR MÜSST SPIELEN WIE DIE SAARDÉDROS, JUNGS!« Exakt mit diesen Worten würde der Bundestrainer seine Elf in Brasilien aufs Feld schicken.

Zu diesem Zeitpunkt wäre mir nie in den Sinn gekommen, dass sich die Truppe nach Südtirol verdrücken würde. Wieso schlugen die nicht, wie früher der Mützenmann oder Kaiser Franz, im Schleswig-Holsteinischen Rentnerparadies auf? Die Entscheidung, hinter dem Brenner einzukehren, gefiel mir nicht. Das war bestimmt dem Bierhoff seine Idee, dachte ich, als ich letzten Herbst von dem Votum erfuhr. Menschenskind, Oli, hast du vergessen, dass der Satz »Hier werden Weltmeister gemacht« auf einem simplen Blechschild im Zufahrtsbereich des Uwe Seeler Fußball Parks, wie die Sportschule neuerdings heißt, und nicht an der vergoldeten Pforte eines norditalienischen Luxushotels eingraviert ist? Südtirol ist Feindesland! Im 5-Sterne-Schuppen findet ihr vielleicht Feng Shui, Buddha und Pontius Pilates, aber nicht den Geist von Malente! Den müsst ihr zuallererst beschwören! Das ist des Adleraufderbrustträgers Pflicht! Die Kür könnt ihr dann meinetwegen auf Wellness machen. In Südafrika war im Halbfinale Endstation! Warum wohl? Beckenbauer war schlau genug, seine Pflicht zu verrichten, bevor er Loddar, Rudi und den andern eine Woche Entspannung am Kalterer See gönnte. Stell dir vor, sechs Wochen am Stück waren die '90 zusammen! Weißt du noch, wie das endete? Kannst du dich daran erinnern, wie aus Guido plötzlich Diego wurde? Was die Jungs im Gepäck hatten, als sie aus Rom zurückkehrten, he? Ist das alles schon vergessen? Mir hat der Kopf gebrummt, vor lauter Grübeln. Ob der Freiburger Ex-Coach oder gar unser Klausen-Gernot mit der Hoteliersfamilie verwandt ist? Sogar solche – nicht der Rede werten – Überlegungen stellte ich an. Nachdem mich Heiner über Jogis Beschlussfassung informiert hatte, konnte ich alter Esel tagelang an nichts anderes denken.

Als wäre die Nachrichtenlage nicht schlimm genug gewesen, wurden uns vor Weihnachten Portugal, die USA und Ghana als Gruppengegner zugelost. Was für eine Bescherung, Sack und Asche! Für die Portugiesen wirds reichen, die haben Schiss vor uns. Jerome wird Christiano kaltstellen. Aber ohne das Stahlbad Malente werden euch Kevin Prince und seine Kameraden in Fortaleza die nur rudimentär vorhandenen Stahlglocken weichkochen! An Klinsi und Jermaine Jones mag ich erst gar nicht denken, oje! Es brauchte eine Weile, bis ich wieder einigermaßen schlafen konnte.

Als der Jürgen dann auch noch den Berti ins Team holte, war ich mit den Nerven runter. Heiner und ich beriefen sofort eine außerordentliche Klausensitzung ein. Die Themen Vorbereitungslager und Gruppengegner wurden tags darauf in Matzenbach in großer Runde diskutiert. Dabei ging es hoch her. Platon bestritt, in irgendeiner Form mit den Besitzern des Hotels Andreus zu tun zu haben. Er klärte mich darüber auf, dass die mit Familiennamen Fink und nicht Finke hießen. Im Endeffekt waren wir uns einig. Sämtliche Klausenzecher hätten statt einer ausländischen Edelabsteige die bodenständige Variante bevorzugt: die Abgeschiedenheit der Holsteinischen Schweiz mit ihren Seen, Feldern und Wäldern. Selbst Bernd und seine »Jungs dort drüben am Tisch« wollten da nicht opponieren. Bei den Alten hätte mich Gegenteiliges auch gewundert. Gerade die Gebissträger unter den Diskutanten hätten unseren Elite-Kickern gerne mal etwas Abwechslung verschafft.

»Pilates, Yoga und Klangschalenentspannung? Oje! Wird denen das auf Dauer nicht langweilig? Besteht da nicht die Gefahr eines Lagerkollers? Das haben die doch jeden Tag in ihren Vereinen.«

Pirmin Brummer war ein zurückhaltender Mensch. Einer, der mehr zuhörte als sprach. Aber wenn er sich zu Wort meldete, hatte das, was er sagte, Hand und Fuß. Seine Analyse traf voll ins Schwarze. Pirmin bemühte den »Geist von Spiez«. Er erzählte uns vom Thuner See, dem Hotel Belvédère, vom »Chef« und vom »Boss«. Von einer Zeit, in welcher lediglich zwei Nationen, nämlich Italien und Uruguay, überhaupt je Weltmeister waren. Bis sich dann »Das Wunder von Bern« ereignete! In der Schweiz, 1954, als der Weltpokal noch »Cup Jules Rimet« hieß, als ihn die Brasilianer noch nicht ihr Eigen nennen durften. Pirmin war selbst einmal ein guter Fußballer gewesen. Er hatte mit Horst Eckel in der Jugend des SC Vogelbach gekickt. Einmal konnte ich ihn überraschen. Als wir vor Jahren auf das Finale im Berner Wankdorfstadion zu sprechen kamen, wollte er mir nicht abnehmen, dass ich die Aufstellung des 54er Weltmeisterteams aus dem Kopf heraus aufsagen könnte. Wie üblich war eine Lokalrunde der Wetteinsatz. Pirmin hatte gestaunt, als ich, wie aus der Pistole geschossen, Spielervor- und zunamen samt Positionen runterratterte. »Respekt, Finger!«, hatte er gemeint und noch mehr geglotzt, als ich ihm erklärte, ein von Fritz Walter signiertes Buch über die Weltmeisterschaft 1954 besessen zu haben: »›3:2‹ war ein Geschenk meines Vaters Alfons. Ich habe es unzählige Male gelesen, bevor ich es in einem Anflug maximaler Selbstlosigkeit einem fußballbegeisterten jungen Schiedsrichter schenkte.« Heute setzte ich auf Pirmins Zensur noch eins drauf:

»Und überhaupt, Pirmin! Ist es denn an Jogis Fitnesstrainern komplett vorbeigegangen, dass man in den Muskelschmieden ›back to the roots‹ geht? Magathmäßiges ist angesagt: Medizinbälle, Schlingen und Kettlebells! ›Functional Training‹ heißt das auf Neudeutsch. Und im Freien wird am Tau gezogen oder im Entengang ›geworkt‹! Alle Stunde eine Runde – Paarreim, Pirmin! Aber doch nicht mit Gymsticks, Power Plates oder Pezzi Bällen geübt! Soll Mats Super-Mario vielleicht im Aerobicdress decken? In Stulpen statt Stutzen? Balotelli wird ihn auslachen!«

Für diese Sprüche gab mir Manuschätzchen einen aus. Dogges Lore, die seit kurzem einen Strähnchen Bob trug, sah die Sache differenzierter. Als wir auf das Training mit Vibrationsplatten zu sprechen kamen, war sie ganz Ohr. Dabei hatte diese Schreckschraube noch kein Studio von innen gesehen. Weiß der Teufel, was sich Lore von den Dingern versprach. Vielleicht verwechselte sie da was. Dogge schien dasselbe wie ich zu denken und verbot ihr den Mund. Was eigentlich nicht nötig war. In der Rentnerklause war, was den Fußball anbelangte, des Weibes Stimme sowieso irrelevant. In dieser Beziehung herrschte Einigkeit unter uns Mannsbildern.

Jetzt ist die Gelegenheit, dachte ich! Jetzt können wir dem Niersbach mal zeigen, wie man eine tief in der deutschen Fußballerseele verwurzelte Nudelphobie verjagt. Schon mal was von Exorzismus gehört, Wolfgang? Heute werden wir, die Saardéros, der Pasta den Beelzebub austreiben. Und wenn ihr die Aufzeichnung unseres Spiels gesehen habt, wird es nie mehr eine Niederlage gegen Italien bei einem großen Turnier geben! Basta Pasta, Diskussion beendet! Den Jungs mit dem Adler auf der Brust müssen die Augen geöffnet werden! Sie sollen erfassen, wie man man den Itakern beikommt! Unser Anschauungsunterricht wird eine Epoche fußballerischer Holdseligkeit im Lande auslösen!

»Guckt mal, wer da kommt! Wisst Ihr jetzt, warum euer Giselher immer ein Stativ mit sich rumschleppt?«

Unter den stalloni italiani in Zelena Laguna hatte es sich in Windeseile herumgesprochen, dass eine bullige deutsche Sportskanone die Knipser von Chelsea und ManU im Alleingang verscheucht hatte. Eine Ungeheuerlichkeit! Zumindest für fünf feurige Dongiovannis, die sich durch Gerds Doppelpack provoziert fühlten. Diese goldkettchenbehangenen Protze unterbrachen sofort ihre schmalzige Balz mit den braungebrannten Dummchen um sie herum, um barschwänzig zum Bootsanlegesteg zu stolzieren und sich dort aufzubauen. Und schon legten sie los:

> *Fratelli d'Italia,*
> *l'Italia s'è desta,*
> *dell'elmo di Scipio*
> *s'è cinta la testa.*
> *Dov'è la vittoria?*
> *Le porga la chioma,*
> *che schiava di Roma*
> *Iddio la creò ...*

Makkaroni Boninsegna, Penne Rossi, Cannelloni Grosso, Rigatoni Del Piero und der fürchterliche Creste di Gallo Nero di Sepia Balotelli grölten, als hieße ihre Band Nudeln. Ich konnte das nicht länger mit anhören und schrie: »Antreten, in Reih mit Glied! Lasst uns singen, Saardéros!«

> Gott erhalte Franz, den Kaiser,
> unsern guten Kaiser Franz!
> Lange lebe Franz, der Kaiser,
> in des Glückes hellstem Glanz!
> Ihm erblühen Lorbeerreiser,
> wo er geht, zum Ehrenkranz!
> Gott erhalte Franz, den Kaiser,
> unsern guten Kaiser Franz!
> Gott erhalte Franz, den Kaiser,
> unsern guten Kaiser Franz!

1:0 für Deutschland, auch ohne von Fallersleben! Wir wussten, dass unsere Hymne auf den von Haydn komponierten Kaiserhymnen Österreichs fußt. Den Text kannten wir in- und auswendig. Wir hatten ihn bei den Einweihungsfeierlichkeiten für die Betonadler guttural eingeübt. Er traf die Azzurri vollkommen unvorbereitet. Mit Inbrunst brüllten wir unsere Version des Deutschlandlieds, wie Kreuzungen von Buffon und Gattuso. Anschauungsunterricht für Mesut, Sami und Jerome! Der Squadra Azzurra, keine dreißig Meter von uns entfernt, ging der Stift. Nach einigem Zögern traute sich die Röhrennudel zuerst. In diesem Moment bedauerte Heiner, dass Berti nicht mehr mit von der Partie sein konnte. Er ließ seinen Gegner bis auf etwa zwanzig Meter heran, verzichtete aber auf eine Blutgrätsche. Dafür erinnerte er Klinsi an das Neunziger Achtelfinale gegen Holland in Mailand. Als Boninsegna sah, dass da kein Lama auf ihn zugaloppiert kam, fror ihm der Teig ein. Kehrt marsch, Makkaroni!

»Siehst du, Hein, es war nicht einmal nötig, Roberto eine Büchse an die Nudel zu pfeffern!«

Penne Rossi war als Nächster an der Reihe. Selbstbewusstsein sieht anders aus! Ob wenigstens noch etwas von der Spritzigkeit früherer Tage vorhanden war? Vergiss es! Hrubesch machte mit der kurzen Röhre kurzen Prozess. Der Penner kam nicht einmal bis in die Nähe unseres Strafraums. Horst war an diesem Tag mehr als eine Nummer zu groß für ihn.

»Seht ihr, Leute, denen geht der Arsch auf Grundeis!«

Das gegnerische Team nahm eine Auszeit, beratschlagte sich. Aufgeregt gestikulierten sie miteinander. Wie man das von den Südländern halt so kennt. Dann drang Cannelloni Grosso in unseren Sechzehner ein, um dort sofort über seine eigenen Füße zu stolpern. Aber anders als im Fritz-Walter-Stadion gegen Australien pfiff in Zelena Laguna niemand einen Elfmeter. Stattdessen sah Schwalben-Fabio beim Blick Richtung Schiri Völler ins Gesicht. Was einer roten Karte gleichkam.

»Das läuft ja wie am Schnürchen. Dass es so einfach wird, hätt ich nicht gedacht!«

»Nicht so voreilig, Ronny! Der Ball ist rund!«

»Jaja, und ein Spiel dauert neunzig Minuten!«

»Achtung, sie greifen wieder an!«

Die Rigatoni war im Anmarsch. Schon Federico Fellini war von dem Durchmesser dieser Teigröhre beeindruckt. Er drehte sogar einen Werbespot über sie, der Berühmtheit erlangen sollte. Pinturicchio, wie der Turiner del Piero von Giovanni Agnelli in Anlehnung an einen italienischen Maler der Frührenaissance bespitznamst wurde, war ein Fall für den Bomber der Nation. Obwohl der noch das Match gegen die Gesandtschaft der Queen zwischen den Beinen hatte. Trotz dieses Handicaps machte kleines dickes Müller im Handumdrehen klar, dass eine Münchner Weißwurst keine Lucatoni ist. Sein verdatterter Gegner sprang einfach ins Wasser!

Jetzt fehlte nur noch dieser irre Afroitaliener. Aber auch der konnte ruhig kommen. Ich würde ihm auf Fingersche Art erklären, was man bei den Königlichen unter einer Bestia negra versteht. Das »Desaster dahoam« lag noch in der Zukunft, wie auch der vorübergehende Umzug von Uli Hoeneß nach Landsberg am Lech.

»Saardéros, Super-Mario gehört mir!«

»Pass auf, Finger! Mit dem ist nicht zu spaßen! Ist das überhaupt ein richtiger Italiener?«

»Ist er, Hein! Wenige Wochen nachdem Andy Brehme Maradona in Rom zum Flennen brachte, kam dieser Prachtbursche in Palermo zur Welt. Aber rate mal, woher seine Eltern stammen!«

»Sag jetzt bloß nicht aus Ghana!«

»Doch, Hein! Bleibt zu hoffen, dass er keinen Kontakt nach Kumasi hatte.«

Balotelli stoppte seinen Sturmlauf an unserem Sechzehner, um dort auf seine Art Stellung zu beziehen. Beim Einnehmen seiner berühmt gewordenen Pose stieß er einen Laut aus, der mich an das Wehklagen eines waidwunden Tieres erinnerte. Für einen Moment fröstelte mich. Marios Muskelfasern vibrierten wie die schärfsten Teile der Dildofee. Die Adern und Sehnen seiner schweißgebadeten Physis kamen wie in Schwarzschiefer gemeißelt und mit Öl übergossen daher. Schade, dass er sich zuvor kein blaues Trikot vom Leib reißen konnte. Trotzdem, die Szene wirkte wie ein frivoles Bühnenstück, spektakulär und einzigartig! Wenn das die Lore sieht, fiel mir ein, bevor ich von irgendwoher BAP zu hören meinte:

> *… Für 'ne Moment woor ich ahm dräume.*
> *Für 'ne Moment woor ich wie hypnotisiert …*

Plötzlich war ich mit meinen Gedanken in der Rentnerklause, beim Warm-up des Bierbudentesters vor seinem Duell mit Hoss. Die Erinnerung an diese Narretei ließ mich laut loslachen. Das muss Mario in den falschen Hals bekommen, als große Respektlosigkeit empfunden haben. Bestimmt glaubte er, ich wollte mich über ihn lustig machen. Womit er nicht unbedingt falsch lag. Der schwarze Hahn wurde auf der Stelle zornig. Seine Creste ging in Habachtstellung. Das ließ den weiblichen Teil des Publikums vollends aus dem Häuschen geraten. Weil er so hervorragend mit dem Scheitel seines Trägers harmonierte, war der Anblick dieses strammen Hahnenkamms auch für mich ein Augenschmaus. Meine Hämorrhoiden, Kitzbühel, der Kamillentee am Fuße der Streif … Erinnerungen an 2002 kamen hoch.

Voll in Pose plärrte mir Mario seine Kampfansage entgegen. Ich verstand kein Wort von seinem Geschrei. Statt: »Ich knall dir gleich die Bude voll, Manuel!«, oder so, hörte ich nur Loser-Boys-Stakkato: »Yes, you can! Yes, you can! Yes, you can! Yes, you can! …« Mein Konter kam auf der Stelle.

Er war GNA-DEN-LOS!!!

Mit einem »SCHLEICH DICH VOM PLATZ, SPAGHETTI!«, ließ ich Klose ausnahmsweise mal keinen Salto schlagen. Stattdessen spielten wir Genitalorigami, genauer gesagt Propeller. Dabei wurde meine Spitze mit annähernd fünf Umdrehungen pro Sekunde um die eigene Achse geschleudert und enormen Zentrifugalkräften ausgesetzt. Was hat sie sich dabei gestreckt! Den Trick hatte ich mir von David Friend und Simon Morley abgeschaut. Auf der Suche nach einer Lösung für vier kleine Problemchen war ich im Netz auf die Bühnenperformance von »Puppetry of the penis« gestoßen. Die beiden Australier wären von meiner Vorstellung bestimmt auch begeistert gewesen. Von den Rängen kam jedenfalls tosender Beifall. Klose machte unglaublich viel Wind und Balotelli zuckte zusammen.

Mein Gegner ließ Luft ab, gab sich aber noch nicht geschlagen. Wie Gascoigne, die Hände provozierend in die Hüften gestemmt, mimte er jetzt den stolzen Torero. Ganz so, als wolle er seine Nudel in der prallen Sonne al dente kochen. Scheinbar war er Balljunge, als Andy Möller '96 in Wembley den entscheidenden Elfer gegen England verwandelte. Vier Tage bevor Oli sein Golden Goal erzielte. Ich hatte von dieser überheblichen Schauspielerei nun endgültig die Nase voll. Statt mich von ihr beeindrucken zu lassen, bereitete ich hoch konzentriert den entscheidenden Schlag vor. Bei den rhythmischen Bewegungen meiner Beckenbodenmuskulatur fielen die Frauen am Spielfeldrand reihenweise in Ohnmacht.

Die Bedingungen waren perfekt. Der Wind stand günstig, er kam von hinten ... und ... es rumorte mächtig in meinem Bauch!

Leise entwich mir die Angst, Deutschland könne in einem wichtigen Spiel gegen Italien abermals verlieren.

Dem dunkelhäutigen Haudrauf wurde schon schwindlig, als ihm Poldi aus gut zwei Metern Höhe (ich hatte meine hängende Spitze rechtzeitig aus der Gefahrenzone befördert) höflich Gute Nacht wünschte. Dann fiel für Mario der Vorhang! Dass auch Klose ein Weilchen den Kopf hängen ließ, bekam sein Gegner gar nicht mehr mit. Als der Negride vom Platz getragen wurde, hatte Deutschland Italien mit 5:0 besiegt!

Ein Tag später:
»Auf gehts – heim zu den Mamas, Papas!«

Einige Tage später:
»Und, was hat die Karoline gemeint, Bodo?«
»Rate mal, Finger!«
»Wenn du Lust hast, spielen wir jetzt öfter mal Fußball!«

Vierhundertelf Tage später
biss Suárez Chiellini in die Schulter. Kurz darauf köpfte die Celeste die Squadra Azzurra aus dem Turnier. Mein Traum von einem Finale gegen Italien war – zunächst einmal! – ausgeträumt. Scheiße, dann gibts halt in zwei Jahren im Stade de France was auf die Nuss, dachte ich!

Vierhundertdreißig Tage später
blickte ein in schwarz-rot-goldenes Licht getauchter Cristo Redentor vom Berg Corcovado über Rio de Janeiro. Deutschland war soeben zum vierten Mal Fußballweltmeister geworden. Nach dem Turnier behaupteten argentinische Zungen, die deutschen Spieler seien mental gedopt gewesen. Das Studium einer außergewöhnlichen Lektüre habe sie über die Maßen beflügelt.

Danksagung

Ich danke allen, die in irgendeiner Form zur Vollendung dieses Romans beigetragen haben. Meiner Frau Christine darüber hinaus für ihre Geduld. Diese wurde in der jüngeren Vergangenheit doch arg strapaziert. Ein Wunder, dass es dieses Weibsbild schon über drei Jahrzehnte mit mir ausgehalten hat!

Auch die wertvollen *Fingerzeige*, die mir in unserem Fitnessclub von einigen Damen zuteilwurden, will ich nicht vergessen. Dankeschön, ihr Lieben!

Ausschließlich nicht bedanken tue ich mich bei meinen Freunden. Diese Drückeberger haben mich wieder einmal die ganze Arbeit alleine machen lassen. Die sollten sich was schämen! Mit einer Kiste Stubbis kommen sie mir dieses Mal nicht davon!

Leider durfte mein Cousin Herbert auf Erden nicht mehr erleben, dass mein Buch veröffentlicht und Deutschland tatsächlich zum vierten Mal Fußballweltmeister wird. Ich bin mir sicher, dass er im Himmel gut aufgehoben ist und von dort – zusammen mit anderen geretteten Seelen – schmunzelnd verfolgt, was sich bei den Saardéros so tut.